엑셀을 활용한
통 계 학

김종태 · 윤상후 · 이경준 · 이성호 · 황진섭 지음

자유아카데미

머리말

통계학은 자연과학, 공학, 사회과학은 물론 인문과학 등 많은 분야에서 기본적인 연구도구로서 필수적인 과목으로 인식되고 있습니다. 이 책은 통계학을 수년간 강의한 경험을 바탕으로, 수학적 배경을 최소화하여 비전공자라도 쉽게 이해할 수 있도록 구성하였습니다. 또한 대부분의 독자가 계산 및 통계 프로그램의 사용이 익숙하지 않아 자기분야의 적용에 어려움을 겪고 있습니다. 이를 개선하기 위하여 산술연산 외에도 그림이나 차트 등을 지원하는 스프레드시트 프로그램 엑셀을 활용하여 자료를 분석하고 해석할 수 있도록 예제와 함께 설명하였습니다.

이 책은 13장으로 구성되어 있습니다. 먼저 1장에서는 통계의 정의와 성립, 발전 등의 통계학에 대한 전반적인 소개를 다루고 있으며, 2 ~10장에서는 도표 및 수치를 이용한 자료 표현 방법과 확률, 확률분포, 표본분포, 추론에 대한 기본적 이론을 다루고 있습니다. 그 외 11~13장에서는 3그룹 이상의 모평균을 비교하는 분산분석과 변수들 간의 관련성을 파악하기 위한 상관관계 및 회귀분석, 범주형 자료분석 방법에 대해 다루고 있습니다. 또한 기초통계학에 대한 이론뿐만 아니라 계산 및 통계분석을 위해 활용하는 프로그램인 엑셀을 처음 접하는 독자들을 위해 엑셀의 기본 사용법을 부록으로 제공하고 있습니다.

좋은 책을 위해 최선을 다했지만, 미흡한 부분이 있을 수 있습니다. 이 점은 양해를 바라며, 출간 후에라도 수정사항이 있을 경우에는 자유아카데미 홈페이지(www.freeaca.com) 자료실에 제공할 예정입니다. 끝으로 이 책의 출판을 위해 수고해 준 류수락, 류지인, 피선미, 김수지, 박성철에게 고마움을 표하며, 자유아카데미 여러분의 수고에도 감사드립니다.

2018년 5월

지은이 씀

차례

01장 서론

02장 도표적 자료표현

03장 수치적 자료표현

04장 확률

05장 이산확률분포

06장 연속확률분포

07장 표본분포

08장 대표본 추정

09장 대표본 가설검정

10장 소표본 가설검정

11장 분산분석

12장 상관관계와 회귀분석

13장 범주형 자료분석

부록

01 장

서론

1.1 통계학이란

통계학(Statistics)이란 무엇인가에 대한 해답은 통계학개론에 관한 책의 종류만큼이나 다양하지만 근본적으로는 통계가 무엇인가를 이해하는 데서 출발해야 할 것이다. 통계란 기본적으로는 숫자이다. 그러나 단순한 숫자가 아니라 몇 가지 전제조건이 필요하다. 첫째, 조건은 현실에서 발생한 숫자이어야 한다는 것이다. 예를 들어 1+2=3과 같은 수학에서의 추상적 숫자가 아니라 실제 관찰에 의해서 얻어진 숫자이어야 한다. 둘째, 조건은 집단과 관련된 숫자이어야 한다는 것이다. 예를 들어 한 학생의 키가 170cm라는 것은 비록 실제로 관찰하여 얻어진 숫자라 하더라도 통계라고 하기는 어렵다. 그렇지만 A대학 1학년인 한 학생의 키가 170cm라는 것은 A대학 또는 A대학 1학년이라는 집단과 관련된 정보를 가지고 있기 때문에 통계라고 할 수 있다. 따라서 **통계**란 집단과 관련하여 실제 관찰에 의하여 얻어진 숫자라고 정의할 수 있다.

통계에 대한 역사는 고대 이집트에서 B. C. 3050년경에 피라미드 건설을 위한 조사조직이 이미 있었다는 사실이나 B. C. 2200년경에 중국에서 인구조사가 있었다는 기록 등을 보면 상당히 오래되었다고 할 수 있다. 초창기의 통계란 이처럼 인구조사나 토지측량처럼 국세조사에 관한 것이 대부분이며 이를 한자로 통계(統計)라 번역한 것도 **통치관련계산**이란 뜻을 표현하기 위한 것이다.

1.2 통계학의 성립

통계학이란 무엇인가를 이해하려면 통계학의 역사에 대하여 약간의 지식을 가지는 것이 도움이 된다. 기원전 수천 년부터 생겨난 통계를 체계적으로 연구하기 시작한 것은 17세기부터이다. 당시 유럽은 정치적으로는 근대국가가 성립되기 시작하여 민권이 신장되어 그 이전과는 달리 통치권의 행사에 국민의 지지가 필요하게 되었다. 그러기 위해서는 합리적 의사결정에 의한 통치권의 행사가 요구되었다. 이와 동시에 합리주의 사상과 중상주의 사상이 널리 퍼지면서 인구수의 증가나 수출무역의 번성이 국가 세력의 척도로 여겨지게 되어 국가의 정세에 관한 제반 사항에 대한 조사가 활발하게 시행되면서 당시의 강대국이었던 독일, 영국, 프랑스에서 통계와 관련된 연구가 체계적으로 이루어지기 시작하였다. 독일에서는 1660년에 헬름스테트(Helmstadt)대학의 교수였던 콘링(Hermann Conring, 1606~1681)이 '국가 현저사항에 대한 기술'이란 강의를 처음으로 개설하여 이후 18세기 중엽에 이르러 **국상**

학(Statenkunde)이란 이름으로 아헨발(G. Achenwall, 1719~1772)에게 계승된다. 아헨발이 처음으로 Statistik라는 용어를 공식적으로 사용한 것으로 알려져 있으며 이 용어는 국가란 뜻의 라틴어 status에서 유래한 것이라고 한다. 국상학을 연구하는 학파는 종종 독일대학 통계학파라고도 불리며 이들은 국상학을 정치학의 일부로 인식하였다. 국상학이 통계란 용어를 처음 사용하기는 하였으나 서술적 표현을 위주로 하여 그 이후의 통계학 발전에는 큰 역할을 담당하지 못하고 타학문에 병합되고 말았다. 다만 숫자와 표에 의한 표현방법을 주장하여 당시 이단으로 비난받았던 표식통계학파가 국상학의 전통을 이어받아 사회통계학파로 발전하게 된다.

1662년경에 런던의 실업가인 그라운트(John Graunt, 1623~1687)는 『사망표에 관한 자연적 및 정치적 관찰』이라는 저서를 발표한다. 이것은 당시 영국의 사망통계에 관한 연구로서 최초의 수량적 관찰에 의한 분석이라고 할 수 있다. 당시 유행했던 흑사병 때문에 1603년부터 런던시는 출생과 사망에 관한 통계표를 매주 발행하였으며 그라운트는 이를 바탕으로 인구에 관한 여러 가지 사항들을 분석하였다. 그는 대량의 수량적 관찰에 의하여 사회현상에 관한 법칙성을 규명하려고 시도하였고 이러한 방법론은 친구인 페티(William Petty, 1623~1687)에게 큰 영향을 주었다. 페티는 이를 더욱 발전시켜 1690년 '**정치 산술(Political Arithmetic)**'이란 연구결과를 출판하게 되며, 수량적 관찰을 근거로 사회현상을 분석하여 법칙성을 규명하는 방법론을 정치 산술이라고 정의하였다. 정치 산술은 당시 영국에서 유행하던 경험주의 사상이 중상주의 사상이 결부되어 더욱 발전되며 이후 핼리(Edmund Halley, 1656~1742)의 인구통계학에도 영향을 준다. 유럽대륙에서도 이에 영향받아 프러시아의 쥬스밀흐(John Peter Süssmilch, 1707~1767)는 1741년 『출생과 사망 및 증가로부터 증명된 인류변화에 대한 신의 섭리』란 저서를 발간하였는데 그 내용은 오직 대량 관찰에 의해서만 사회현상에 대하여 항등적 요인으로 작용하는 신의 섭리를 발견할 수 있다는 것이었다.

오늘날의 통계학 이론은 **확률** 개념 없이는 존재할 수도 없거니와 대다수 초보자들이 통계학을 어렵다고 여기는 이유도 확률론 때문이라고 할 수 있다. 그러나 확률론의 출발은 통계학과 전혀 관계없이 도박의 승률계산에서 비롯되었다. 도박 자체의 역사는 상당히 오래되어 이미 기원전에 동물의 뼈를 갈아 여러 가지 형태의 주사위를 만들었다고 추정되며 이것들은 도박이나 점을 치는 데 사용되고 있었다. 도박에 관한 승률계산의 효시는 이탈리아의 대학교수이자 저명한 도박사이었던 카르다노(Gerolamo Cardano, 1501~1576)가 1520년 저술한 『도박승률서』이며 여기에는 2개의 주사위에 관한 도박의 종류와 방법 및 각 경우의 승률

계산이 기록되어 있다. 하지만 근대 확률론의 실질적인 기초는 17세기의 프랑스에서 성립된 것으로 평가된다. 당시 유럽 최고의 도박사이었던 메레(Chevalier de Meré, 1610~1684)는 도박하면서 궁금했던 문제를 당대의 수학자인 파스칼(Blaise Pascal, 1623~1665)에게 질문하였고 파스칼은 이 문제를 페르마(Pierre de Fermat, 1601~1665)와 교신하여 그 해답을 연구하게 된다. 도박의 승률에 대한 연구는 이때부터 많은 수학자들의 관심을 끌게 되며 여러 이론들이 등장하게 된다. 그 이후 베르누이(Jacob Bernoulli, 1654~1702)가 관련 이론들을 정리하여 저술한 『확률론』이 근대 확률론의 기초라 할 수 있다. 그 외에도 드무아브르(Abraham de Moivre, 1667~1754)가 관찰도수를 무한히 증가시키면 사상의 비율이 일정수치에 수렴하게 된다는 데 기초한 대수의 법칙을 발표하는 등 많은 수학자들이 확률론의 연구에 기여했으나, 확률론을 집대성하고 그 당시까지 수학의 일부분으로 간주되었던 확률론을 독립된 학문으로 확장 발전시킨 사람은 라플라스(Pierre Simmon de Laplace, 1749~1827)였다. 그는 1812년 『확률론의 이론분석』을 발간하여 과거 3세기에 걸쳐 산만하게 발전된 확률론을 체계화하였으며 당시 프랑스의 인구문제와 보험업분야 등에 확률론을 적용하여 현재와 같은 통계학이론을 시도하였다.

1.3 통계학의 발전

비록 라플라스가 확률론을 인구문제 등에 적용함으로써 기존의 통계학과 확률론의 접목을 시도하였지만 보다 직접적으로 영국의 정치 산술학과 프랑스의 확률론을 교류케 하여 근대 통계학의 기초를 확립한 것은 벨기에의 케틀레(Lambert Adolphe Jacques Quetelet, 1796~1874)였다. 그는 라플라스로부터 확률론을 배운 후 사회현상에 관한 연구에 몰두하여 1835년에 '사회물리학, 혹은 인간과 인간능력의 진보에 관한 고찰'을 발표하였다. 여기서 그는 **평균인** 개념을 제시하여 사회현상을 확률에 의하여 규명하려고 하였으며 그의 이론은 후일 인간의지의 자유에 대한 철학적 논쟁을 불러일으키게 된다. 그의 영향을 받아 영국에서는 오늘날의 영국 왕립통계학회의 전신인 런던통계학회를 창립하게 된다. 케틀레는 기존의 정치 산술학과 사회통계학 및 확률론을 교류시켜 현재와 같은 형태의 통계학 기초를 다졌다는 점에서 근대통계학의 시조 또는 고전기술통계학의 시조로 불리고 있다.

이 무렵 나온 다윈의 **종의 기원**은 이제 막 본격적인 발전을 시작한 통계학에 큰 전기를 만들어 주게 된다. 즉 진화와 유전의 문제를 통계적 방법으로 규명하려는 시도들이 행해지고 이는 통계학의 응용범위를 사회현상에 관한 연구에서 자연현상에 대한 연구까지 확장케 함과 동시에 보다 정량적 분석 쪽으로 연구방향을 이끌게 된다. 다윈의 이종사촌인 골턴(Francis Galton, 1822~1911)은 사향완두(sweet pea)의 종자를 이용하여 1세대와 2세대의 키에 대한 연구를 하고 그 결과를 1877년 왕립학회에서 발표하게 된다. 그 결과는 2세대의 키가 1세대의 키에 영향을 받으나 이상적인 평균에 수렴함을 보여주고 있으며 그는 이러한 현상을 **회귀(regression)**란 용어로 설명하였다. 오늘날 변수들 간의 선형적 관계를 규명하려는 통계적 분석방법을 **회귀분석**이라고 부르는 것도 여기서 연유한다. 골턴과 케틀레의 영향을 받아 **기술통계학**을 완성시키고 **수리통계학**의 기반을 마련한 사람은 피어슨(Karl Pearson, 1857~1936)이다. 그는 골턴의 회귀선을 토대로 변수 간의 상관관계 측정법, 적합도검정, 분포의 특성을 적률에 의해 표현하는 법, 확률오차이론 등 수많은 통계적 방법을 개발하여 기술통계학을 체계화하였고 그 과정에서 수리통계학의 기초를 확립하였다. 그는 1901년 수리통계학 전문지인 『Biometrika』를 발간하여 통계적 방법의 보급에도 크게 기여했으며 많은 통계학자를 배출하였다.

이후 고셋(William Sealy Gosset, 1876~1936)이 1908년 Biometrika에 Student란 필명으로 '평균치의 확률오차'란 논문에서 t **분포**를 소개하여 소표본에 의한 모평균의 추정이 가능하게 되었다. 고셋의 **소표본 이론**은 **추측통계학**의 직접적인 발전계기가 되었으며 피셔(Ronald Aylmer Fisher, 1890~1962)에 의해서 완성된다. 피셔는 1925년의 『연구자들을 위한 통계적 방법』과 1935년의 『실험계획법』이라는 2권의 명저를 발표하여 수리통계학과 통계적 추론이론을 획기적으로 발전시켰다. 그는 이전까지의 모집단과 표본에 대한 개념을 더욱 명확히 하고 양자의 관계를 수학적으로 입증하려고 했으며, 점추정의 방법과 추정치 선택의 기준, F 분포, 실험계획법 등과 같은 많은 업적을 남겼다.

20세기 전반에 들어와 영국과 미국을 중심으로 통계학의 수리적 연구가 활발하게 진행되었으며 특히 1929년 발생한 경제공황은 사회경제적으로 통계학에 대한 수요를 가속시켰고 제2차 세계대전을 계기로 OR 이론, 게임이론 등 많은 응용분야가 생기게 된다. 최근에 와서는 통계학의 학문분야도 **비모수 통계학**, **탐색적 자료분석**, **베이지안 통계학** 등 새로운 분야가 개척되고 있다. 더구나 컴퓨터의 사용이 보편화되면서 통계이론의 실제 적용도 덩달아 보편화되고 있으며, 오늘날에는 통계 전문가가 아니더라도 R, SAS, SPSS, STATA, MINITAB과 같은 통계패키지를 이용하여 상당수준의 통계적 방법들을 쉽게 사용할 수 있게 되었다.

1.4 모집단과 표본

통계가 집단과 관련된 숫자라고 할 때 집단의 의미는 연구자가 관심을 가진 모든 관찰값들의 집합이라고 할 수 있으며 이것을 **모집단**(population)이라고 정의한다. 'population'의 의미는 본래 인구를 뜻하지만 통계학에서 이 용어를 사용하는 것은 아마도 초창기 통계학에서 주로 인구를 대상으로 연구해 왔기 때문일 것이다. 초기에는 이러한 모집단의 크기가 비교적 작았으므로 비록 시간과 경비가 다소 소요되더라도 모집단 전체의 조사가 가능하였다. 그러나 사회가 복잡해지고 신속한 판단이 요구되면서 모집단 전체를 다 조사한다는 것은 불가능하거나 전혀 경제성이 없는 작업이 되어 버렸다. 따라서 거의 모든 경우 모집단의 일부분(수학적으로는 부분집합이라고 한다)을 가지고 전체 모집단에 대한 연구를 할 수밖에 없다. 이와 같은 모집단의 부분집합을 **표본**(sample)이라고 하며 실제 통계학에서 다루는 숫자들은 표본으로 선택된 숫자들이다. 표본을 선택할 때 주의할 점은 반드시 모집단에 있는 모든 관찰값들이 표본으로 선택될 확률이 같도록 보장해 주어야 한다는 것이다. 이를 **임의성**(randomness)의 보장이라고 한다. 이처럼 임의성이 보장된 방법으로 뽑힌 표본을 **확률표본**(random sample)이라고 하며 통계학이 다루는 표본은 원칙적으로 확률표본뿐이라고 할 수 있다. 만일 임의성이 보장되지 않는다면 통계이론을 적용할 수 없다. 통계분석을 위한 원시자료를 만드는 단계인 표본추출단계에서 통계이론의 적용 가능 여부가 결정되므로 실제에서는 가장 중요한 단계라고 할 수 있다. 종종 여론조사나 수요예측이 잘못되었다고 할 때 대부분의 잘못은 이 단계에서 발생한다. 임의성을 보장하면서 표본을 경제적으로 선택하는 방법을 연구하는 이론을 **표본조사론**(sampling theory)이라고 한다.

모집단(population)

관심대상이 되는 모든 측정값의 집합

표본(sample)

모집단의 부분집합

1.5 기술통계학과 추측통계학

통계학이란 무엇인가에 대한 해답은 간단히는 통계를 연구하는 학문이라 할 수도 있으나 통계학의 성립과정과 발전과정을 살펴보면 다음과 같이 보다 구체적으로 알 수 있다. 처음의 연구과제는 어떤 숫자들을 조사할 것인가에 대한 것이었다. 즉 국가의 상태 등을 알기 위해서는 무엇을 조사할 것인가에 대한 연구가 시작되었다. 오늘날의 통계학은 현실에서 발생하는 거의 모든 숫자들을 대상으로 하기 때문에 이 분야의 연구는 통계학에서 하는 것이 아니라 통계학을 응용하려는 응용분야에서 하고 있다. 각 응용분야에서의 이론을 전개시키기 위해서 어떠한 것들을 어떤 식으로 측정할 것인지를 해당분야에서 연구하는 것이다. 각각의 응용분야를 나타내기 위하여 **경제통계학, 사회통계학, 교육통계학, 생물통계학, 공업통계학** 등의 이름으로 불리고 있으며 각 분야의 연구대상에 대한 정량화 방법을 다루고 있다.

다음으로 연구과제가 된 것은 조사된 자료의 요약 및 표현방법이었다. 조사한 자료들의 특성을 어떤 방법으로 나타낼 것인가와 각각 다른 자료들의 특성을 어떤 기준으로 비교할 것인가 등에 대한 것이며 초기 통계학에서는 주요과제였다. 이 분야와 관련된 통계학을 **기술통계학**(descriptive statistics)이라고 한다. 자료를 도표로 나타내는 방법뿐만 아니라 어떤 숫자들이 전체자료를 가장 잘 요약해 주는가를 연구하며 평균이나 분산 등의 개념은 이 분야의 연구에서 나온 것이다. 현대통계학의 주요과제는 전체 모집단에 대한 조사가 불가능하다는 전제하에 얻어진 표본에서의 정보를 분석하여 미지의 모집단에 관한 분포 특성을 추측하는 것이다. 또한 이 경우 발생하는 추측의 불확실성을 확률이론으로 극복하는 것이 주요과제이다. 즉 미지의 대량 집단에 대하여 기지의 소량 자료를 가지고 추론하는 것이며 추론과정에서 발생하기 마련인 불확실성의 정도를 확률적 표현으로 나타내려는 것이다. 이러한 분야와 관련된 통계학을 **추측통계학**(inferential statistics)이라고 하며 현대통계학의 주종을 이루고 있다. 미지의 모집단에서 이론적으로 존재하는 숫자들을 **모수**(parameter)라고 한다. 모수는 이론적으로는 확실하게 존재하지만 현실적으로 모집단 전체를 조사하기 불가능하므로 그 크기를 알 수 없으며 모집단 전체를 다 조사해야만 값을 알 수 있는 상수라는 특징을 가진다.

예를 들어 모 대학의 학생수가 12,000명이라고 할 때 12,000명을 다 조사할 때의 평균키, 남자의 비율, 크기순으로 200번째인 키의 크기 등 모집단 전체를 조사했다면 얻을 수 있는 숫자를 모수라고 한다. 이들 숫자들은 전체 모집단을 조사할 수 없는 상황에서는 존재만 알려져 있지만, 그 크기를 알 수 없는 상수들이다. 만일 이들 숫자에 대한 정보를 알려면

12,000명 중 예를 들어 100명 정도를 통계적으로 적절한 방법을 이용하여 선택한 후 선택된 100명에 대하여 조사하게 될 것이다. 이 100명으로 이루어진 집합을 표본이라고 하며 키를 관찰할 경우 100개의 숫자를 얻게 된다. 이 100개의 숫자로부터 얻을 수 있는 모든 숫자들을 **통계량**(statistic)이라고 한다. 100개의 평균, 100개 중 크기순으로 5번째인 값의 제곱 등 얻을 수 있는 숫자는 거의 무한하다.

이러한 사실은 모집단에서도 마찬가지이므로 우선 숫자로 이루어진 집합을 어떠한 숫자들로 요약할 수 있는가를 연구하는 것이 기술통계학이다. 이렇게 요약해 주는 숫자 중 하나가 잘 알려진 평균이다. 12,000명으로 이루어진 모집단에 대해서도 12,000개의 값 대신에 평균과 같은 몇 개의 숫자들로 분포를 잘 나타낼 수 있다. 만약 관심의 대상이 모집단의 평균이라면 100개의 숫자로 이루어진 표본에서 어떤 숫자를 구하는 것이 모집단의 평균에 대한 정보를 얻는데 가장 타당한가를 연구하는 것이 추측통계학이며 이론적으로 표본평균이 가장 좋은 것으로 밝혀졌다. 이때 12,000개로 이루어진 모집단에서 100개로 이루어진 표본을 뽑는 방법의 수는 이미 조사된 사람에게 다시 또 조사대상으로서의 자격을 주는 복원추출의 방법을 사용할 경우 $(12000)^{100}$가지이다. 각 표본마다 하나의 표본평균이 계산되므로 실제 조사하여 얻은 숫자는 $(12000)^{100}$개의 나올 수 있는 숫자 중 하나에 불과하며 같은 모집단에서 어떤 표본이 얻어지는가에 따라 값이 바뀌게 된다. 이런 이유로 통계량은 **변수**(variable)로 간주된다.

12,000개로 이루어진 미지의 모집단에 대한 정보를 100개의 알고 있는 숫자로 추론할 경우 오류의 발생은 피할 수 없으므로 불확실한 상황이 된다. 통계학은 미지의 대량 모집단에 대하여 기지의 소량 자료를 근거로 하여 추론하는 방법론을 연구하는 학문이라고도 할 수 있다. 'Statistic'이란 용어가 광의적으로는 집단과 관련된 숫자라고 정의한 바 있으나 협의적으로는 표본에서 얻은 숫자인 통계량을 의미하며 영어로 통계학을 'Statistics'라고 명명한 것도 통계학이 근본적으로는 통계량에 대해서 연구하는 학문이라는 것을 나타내기 위한 것이다.

기술통계학(descriptive statistics)

관찰값으로 된 집합의 특성을 요약, 표현하는 절차들을 연구하는 학문

추측통계학(inferential statistics)

표본으로부터 모집단에 대한 정보를 추론하는 절차들을 연구하는 학문

02장

도표적 자료표현

2.1 변수와 자료

2장과 3장에서는 표본과 모집단의 측정된 자료를 표현하는 기법들을 주로 다루는 **기술통계학**을 설명하고자 한다. 이는 수많은 숫자가 얻어졌을 때 이 숫자들의 집합을 어떻게 하면 명확하고 이해하기 쉽게 표현할 수 있는가에 대한 기법들을 다루는 것이다. 먼저 기술통계학에 대해 설명하기 위해서는 **변수**(variable)와 **자료**(data)라는 용어의 정의가 필요하다.

변수(variable)

서로 다른 개체마다 달라지는 특성이나 같은 개체에서도 시간마다 달라지는 특성

자료(data)

변수의 값을 측정한 것으로서 측정값 또는 관찰값

예를 들면 한 사람의 체온은 매시간 다른 값을 가지므로 변수라고 할 수 있으며 또한 서로 다른 사람들의 종교, 고향, 나이, 키, 몸무게 등 역시 조사된 사람마다 다를 수 있으므로 변수가 된다. 어떤 제품의 수명시간, 무게, 강도 등도 각 제품마다 다르므로 변수가 된다. 이처럼 사람이나 제품처럼 관찰대상이 되는 사물을 **실험단위**(experimental unit)라고 한다.

2.2 변수 유형

변수의 유형(type)은 크게 두 가지로 나누어진다. 측정 결과가 수치적으로 나타나면 **양적**(quantitative) 변수라 하고 그렇지 아니하면 **질적**(qualitative) 변수라고 한다. 때로는 정량적 변수와 정성적 변수로 부르기도 한다. 질적 변수는 경우에 따라 종교, 고향, 상표명, 좋아하는 음식, 성별, 색상 등과 같은 이름을 나타내는 **명목형**(nominal) 변수와 대, 중, 소 혹은 아주 나쁨, 나쁨, 보통, 좋음, 아주 좋음 등의 순서를 나타내는 **순위형** 혹은 **순서형**(ordinal) 변수로 세분하기도 한다. 양적 변수는 측정 결과가 자, 저울, 시계 등의 측정기기를 이용해야 얻을 수 있는 **연속형**(continuous) 변수와 단순히 개수나 횟수를 세어서 얻을 수 있는 **이산형**(discrete) 변수로 세분화된다. 통계분석방법은 변수가 양적인가 혹은 질적인가에 따라 크게 달라지는 경우가 많다.

양적 변수(quantitative variable)

측정결과가 수치로 나타나는 변수로 연속형 변수(continuous variable)와 이산형 변수(discrete variable)로 세분화

질적 변수(qualitative variable)

측정결과가 수치로 나타나지 않는 변수로 명목형 변수(nominal variable)와 순서형 변수(ordinal variable)로 세분화

질적 변수의 측정결과가 수치적이지 않더라도 전산처리를 위하여 숫자로 표시하는 경우가 많다. 예를 들어 남자이면 1, 여자이면 2로 표시한다든지 설문지 조사에서처럼 '전혀 아니다'면 1, '조금 아니다'면 2, '보통이다'면 3, '조금 그렇다'면 4, '매우 그렇다'면 5로 표시하는 경우들이다. 이러한 작업을 **코딩(coding)**작업이라고 한다. 이 작업은 자료 입력의 처리시간을 단축시킬 뿐만 아니라 컴퓨터 자체에서도 문자 처리작업이 숫자처리 작업에 비해 훨씬 복잡하고 효율이 떨어지기 때문에 반드시 필요하다. 비록 질적 변수들이 숫자로 표시되더라도 일반적인 사칙연산이 의미가 없다는 점에서 양적 변수와 다르다. 예를 들어 좋아하는 음료로서 사이다를 1, 우유를 2, 커피를 3, 콜라를 4로 표시할 때 1(사이다)+2(우유)는 3(커피)이 성립되지 않는다.

양적 변수에 있어서 이산형 변수와 연속형 변수의 구분은 수학이론과 밀접한 관련이 있다. 횟수나 개수에 관계된 이산형 변수는 측정값과 참값이 정확하게 일치하지만 측정도구에 의해서만 측정 가능한 연속형 변수는 측정값과 참값이 다를 수밖에 없다. 예를 들어 몸무게가 50kg로 측정되었을 때 50kg이란 것은 근삿값이며, 참값은 49.5kg 이상 50.5kg 미만 사이에 있다는 뜻이다. 아무리 측정도구가 정밀하더라도 참값은 이론적으로만 존재할 뿐이며 현실적으로는 그 값을 알 수 없으므로 근삿값을 참값 대신 사용하는 것이다.

2.3 표와 그래프

2.3.1 도수분포표

자료를 요약하는 일차적인 작업은 표로 정리하여 나타내는 것이며 자료의 분포를 보다 시각적으로 나타내기 위한 것이 그래프이다. 가장 자주 사용되는 표는 **도수분포표(frequency** distribution table)이며 이것은 변수의 값별로 자료 중 몇 개가 나타나는가를 표로 정리한 것이다. 이때 나타나는 개수를 **도수**(frequency)라고 한다. 질적 변수와 이산형 변수의 경우 각 값을 **범주**(category) 혹은 분류라고 하며 측정값과 실제 값이 일치하므로 작성이 간편하다.

❙ 예제 2.1 ❙

다음은 질적 변수에 대한 도수분포표의 예로서 어느 학과 학생들의 기호식품을 조사하여 정리한 것이다.

기호식품	명수	백분율(%)
고기	20	40
생선	17	34
야채	13	26
합계	50	100

❙ 예제 2.2 ❙

다음은 이산형 변수에 대한 도수분포표의 예로서 주사위를 200번 던져 나오는 눈의 횟수를 정리한 것이다.

눈의 수	횟수	백분율(%)
1	30	15.0
2	31	15.5
3	36	18.0
4	33	16.5
5	40	20.0
6	30	15.0
계	200	100.0

위의 예에서처럼 명수, 횟수 등을 도수라고 하며 전체 도수에 대한 각 분류의 비율 또는 백분율로 표현하고 이것을 **상대도수**(relative frequency)라고 한다.

연속형 변수를 위한 도수분포표도 가능하다. 먼저 자료 전체를 몇 개의 범주로 나타낼 것인지를 결정해야 하지만 명확한 방법이 없다. 대개의 경우 시각적인 면을 고려하여 범주의

수를 5~20개로 정하지만 자료의 수가 많으면 범주의 수도 많아야 분포 모양을 제대로 나타낼 수 있다. 각 범주에 포함될 변수값의 구간을 **계급**(class)이라고 하며 질적 자료에서의 범주에 해당된다. 계급의 수의 결정에 관한 알려진 결정법으로는 **스터지스**(Sturges)법이 있다. 자료의 수를 N, 계급의 수를 k라고 하면 $N=2^{k-1}$에 가장 근접한 k를 기준으로 하는 것이다. 두 번째 결정사항은 **계급 폭**(class width)의 크기 W이다. 일반적으로 계급의 폭은 각 계급마다 같도록 한다. 전체 자료에서 최댓값과 최솟값의 차이를 **범위**(range)라고 하며 R로 표시한다. 전체 자료가 k개의 계급으로 표현되어야 하므로 $W=R/k$이 성립한다. 이렇게 계산된 값에 가장 가까운 정수를 W라 정한다. 일반적으로 W의 값은 홀수가 선호되고 있다. 마지막으로 각 계급의 최솟값인 **계급하한**(lower limit)과 **계급상한**(upper limit)을 구체적으로 명시하여야 한다. 이 마지막 단계에서도 뚜렷한 기준이 없으므로 같은 자료에서도 실제로는 여러 가지의 도수분포표가 나오게 된다. 보통 전체 자료에서의 최솟값에서 측정단위의 $1/2$을 뺀 값을 제1계급의 계급하한으로 정하기도 한다. 예를 들어 몸무게의 경우 41, 52, 47 등으로 측정되었고 최솟값이 38이라면 제1계급의 계급하한을 37.5로 정하고 만일 41.3, 51.7, 47.2 등으로 측정되었고 최솟값이 37.6이라면 제1계급의 계급하한을 37.55로 정하는 것이다. 통계패키지를 사용할 경우 선택사항을 여러 가지로 변경시키면 다양한 도수분포표를 얻을 수 있으며 모두 다 맞는 것으로 간주한다.

▌예제 2.3▐

다음의 자료는 어느 학과 학생들 중 50명을 선택하여 조사한 몸무게(단위: kg)이다. 이 자료를 기반으로 학생들의 몸무게에 대한 도수분포표를 작성하여라.

```
48 50 51 52 53 54 54 55 55 56
57 57 57 58 58 58 59 59 59 59
60 60 60 60 60 61 61 61 61 62
63 63 64 64 64 65 65 65 66 66
67 68 68 69 70 72 74 77 78 80
```

풀이 먼저 계급의 수 k를 Sturges법으로 구한다. 자료의 수는 50이며 $2^5=32$, $2^6=64$이므로 우선 $k=6$ 또는 $k=7$로 놓는다.

범위는 $R=80-48=32$이므로 계급의 폭은 $W=32/6=5.33$ 또는 $W=32/7=4.57$에 의해서 $W=5$가 적당하다. 최솟값이 48이므로 제1계급의 계급하한은 47.5로 정할 수 있다. 따라서 각 계급은 47.5 이상 52.5 미만, 52.5 이상 57.5 미만 등으로 정해져서 다음과 같은 도수분포표를 얻을 수 있다.

계급	도수	상대도수
47.5 - 52.5	4	0.08
52.5 - 57.5	9	0.18
57.5 - 62.5	17	0.34
62.5 - 67.5	11	0.22
67.5 - 72.5	5	0.10
72.5 - 77.5	2	0.04
77.5 - 82.5	2	0.04
계	50	1.00

상대도수를 구할 때 종종 합이 1.00이 되지 않고 약간 크거나 작게 되는 경우가 발생하는 원인은 반올림 때문이다. 이런 경우 무리하게 1.00이 되도록 조작하는 것은 잘못이며 그냥 반올림 때문이라고 설명하면 된다. 연속형 변수의 도수분포표가 가진 또 다른 약점은 단지 유일한 작성법이 정해져 있지 않다는 것뿐만 아니라 질적 변수나 이산형 변수에서와는 달리 실제 자룟값을 알 수 없게 된다는 것이다. 따라서 연속형 변수의 경우 본래의 **원자료**(raw data)를 따로 보관해 둘 필요가 있다.

2.3.2 막대그래프와 히스토그램

도수분포표로 정리된 자료를 그래프로 표현하면 분포를 보다 쉽게 파악할 수 있다. 질적 변수나 이산형 변수의 경우 수평축에는 분류의 값이나 변수값을 표시하고 그 값 위에 수직으로 막대를 그려 도수를 표시한다. 이때 막대 사이를 분리하여 각 변수값이 다름을 나타낸 것을 **막대그래프**(bar graph)라고 한다.

연속형 변수의 경우는 각 계급을 수평축에 표시하고 각 계급 위에 해당되는 도수의 크기만큼 막대를 그리면 된다. 이때 각 계급은 서로 연결되어 있으므로 막대들도 연결되며 이 그림을 **히스토그램**(histogram)이라고 한다. 다음의 예들은 엑셀을 사용하여 막대그래프와 히스토그램을 그린 것이며 엑셀에서 히스토그램은 계급이 서로 연결되어 있지 않은 막대그래프 형식으로 표현됨을 참고하기 바란다.

▌예제 2.4▐

예제 2.1과 예제 2.2 자료를 기반으로 막대그래프를 그려보아라.

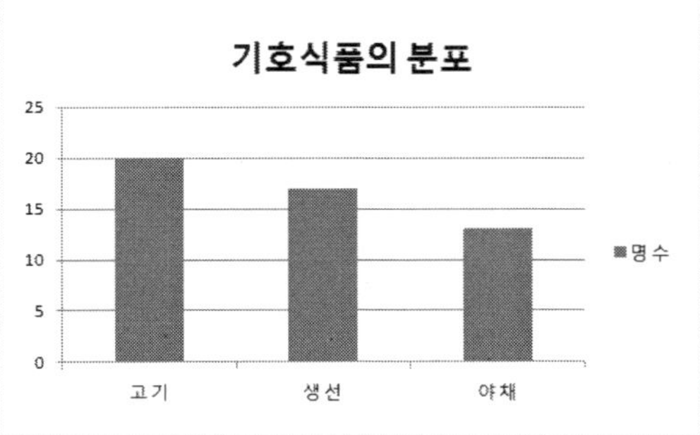

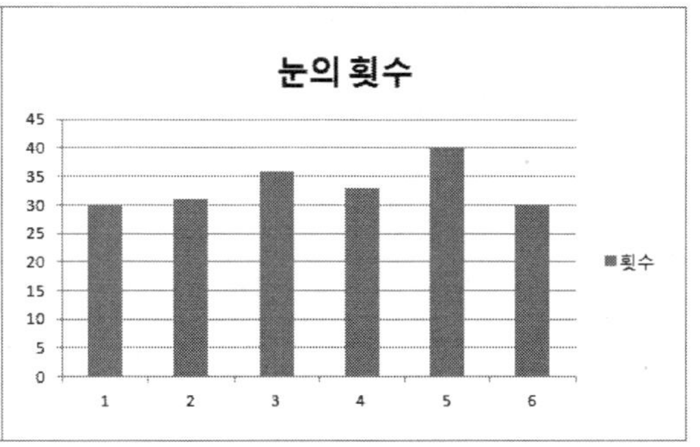

▌예제 2.5▐

예제 2.3의 자료를 기반으로 히스토그램을 그려보아라. 또한 계급의 수가 6인 히스토그램도 그려보아라.

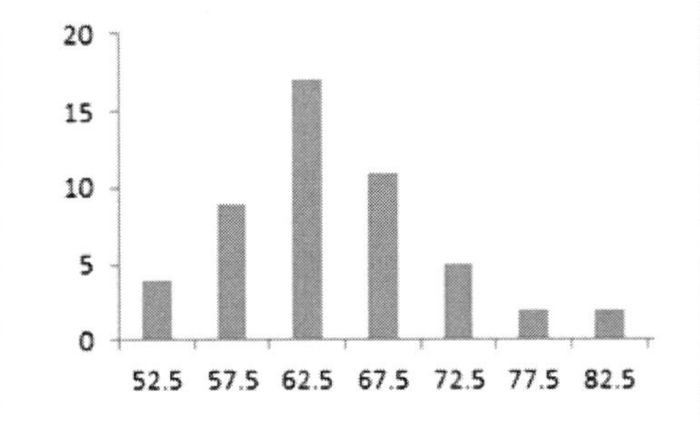

〈계급 수가 7인 히스토그램〉

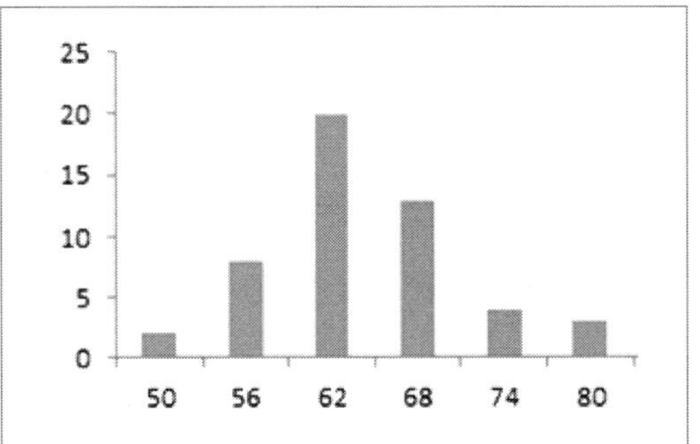

〈계급 수가 6인 히스토그램〉

같은 자료라도 예제 2.5에서 보듯이 연속형 변수에서는 히스토그램의 모양이 달라질 수 있다. 계급의 수에 따라 달라질 뿐만 아니라 계급의 수가 같더라도 계급의 상한과 하한을 어떻게 정하는가에 따라서 달라지기도 한다. 대부분의 통계패키지에서는 계급의 상한과 하한을 지정하는 대신에 **계급 중간값(class midpoint)**을 지정하게 되어 있다. 계급 중간값은 계급 상한과 계급 하한의 평균으로서 각 계급에서의 중점에 해당된다. 예제 2.6과 예제 2.7에서의 수평축에 표시된 값이 각 히스토그램의 계급 중간값이며 계급과 1:1 대응이 된다.

2.3.3 원그래프

질적 변수나 이산형 변수에서처럼 분류의 수가 적은 경우 각 분류가 전체에서 차지하는 비율을 파이모양의 그림을 그려 표현하는 것이 상대도수의 파악에 도움이 된다. 이런 모양의 그림을 **원그래프**(pie graph)라고 하며 각 분류의 도수와 그림에서의 각도는 비례하도록 그린다.

| 예제 2.6 |

예제 2.1과 2.2의 자료를 기반으로 원그래프를 그려보아라.

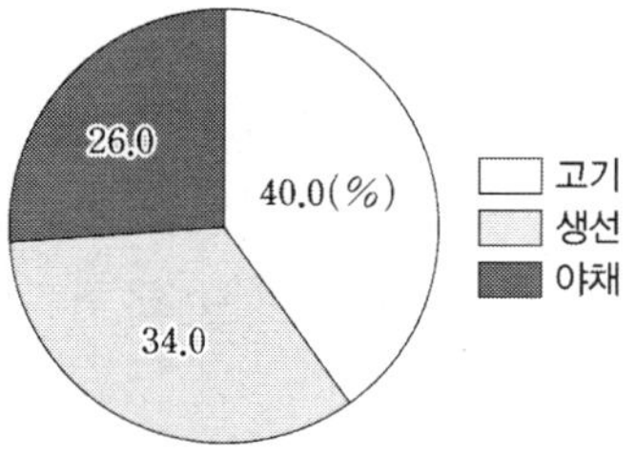

〈예제 2.1 기호식품 원그래프〉

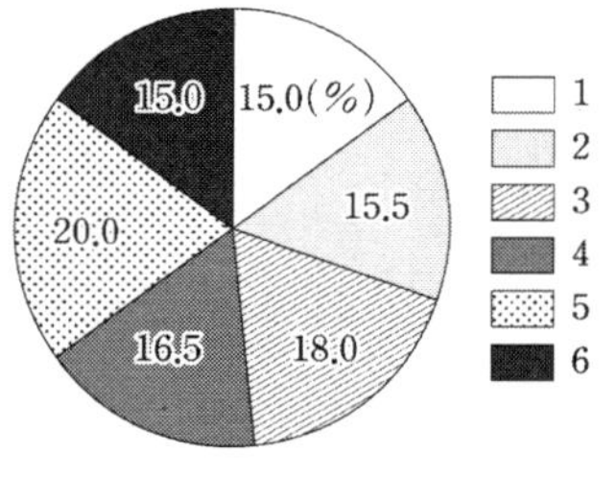

〈예제 2.2 주사위 눈금 원그래프〉

2.3.4 그래프의 문제점

그래프는 자료의 분포형태를 시각적으로 용이하게 파악할 수 있도록 해 주지만 경우에 따라서는 같은 자료라도 시각적 효과를 다르게 줄 수도 있다. 예제 2.3의 자료에 대하여 서로 다른 히스토그램이 만들어진다는 것을 예제 2.5에서 알 수 있다. 두 개의 그래프는 전혀 다른 인상을 주고 있다. 두 히스토그램에서의 계급의 폭이 다르다는 점을 감안해도 두 그림이 주는 정보는 다르다. 두 번째로 도수가 많은 계급도 큰 쪽과 작은 쪽에서 각각 나타나고 있다. 이 사실은 실제로 정반대의 인상을 준다는 점에서 중요하다. 이와 같이 그래프는 같은 자료를 가지고도 전혀 다른 인상을 우연하게든 고의적이든 줄 수 있다. 실제로 통계를 이용한 거짓말에 대한 책까지 나와 있으며 그런 책들의 상당부분은 그래프 조작에 대하여 많은 예를 들고 있다.

또한 내용적으로는 같은 그래프더라도 단순히 가로축과 세로축의 눈금길이만을 조작하여 다른 인상을 줄 수 있다. 가로축을 필요 이상으로 늘리면 자료들이 폭넓게 분포하고 있다는 인상을 줄 수 있으며 세로축을 필요 이상으로 늘리면 자료가 취하는 값 중 일정 부분에 분포가 몰린 인상을 줄 수 있다. 최근의 편집프로그램들은 그림의 가로와 세로의 길이를 사용자 마음대로 조작할 수 있는 기능을 가지고 있으므로 특별한 지식이 없더라도 어느 정도는 시각적 효과를 조작할 수 있다. 이와 같이 그래프 이용한 시각적 효과에 대한 조작 가능성과 히스토그램의 예에서처럼 동일 자료에 대한 그래프 표현이 유일하지 않는 등의 한계 때문에 결국은 자료의 분포형태를 그래프로 표현하는 것보다는 숫자로 표현하는 수치적 기법에 연구가 치중될 수밖에 없는 것이다.

2.4 줄기-잎 그림

추측통계학이 주류를 이루면서 대부분의 통계이론들은 조사한 자료의 특성파악보다는 여러 가지의 가정을 설정하고 이들 가정을 토대로 기존의 통계적 방법을 형식적으로 적용하여 모집단에 대하여 추론하는 데만 치우치게 된다. 튜키(John W. Tukey)는 이러한 경향에 반대하여 조사자료 중심의 통계학을 주창하면서 새로운 형태의 기술통계학인 **탐색적 자료분석**(Exploratory Data Analysis, EDA)을 제시하였다. 주요 내용은 자료가 내포하고 있는 구조적 특징을 찾아내고 어떤 값들이 이러한 구조적 특성과 다른가를 찾아내어 자료의 특이성을 구체적으로 표현하는 방법을 다루는 것이다. 이 분야의 대표적 기법으로서 줄기 – 잎 그림과 상자그림을 들 수 있다. 그 중 **줄기-잎**(stem and leaf) **그림**은 연속형 변수의 히스토그램이 본래의 자룟값을 알 수 없게 하는 약점을 보완하면서도 히스토그램이 주는 시각적인 효과를 그대로 갖고 있기 때문에 널리 사용된다. 모든 관찰값을 두 부분으로 나누어 줄기와 잎으로 구분되며 작성요령은 다음과 같다.

줄기-잎 그림 작성요령

(1) 줄기의 값들을 수직 열에 적는다.
(2) 적혀진 줄기 값의 오른쪽에 수직선을 긋는다.
(3) 각 관찰값의 잎에 해당하는 숫자를 해당되는 줄기의 행에 적는다.
(4) 모든 관찰값을 표시한 후 각 줄기 행의 잎들을 크기순으로 정렬한다.
(5) 관찰값의 수가 많아 각 줄기 열에서의 잎의 수가 많은 경우에는 각 줄기의 증가 폭을 5단위로 하면 10단위의 줄기가 5단위의 줄기 2개씩으로 나누어져 잎의 값 0~4까지와 5~9까지를 서로 다른 줄기에 표시할 수 있으며 더 나아가서는 증가폭을 2단위로 하여 10단위의 각 줄기를 2단위의 줄기 5개로 나누어 0~1, 2~3, 4~5, 6~7, 8~9의 잎들을 각각 다른 줄기에 나타낼 수도 있다.
(6) 마지막으로 잎의 단위를 명시하여 그림을 보는 사람들이 실제 값을 복원할 수 있게 한다.

▌예제 2.7▐

예제 2.3의 자료를 이용하여 줄기－잎 그림을 그려보아라.

풀이 십 단위를 줄기로 하면 40, 50, 60, 70, 80의 5개의 줄기가 만들어지며 다음의 줄기－잎 그림을 얻을 수 있다.

줄기	잎
4	0
5	8
6	0 1 2 3 4 4 5 5 6 7 7 7 8 8 8 9 9 9 9
7	0 0 0 0 0 1 1 1 1 2 3 3 4 4 4 5 5 6 6 7 8 8 9
8	0 2 4 7 8

잎의 단위는 1

위의 경우 줄기 50과 60에 다른 줄기에 비해 너무 많은 잎이 달려 있어서 자료의 특성을 알기 어려우므로 증가폭을 5단위로 해 보자.

줄기	잎
4	8
5	0 1 2 3 4 4
5	5 5 6 7 7 7 8 8 8 9 9 9 9
6	0 0 0 0 0 1 1 1 1 2 3 3 4 4 4
6	5 5 6 6 7 8 8 9
7	0 2 4
7	7 8
8	0

잎의 단위는 5

위 그림은 분포의 모양을 적절히 표현해 주고 있다.

☒ 막대그림표의 작성

질적 변수나 이산형 변수에 대한 막대그림표의 작성은 크게 두 가지 경우로 나누어진다. 예제 2.1과 예제 2.2에서처럼 미리 정리된 도수분포표에 의거하여 작성하는 경우와 도수분포표로 정리되기 이전의 원시자료에 의해서 작성하는 경우로 나눌 수 있다.

예제 2.1에서의 도수분포표를 [그림 2-1]과 같이 엑셀에 입력한다.

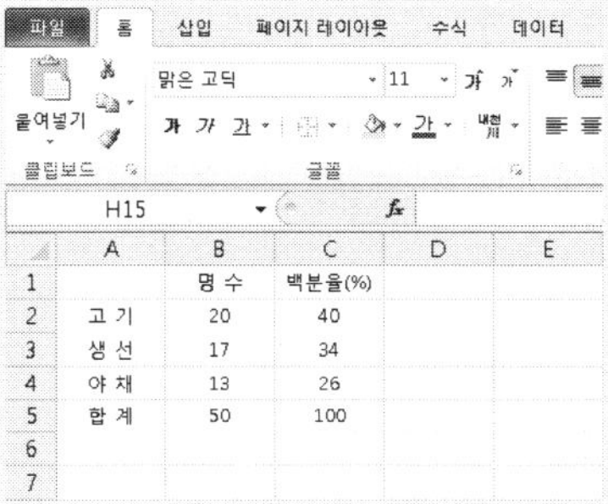

그림 2-1

[그림 2-2]와 같이 작성한 표나 그래프로 표현할 데이터에 마우스 드래그로 지정한다. 다음으로 상단에 있는 메뉴의 [삽입] 탭을 누르고 [차트] 리본메뉴에 있는 세로 막대형을 클릭한다. 원하는 막대그래프 형태를 클릭하면 막대그래프가 생성된다.

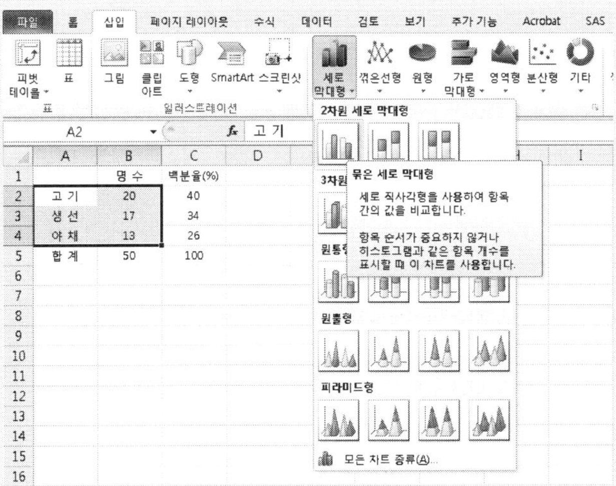

그림 2-2

☒ 히스토그램의 작성

연속형 변수의 특징은 관찰값들이 실제로는 연속적인 구간을 대표하는 근삿값이라는 것이며 이 점을 나타내기 위하여 연속형 변수에 관한 그림도 X축을 연속적인 구간으로 표시한다.

예제 2.3에서의 자료를 [그림 2-3]과 같이 엑셀에 입력하고 각 줄에 포함될 변수값의 구간인 계급값을 함께 입력한다.

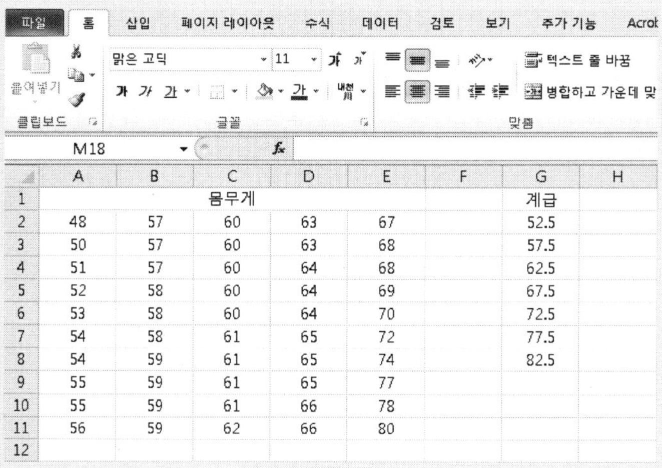

	A	B	C	D	E	F	G	H
1			몸무게				계급	
2	48	57	60	63	67		52.5	
3	50	57	60	63	68		57.5	
4	51	57	60	64	68		62.5	
5	52	58	60	64	69		67.5	
6	53	58	60	64	70		72.5	
7	54	58	61	65	72		77.5	
8	54	59	61	65	74		82.5	
9	55	59	61	65	77			
10	55	59	61	66	78			
11	56	59	62	66	80			
12								

그림 2-3

상단에 있는 메뉴의 [데이터] 탭을 누르고 오른쪽 끝에 있는 [데이터 분석]을 클릭하면 [그림 2-4]와 같은 화면에 나타나게 된다.

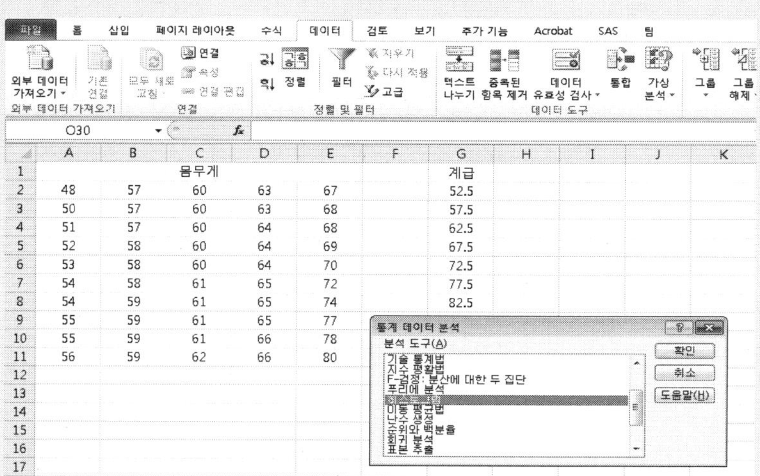

	A	B	C	D	E	F	G
1			몸무게				계급
2	48	57	60	63	67		52.5
3	50	57	60	63	68		57.5
4	51	57	60	64	68		62.5
5	52	58	60	64	69		67.5
6	53	58	60	64	70		72.5
7	54	58	61	65	72		77.5
8	54	59	61	65	74		82.5
9	55	59	61	65	77		
10	55	59	61	66	78		
11	56	59	62	66	80		

그림 2-4

[그림 2-4]에서 확인을 누르면 [그림 2-5]와 같은 화면이 나타난다. 입력 범위에는 데이터 부분을 마우스 드래그로 지정하고 계급 구간은 계급 부분을 마우스 드레그로 지정한다. 출력 옵션에서는 '새로운 워크시트'와 '차트 출력'을 선택한다.

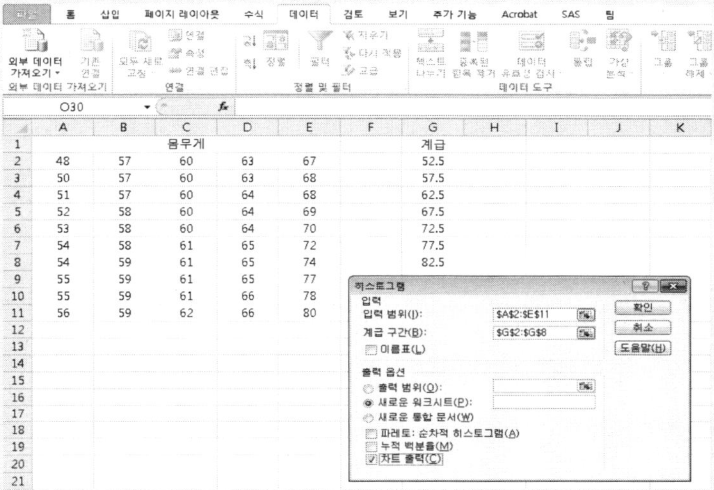

그림 2-5

[그림 2-5]에서 확인을 누르면 [그림 2-6]과 같은 결과물이 나타난다.

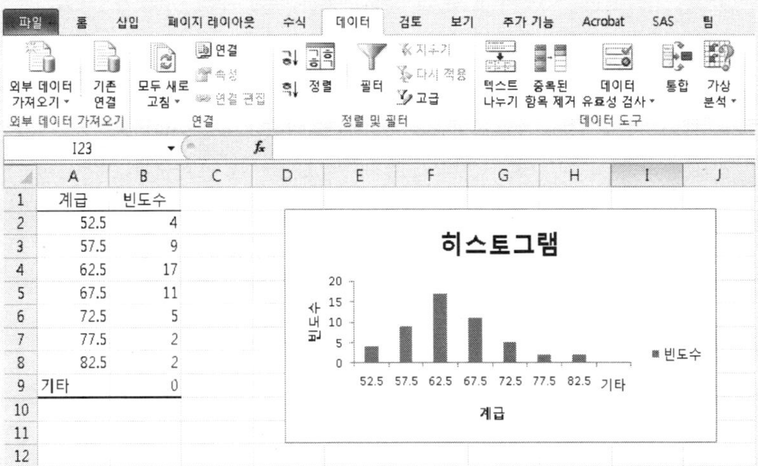

그림 2-6

☒ 원그림의 작성

파이그림은 주로 질적 자료나 이산형 자료의 표현에 사용된다. [그림 2-7]과 같이 작성한 표나 그래프로 표현할 데이터에 마우스 드래그로 지정한다. 다음으로 상단에 있는 메뉴의 [삽입] 탭을 누르고 [차트] 리본메뉴에 있는 세로 막대형을 클릭한다. 원하는 원형 형태를 클릭하면 파이그림이 생성된다.

그림 2-7

☒ 줄기-잎 그림의 작성

엑셀에서는 줄기-잎 그림을 제공하지 않으므로 엑셀의 함수를 사용하여 줄기-잎 그림을 그리는 방법에 대해서 소개한다.

예제 2.3에서의 데이터를 [그림 2-8]과 같이 엑셀에 입력한다.

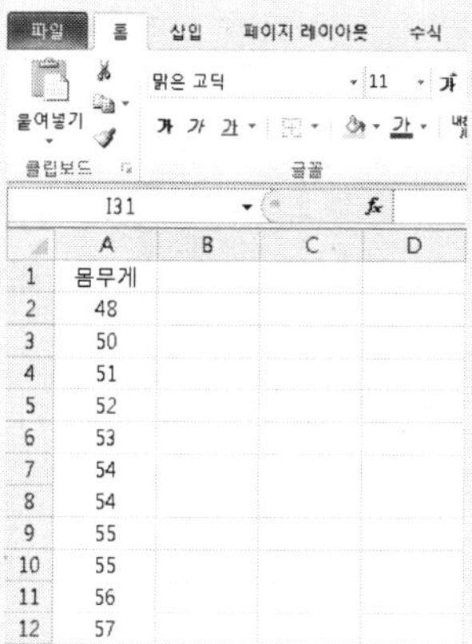

그림 2-8

아래의 함수를 도수 부분에 넣게 되면 [그림 2-9]와 같이 줄기-잎 그림이 생성된다.

함수

```
=REPT("0",COUNTIF(A$2:A$51,C2*10+0))
&REPT("1",COUNTIF(A$2:A$51,C2*10+1))
&REPT("2",COUNTIF(A$2:A$51,C2*10+2))
&REPT("3",COUNTIF(A$2:A$51,C2*10+3))
&REPT("4",COUNTIF(A$2:A$51,C2*10+4))
&REPT("5",COUNTIF(A$2:A$51,C2*10+5))
&REPT("6",COUNTIF(A$2:A$51,C2*10+6))
&REPT("7",COUNTIF(A$2:A$51,C2*10+7))
&REPT("8",COUNTIF(A$2:A$51,C2*10+8))
&REPT("9",COUNTIF(A$2:A$51,C2*10+9))
```

	A	B	C	D
1	몸무게		계급	도수
2	48		1	
3	50		2	
4	51		3	
5	52		4	8
6	53		5	0123445567778889999
7	54		6	00000111123344455566 7889
8	54		7	02478
9	55		8	0
10	55		9	
11	56			
12	57			

그림 2-9

연습문제

01 다음의 각 항목들을 적절한 변수 유형(명목형, 순위형, 이산형, 연속형)으로 분류하여라.

(1) 동전 3개를 동시에 던질 때 앞면이 나온 동전의 수

(2) 1학년 학생의 출신 고등학교

(3) 대통령에 대한 평가(좋음, 보통, 나쁨)

(4) 지역별 면적

(5) 지역별 인구수

(6) 각 학생의 통학 소요시간

02 다음은 학생 10명의 혈액형을 조사한 결과이다. 이 결과에 대한 도수분포표를 작성하고 엑셀을 이용하여 막대그래프와 원그래프를 그려보아라.

O	A	A	B	AB	O	A	B	AB	O

03 다음 자료에 대한 도수분포표를 작성하고 엑셀을 이용하여 히스토그램을 그려보아라.

31	49	28	36	25	45	35	37	41	49
29	21	35	40	37	27	40	44	37	42
38	62	25	29	28	51	18	56	22	34
25	36	51	48	16	36	61	47	39	39
43	57	37	46	40	56	49	42	31	39
21	44	27	87	79	90	20	66	33	12
41	184	61	22	135	74	83	13	23	141
37	126	131	56	18	16	35	180	129	58
41	149	24	83	61	27	66	78	58	72
97	96	167	74	82	192	69	43	33	12

04 2장 연습문제 3의 자료를 이용하여 줄기의 단위가 5와 10인 줄기-잎 그림을 각각 그려보아라.

03장

수치적 자료표현

3.1 수치적 자료표현의 필요성

통계학 연구에서 수치적 기법이 주류를 이루게 된 원인은 도표적 기법의 한계에서 비롯된다. 2.3절에서 언급하였듯이 같은 자료에서도 서로 다른 모양의 그래프를 그릴 수 있으며 심지어는 같은 그래프도 눈금조작을 통해 전혀 다른 시각적 효과를 유도할 수 있다. 그러나 보다 주요한 원인은 학문적 관심대상이 변한 것 때문이라고 할 수 있다. 오늘날 통계학의 주된 관심사는 표본을 통해서 알고 있는 정보를 이용하여 관찰 불가능한 모집단에 대한 정보의 추론이다. 만일 측정값 집단의 표현이 그래프만으로 된다면 우리는 표본에 대한 그래프를 통하여 모집단을 추론해야 하며 이때 그래프의 닮은 정도나 차이를 어떻게 표현할 것이며 측정할 것인가 하는 어려운 문제에 마주치게 된다. 이런 연유로 일찍부터 수치를 이용하여 숫자로 된 집합을 표현하는 방법이 연구되어 왔던 것이다. 1.5절의 기술통계학과 추측통계학의 소개에서 모수와 통계량의 개념도 같이 소개된 바 있다. 모집단에서 얻을 수 있는 모든 숫자를 모수라 한다면 과연 그렇게 수많은 숫자 중 어떤 숫자가 모집단의 분포 특성을 가장 잘 나타낸다고 할 수 있겠는가? 나아가서 숫자로 된 집합들이 여러 개 있다고 할 때 이들을 어떻게 간단히 특성 지워서 서로 간의 같은 정도나 차이를 측정할 것인가? 근본적으로 이러한 문제들이 초기의 통계학에서는 관심대상이 된 것이며 이런 문제를 다루는 통계학을 기술통계학이라고 불렀던 것이다. 결국 숫자로 된 집합의 분포 특성을 몇 개의 타당한 숫자들로 표현하는 방법이 어느 정도 해결된 후에야 미지의 모집단에 대한 분포 특성을 나타내는 숫자들만이 관심대상이 된 것이다. 이러한 특성치를 추론하려면 우리가 실제 관찰하여 얻은 숫자들의 집합인 표본에서는 어떤 숫자를 구할 것이며 어떤 방식으로 필연적으로 존재하는 오류를 해결할 것인가를 연구하게 되며 그 과정에서 확률론이 해결 도구로 등장하게 된다. 현대통계학은 이 부분이 주류를 이루고 있으며 많은 사람들이 현대통계학을 추측통계학이라고 부르는 이유도 여기 있다. 따라서 먼저 자료를 수치적으로 요약하고 표현하는 방법을 익혀야 현대통계학에 접근할 수 있다.

3.2 중심경향의 측도

여러 개의 숫자로 된 집합을 비교하여 구분 짓는 문제를 접근함에 있어서 첫 번째 관심사는 어떤 숫자로 각각의 숫자집합을 대표할 수 있는가이다. 다른 말로는 어떤 숫자가 각 집합을 잘 요약해 주는가이다. 다음은 13가구에 대한 월 소득(단위: 만 원)에 대한 조사 자료이다.

월 소득	가구 수
4,000	1
680	1
360	1
280	1
240	3
160	2
100	4

우선 위 자료의 13가구를 대표한다는 개념은 무엇들이 있을 수 있는가를 생각해 보자. 만일 선거철이 되어서 어떤 계층을 대상으로 선거운동을 해야 하는가를 결정하려면 월 소득 100만 원을 대표로 간주할 것이다. 왜냐하면 제일 표가 많기 때문이다. 이때의 대표란 개념은 어떤 숫자가 가장 많이 나타나는가이다. 통계학에서는 이런 숫자를 **최빈값(Mode)**이라고 한다. 위 집단 내부에서 대표자를 뽑는다면 소득만 따질 때 잘 사는 편도 아니고 못 사는 편도 아닌 정확하게 중간인 사람이 유리할 것이다. 즉 소득을 순서화하여 13가구 중 잘 사는 순서로 따져도 7번째이고 못 사는 순서로 따져도 7번째인 사람인 것이다. 이 경우 크기순으로 중앙에 오는 값인 240만 원이 대표가 될 것이며 이런 숫자를 **중앙값(Median)**이라고 한다.

만일 위와 같은 자료가 여러 개가 얻어졌을 때 어느 집단이 가장 소득이 높은가를 따진다면 각 자료에 속한 가구당 소득이 얼마인가를 따지게 될 것이며 이 숫자가 잘 알려진 **평균(Mean)**으로 위 자료에서는 그 값이 520만 원이다. 위와 같이 어느 숫자가 가장 숫자집합을 잘 대표하는가는 같은 자료일지라도 상황마다 달라진다. 이와 같이 분포의 중심을 측정하여 비교하려는 목적으로 만든 숫자들을 **중심경향의 측도(measure of central tendency)**라고 하며 위에서 언급한 최빈값, 중앙값, 평균이 가장 널리 사용되고 있다.

평균의 경우 수학적으로는 산술평균, 기하평균, 조화평균으로 세분화되나, 기하평균은 물가상승률과 같은 평균 변화율의 계산에만 주로 사용되며, 조화평균의 경우 단위당 평균 계산에만 사용되는 등 사용처가 한정되어 통계학에서의 평균이란 산술평균을 의미한다. 또한 산술평균은 수학적으로 풍부한 이론을 유도해 낼 수 있기 때문에 최빈값이나 중앙값에 비하여 압도적으로 많은 이론들이 개발되고 있으며 대부분 산술평균을 중심경향의 측도로 사용하고 있다. 하지만 사회과학분야를 포함한 몇몇 분야에서는 최빈값이나 중앙값이 더 의미 있는 해석을 가능하게 하는 경우가 종종 있다. 모집단의 평균은 μ로 표시하며 **모평균(population** mean)이라고 하고, 표본에서의 평균은 $\bar{x}$로 표시하며 **표본평균**(sample mean)이라고 한다. 다음은 평균에 대한 정의를 나타내고 있다.

평균(mean)

측정치의 합을 개수로 나눈 것으로 모평균과 표본평균을 다음과 같이 정의한다.

- 모평균(population mean): $\mu = \sum_{i=1}^{N} x_i / N$
- 표본평균(sample mean): $\bar{x} = \sum_{i=1}^{n} x_i / n$

n: 표본의 측정값의 개수, N: 모집단의 측정값의 개수, x_i: i 번째 측정값

예제 3.1

예제 2.3의 자료를 이용하여 표본평균을 구하여라.

풀이

$$\bar{x} = \frac{1}{n}\sum_{i=1}^{n} x_i = \frac{3083}{50} = 61.66$$

$\bar{x}$의 또 다른 사용처는 이것을 미지의 모평균 μ의 **추정량**(estimator)으로 사용할 수 있다는 것이다. 위의 예제에서 모 학과 전체 학생의 몸무게 평균 μ는 알 수 없지만 하나의 값으로 추정해야 한다면 61.66이고 구간으로 추정해야 한다면 61.66을 중점으로 하는 구간 안에 있을 것이다. 물론 μ는 변하지 않는 숫자인 상수이지만 표본평균 $\bar{x}$는 50명을 선택할 때마다 표본이 달라지므로 값이 일정하지 않는 변수이다.

중앙값의 장점은 평균과 비교하여 극단치의 영향을 덜 받는다는 것이다. 앞의 월 소득에 대한 예에서처럼 소득이 4000만 원인 한 가구 때문에 평균은 520만 원이 되었고 13가구 중 평균 이상이 2가구, 평균 미만이 11가구인 데도 대푯값인 것이다. 중앙값은 그 가구의 소득이 4000만원이 아니라 1억 원이라고 해도 값의 변동이 없다.

중앙값(median)

n개의 측정치를 작은 것부터 크기순으로 정렬할 때 중앙에 위치하게 되는 값

- n이 홀수일 때는 크기순으로 (n+1)/2번째 값
- n이 짝수일 때는 크기순으로 n/2번째 값과 (n/2)+1번째 값의 평균

| 예제 3.2 |

다음 자료의 중앙값을 구하여라.

(1) 2, 9, 11, 5, 6　　　　　　　　　　(2) 2, 9, 11, 5, 6, 27

풀이

(1) n=5이며 자료를 작은 것부터 정렬하면 2, 5, 6, 9, 11이다. $(n+1)/2=(5+1)/2=3$이므로 3번째 값 6이 중앙값이다.

(2) n=6이며 자료를 작은 것부터 정렬하면 2, 5, 6, 9, 11, 27이다. $n/2=6/2=3$이므로 3번째 값 6과 4번째 값 9의 평균 7.5가 중앙값이다.

평균과 중앙값이 양적 변수이거나 순서형 변수에서만 의미가 있는 데 비해서 가장 자주 나타나는 측정값을 의미하는 최빈값은 명목형 변수에서도 의미를 가진다. 예제 2.2 주사위 던지기에서의 최빈값은 5이며, 예제 3.2에서는 각 측정값이 모두 1개이므로 모두가 최빈값이 된다. 이처럼 최빈값은 두 개 이상일 수도 있다.

최빈값(mode)

가장 자주 나타나는 분류이거나 가장 자주 나타나는 측정값

3.3 변동의 측도

중심이 같은데도 전혀 다른 분포를 하는 자료집합들이 많기 때문에 중심만으로 자료를 표현하기에는 무리가 있다. 예를 들어 A={-2, -1, 0, 1, 2}와 B={-200, -100, 0, 100, 200}을 비교해 보자. 둘 다 평균은 0이지만 같은 척도로 그림을 그려보면 전혀 달라진다. A는 B에 비하여 각 자료가 평균인 0 근방에 모여 있다. 따라서 분포의 표현에서 중심뿐만 아니라 각 값들이 중심에 대하여 얼마만큼 이탈하고 하고 있는가를 따질 필요가 있다. 자료에 속해 있는 각 값들이 중심에 대하여 이탈하고 있는 정도를 수치로 표현한 것을 **변이성**(variability) 혹은 **산포**(dispersion)의 측도라고 한다. 가장 간단한 것은 2장에 소개되었던 **범위**(range)가 있으나 n개의 자료 중 최댓값과 최솟값만 이용하므로 나머지 자료들의 변이정도가 설명되지 않는 결점이 있다. 예를 들어 {1, 1, 1, 1, 5}와 {1, 2, 3, 4, 5}의 변이정도가 같은 것으로 표현된다.

각 자료의 변이정도를 측정하기 위하여 각 자료의 평균과의 거리를 표현할 필요가 있고 이 거리는 $(x_i - \overline{x})$에 의해서 나타낼 수 있으며 이를 x_i의 평균에 대한 **편차**(deviation)라고 한다. 자료 전체의 변이성을 자룟값 한 개당 편차의 크기로 표현하고자 하는 것이 직관적으로는 그럴 듯하지만 모든 자료집합에서 항상 편차의 합은 0이 된다. 그 이유는 음으로 표시되는 편차의 크기와 양으로 표시되는 편차의 크기가 전체적으로 서로 상쇄되기 때문이다. 이 문제를 극복하기 위해 편차 대신에 편차의 제곱(squared deviation)을 사용하여 변이성을 표현하게 된다. 변이성의 측도 중 가장 기본적인 것은 자료집합 내의 각 자룟값의 한 개당 편차제곱을 구한 것이며 이것을 **분산**(variance)이라고 한다. 자료가 모집단이면 **모분산**, 표본이면 **표본분산**이라고 하며 각각 σ^2과 s^2으로 표시한다.

모분산 및 표본분산

- 모분산: $\sigma^2 = \frac{1}{N}\sum_{i=1}^{N}(x_i - \mu)^2$
- 표본분산: $s^2 = \frac{1}{n-1}\sum_{i=1}^{n}(x_i - \overline{x})^2 = \frac{\sum_{i=1}^{n}x_i^2 - \left(\sum_{i=1}^{n}x_i\right)^2/n}{n-1}$

표본분산 s^2의 분모가 자료 수인 n이 아니라 $n-1$인 것은 s^2이 단순히 자료의 변이성 표현에 사용될 뿐만 아니라 보다 더 큰 역할인 모분산 σ^2의 추정량으로 사용되어야하기 때문이다. 추정량의 몇 가지 바람직한 성질을 만족시키기 위해서 분모가 $n-1$로 수정된 것이며 이것을 자유도의 크기라고 한다.

본래의 측정단위로 표시되는 변이성의 측도가 필요할 경우 분산의 제곱근을 사용하며 이것을 **표준편차**(standard deviation)라고 한다. 모집단과 표본에 대하여 모표준편차와 표본표준편차로 부르며 각각 σ와 s로 표시한다.

표준편차(standard deviation)

분산의 양의 제곱근

- 모표준편차: $\sqrt{\sigma^2}$
- 표본표준편차: $\sqrt{s^2}$

예제 3.3

다음 자료의 분산과 표준편차를 구하여라.

5, 7, 1, 2, 4

풀이 $\sum_{i=1}^{5} x_i^2 = 5^2 + 7^2 + 1^2 + 2^2 + 4^2 = 95, \ \sum_{i=1}^{5} x_i = 19$이므로

$$s^2 = \frac{1}{4}\{95 - \frac{(19)^2}{5}\} = \frac{22.80}{4} = 5.70, \ s = \sqrt{5.70} = 2.39$$

3.4 상대적 위치의 측도

중간고사 성적이 100점 만점에 80점이 나온 경우 이 점수가 집단 내에서 어느 정도의 위치에 있는지를 알고 싶은 경우가 있다. 이 경우 평균과 표준편차를 안다면 **z-점수(z-score, 표준점수라고도 함)**로 그 위치를 알 수 있다.

z-점수

자룟값의 상대적 위치측도: $z = \frac{x - \bar{x}}{s}$

z-점수는 평균과의 편차를 표준편차의 단위로 나타낸 것이며 이의 사용은 체비셰프 정리나 경험법칙과 밀접한 관계가 있다. 앞의 성적 예에서 평균이 70, 표준편차가 5라면 z-점수는 2가 된다. 만일 분포가 종 모양에 가깝다면 경험법칙에 의하여 상위 $(1.0 - 0.95)/2 = 0.025$, 즉 상위 2.5% 이내일 가능성이 높다고 할 수 있다. 명확하게 "상위 2.5% 이내이다"라고 말할 수 없는 것은 이론적으로 유도된 법칙이 아니고 경험에 의한 것이기 때문이다.

중앙값은 전체자료를 작은 것부터 정렬할 때 전체자료수의 1/2번째 측정값의 값이다. 이 개념을 확장시켜 전체자료수의 1/4번째의 값, 전체자료수의 3/4번째의 값을 생각할 수 있다. 이들을 각각 **제1사분위수(first quartile)**, **제3사분위수(third quartile)**라고 하고 Q_1, Q_3로 표시한다. 참고로 제2사분위수는 중앙값을 의미한다.

제1사분위수와 제3사분위수

n개의 자료를 크기순으로 정렬할 때

- 제1사분위수: $\frac{n}{4}$번째 값
- 제3사분위수: $\frac{3n}{4}$번째 값

위 정의는 $\frac{n}{4}$이나 $\frac{3n}{4}$이 자연수가 되지 않는 경우에는 표현이 보다 복잡해지며, 실제로 통계패키지마다 계산방법이 미세하게 다르기도 하다.

사분위수의 계산방법

(1) 작은 것부터 차례로 정렬된 n개의 자룟값 중에서 $0.25(n+1)$번째의 값이 Q_1이며 $0.75(n+1)$번째의 값이 Q_3이다.

(2) 만일 $0.25(n+1)$이나 $0.75(n+1)$이 자연수가 아닌 경우에는 인접한 두 개의 값을 사용하여 보간법으로 구한다.

예제 3.4

다음 자료의 사분위수를 구하여라.

16, 25, 4, 18, 11, 13, 20, 8, 11, 9

풀이 먼저 자료를 크기순으로 정렬하면 다음과 같다.

4, 8, 9, 11, 11, 13, 16, 18, 20, 25

1) Q_1의 계산

n=10이므로 $0.25(n+1)=0.25(11)=2.75$이다. 2.75번째는 없으며 2번째 값 8보다는 크고 3번째 값 9보다는 작으며 차이는 $9-8=1$이다. 따라서 2번째의 값 8에 차이의 0.75만큼 더하면 된다. 그러므로 $Q_1=8+0.75(9-8)=8.75$이다.

2) Q_3의 계산

마찬가지로 $0.75(n+1)=0.75(11)=8.25$이며 8번째 값은 18이고, 9번째 값은 20이다. 그

러므로 $Q_3 = 18 + 0.25(20 - 18) = 18.5$이다.

전체자료를 100등분하여 상대적 위치를 표현하려면 **백분위수(percentile)**를 사용한다. 백분위수는 99개가 존재하며 제 r백분위수인 P_r은 n개의 자료 중 크기순으로 $\frac{r}{100}n$번째의 값이며 수능 점수와 같은 대량자료에 자주 사용된다.

3.5 상자그림

2.4절에 소개한 줄기-잎 그림과 함께 가장 많이 사용되는 것이 **상자그림(box plot)**이다. 이 그림의 특징은 분포의 중간부분뿐만 아니라 양쪽 끝부분도 잘 나타내어 준다는 것이다. 분포의 중심에서 지나치게 떨어져 있는 측정값을 **이상치(outlier)**라고 한다. 실제 자료해석에서 이상치의 발견과 해석은 아주 중요하다. 많은 경우 자료 입력과정이나 측정과정에서의 오류에서 이상치가 만들어지지만 그렇지 않은 경우 다른 측정값과는 달리 중요한 정보를 가지고 있기 때문에 이상치의 발견은 긴요하다. 본래의 탐색적 자료분석에서는 일반통계학과는 다른 용어로써 상자그림을 설명하고 있지만 그 차이는 거의 없으므로 이미 나온 용어를 사용하기로 한다. 여기서는 분포의 중심을 중앙값으로 본다. 변이성의 측도 중 하나로 **사분위범위(interquartile range, IQR)**가 있으며 다음과 같이 정의된다.

사분위범위(interquartile range)

제3사분위수와 제1사분위수의 차이: IQR = $Q_3 - Q_1$

IQR은 범위보다 이상치의 영향을 덜 받기 때문에 자주 사용된다. Q_1과 Q_3 사이에는 전체자료의 50%가 포함된다. Q_1과 Q_3를 근거로 하여 안 울타리(inner fence)와 바깥 울타리(outer fence)를 설정하며 각 울타리는 값이 작은 쪽과 큰 쪽이 만들어지게 된다. 자룟값이 안 울타리 안에 있으면 정상적이며 안 울타리는 벗어났으나 바깥 울타리 안에 있으면 보통 이상치(mild outlier)라고 하고 바깥 울타리마저 벗어나면 극단 이상치(extreme outlier)라고 한다. 울타리의 계산은 다음과 같다.

울타리의 계산

- 작은 쪽 안 울타리=Q_1−1.5(IQR), 큰 쪽 안 울타리=Q_3+1.5(IQR)
- 작은 쪽 바깥 울타리=Q_1−3(IQR), 큰 쪽 바깥 울타리=Q_3+3(IQR)

안 울타리를 벗어나지 않는 정상범위 내의 최솟값과 최댓값을 인접값(adjacent value)이라고 한다. 현재 엑셀에서는 상자그림을 제공하는 툴이 제공되고 있지 않으므로 상자그림을 그리기 위해서는 SAS 및 R, 미니탭 등의 소프트웨어를 사용하기 바란다. 상자그림을 그리는 방법은 아래와 같다.

상자그림 작성법

1) 자룟값의 위치를 나타낼 수 있는 수평축을 그리고, 축 위에 제1사분위수, 중앙값, 제3사분위수를 표시
2) 제1사분위수와 제3사분위수에서의 수선을 세로변으로 하는 상자를 그림
3) 중앙값의 위치에서 상자내부에 수선을 그림
4) 이상치들을 수평축 위에 표시
5) 상자와 인접값을 점선으로 연결

예제 3.5

n=10인 자료가 아래와 같이 주어질 때 다음을 구하여라.

0, 0, 1, 1, 1, 2, 3, 3, 4, 12

(1) 안 울타리와 바깥 울타리　　(2) 인접값　　(3) 상자그림

풀이 (1) Q_1=0.75, Q_3=3.25이며 중앙값은 1.5이다. IRQ=3.25-0.75=2.5이므로 안 울타리는 0.75-1.5(2.5)=-3과 3.25+1.5(2.5)=7이다.
바깥 울타리는 0.75-3(2.5)=-6.75와 3.25+3(2.5)=10.75이다.
(2) 인접 값은 0과 4이다.
(3) 상자그림은 다음과 같다.

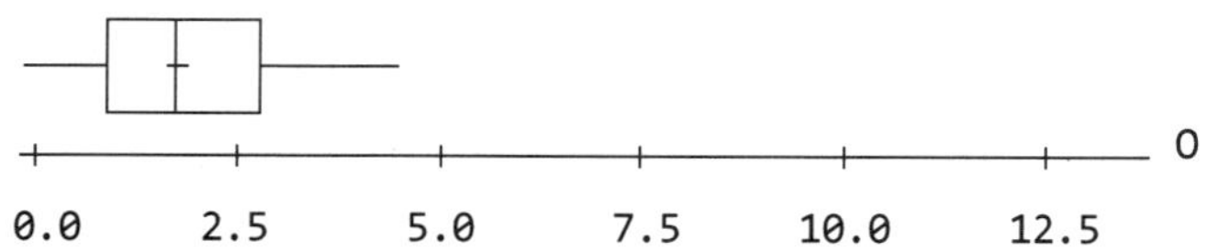

작은 쪽의 울타리들은 자료의 최솟값인 0보다 작으므로 축에서 표시할 필요가 없으며 측정값 12는 극단 이상치이다.

예제 2.3에서 50명 학생들의 자료에 대한 수치적 자료표현을 위해 [그림 3-1]과 같이 데이터를 엑셀에 입력한다.

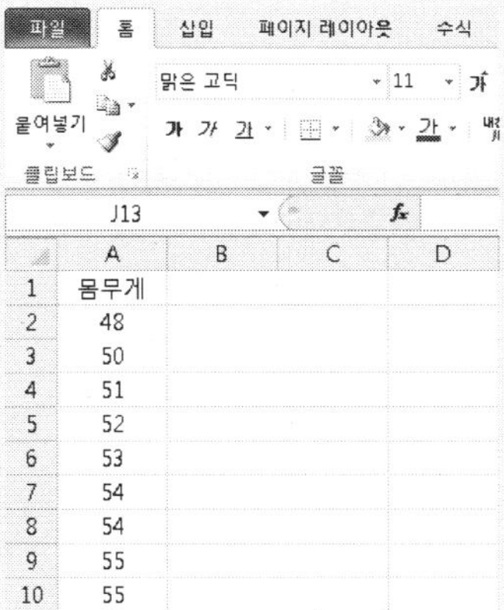

그림 3-1

평균, 중앙값, 최빈값, 최댓값, 최솟값, 합계, 분산, 표준편차, 1분위수, 3분위수, 관측수를 엑셀의 내장 함수를 이용하여 [그림 3-2]와 같이 기술통계량 값을 구할 수 있다.

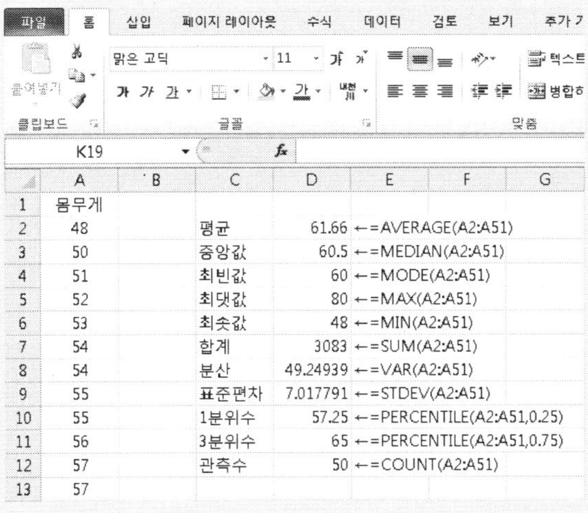

그림 3-2

[그림 3-2] 방법과 다르게 [데이터 분석]을 이용하여 기술통계량 값을 구할 수도 있다. 상단에 있는 메뉴의 [데이터] 탭을 누르고 오른쪽 끝에 있는 [데이터 분석]을 클릭하면 [그림 3-3]과 같이 화면에 나타나게 된다.

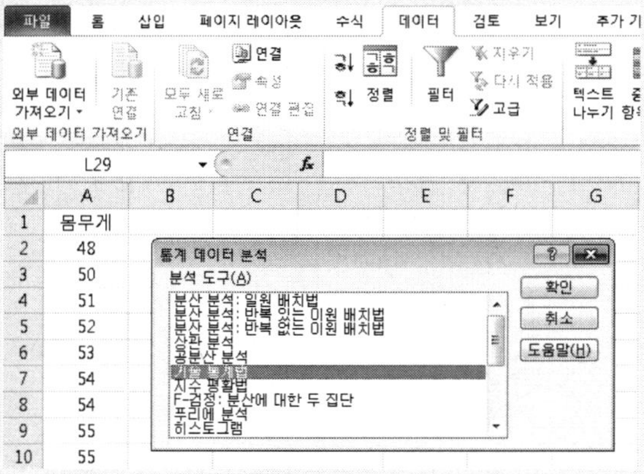

그림 3-3

[그림 3-3]에서 확인을 누르면 [그림 3-4]와 같은 화면이 나타난다. 입력 범위에는 데이터 부분을 마우스 드레그로 지정하며, '첫째 행 이름표 사용'을 선택한다. 출력 옵션에서는 '새로운 워크시트'와 '요약 통계량', '평균에 대한 신뢰 수준', 'K번째 큰 값', 'K번째 작은 값'을 선택한다.

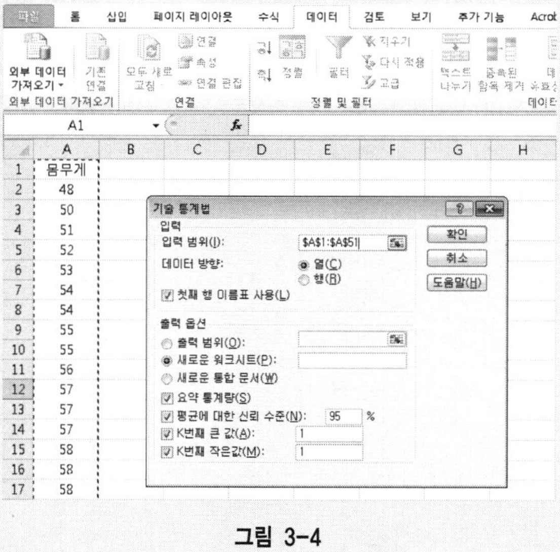

그림 3-4

[그림 3-4]에서 확인을 누르면 [그림 3-5]와 같은 결과물이 나타난다.

	몸무게	
평균	61.66	
표준 오차	0.992465	
중앙값	60.5	
최빈값	60	
표준 편차	7.017791	
분산	49.24939	
첨도	0.439851	
왜도	0.612893	
범위	32	
최소값	48	
최대값	80	
합	3083	
관측수	50	
가장 큰 값	80	
가장 작은	48	
신뢰 수준(	1.994434	

그림 3-5

연습문제

01 다음의 10개 자료에 대하여 아래의 통계량들을 직접 구해보고 엑셀을 활용하여 구한 결과와 비교하여라.

3	5	4	6	10	5	6	9	2	8

(1) 평균 (2) 중앙값 (3) 최빈값 (4) 분산
(5) 표준편차 (6) 범위 (7) IQR

02 3장 연습문제 1의 자료를 기반으로 상자그림을 그려보아라.

03 3장 연습문제 1의 자료의 z-점수를 구하고, z-점수를 이용하여 아래의 통계량들을 직접 구해보고 엑셀을 활용하여 구한 결과와 비교하여라.

(1) 평균 (2) 중앙값 (3) 최빈값 (4) 분산
(5) 표준편차 (6) 범위 (7) IQR

04 3장 연습문제 3에서 구한 z-점수를 기반으로 상자그림을 그려보아라.

04장

확률

4.1 서론

추측통계학은 앞에서 정의한 바와 같이 모집단에서 추출된 표본 속에 있는 정보를 사용하여 모집단의 특성에 관한 과학적 추론을 하는 학문인데, 확률은 바로 이와 같은 추론을 가능하게 하는 도구로서 통계와 확률은 서로 밀접하게 연관되어 있다.

확률분포를 통하여 모집단 모습이 완전하게 드러난 경우 관심 있는 사상이 일어날 기회는 확률로서 설명된다. 그러나 모집단 분포를 모르고 표본만 갖고 있다면 우리는 모집단 분포에 관한 추론이 필요하게 되고 과학적 추론 과정으로서 통계적 추론 문제를 갖게 되며 확률을 이용하게 되는 것이다.

확률은 고대에서 그 기원을 찾을 수도 있으나 17세기 중엽 프랑스 도박가 메레(Chevalier de Mere)에 의해 제기된 문제를 두 프랑스 수학자, 파스칼(Blaise Pascal)과 페르마(Pierre Fermat)가 풀이를 주고받던 시기를 확률이론의 출발점으로 많이 언급하고 있다. 확률이론은 도박에서 그 유래를 가졌지만 오늘날 수학의 중요한 한 분야로서 과학, 기술의 전 분야에 널리 응용되고 있다.

4.2 표본공간과 확률

4.2.1 표본공간

자료수집은 실험을 통하여 이루어지는데 통계학에서 대상으로 하는 실험은, 동전을 던져서 나오는 면을 관찰하는 것, 주사위를 던져서 나온 눈을 관찰하는 것, 실험실에서 시약을 사용하여 그 결과를 관찰하는 것 등 모두가 그 대상이 된다. 따라서 통계학에서 실험은 확률에 의해 설명될 수 있는 모든 실험을 대상으로 하며 일정한 요건을 갖출 것을 요구한다. 이러한 실험을 **확률실험** 또는 **통계적 실험**이라고 한다. 먼저 **확률**(probability)을 설명하기 위한 기본개념인 **표본공간**(sample space)의 정의는 다음과 같다.

표본공간(sample space)

통계적 실험에서 모든 가능한 실험 결과들의 집합을 의미하며 S 또는 Ω로 표시된다.

▌예제 4.1▐

동전을 두 번 던지는 실험에서 모든 가능한 실험결과들의 집합은 $\{\mathrm{HH}, \mathrm{HT}, \mathrm{TH}, \mathrm{TT}\}$이다. 여기서 H는 앞면, T는 뒷면을 나타낸다. 따라서 표본공간 S는 다음과 같다.

$$S = \{\mathrm{HH}, \mathrm{HT}, \mathrm{TH}, \mathrm{TT}\}.$$

한편 관심 있는 특정 실험결과들을 **사상**(event)이라고 하는데 사상은 표본공간의 한 부분집합이다. 사상은 더 이상 나누어질 수 없는 **단순사상**(simple event)으로 구성되며 표본공간은 단순사상들로 표시될 수 있다. 이 장에서는 단순사상을 E로 표시하기로 한다.

▌예제 4.2▐

예제 4.1에서 단순사상은 4개로서 $E_1 = \{\mathrm{HH}\}$, $E_2 = \{\mathrm{HT}\}$, $E_3 = \{\mathrm{TH}\}$, $E_4 = \{\mathrm{TT}\}$이다. 여기서 $E_i \cap E_j = \phi$, $i \neq j$. 그리고 예를 들어 사상 A는 첫 번째 던졌을 때 앞면일 실험결과라 하면 사상 A는 다음과 같이 표현할 수 있다.

$$A = \{\mathrm{HH}, \mathrm{HT}\} = \mathrm{E}_1 \cup \mathrm{E}_2$$

4.2.2 확률

사상 A가 일어날 확률은 실험에서 사상 A가 일어날 기회에 대한 수치적 측도로 생각될 수 있다. 이 사상 A가 일어날 확률을 찾는 한 방법은 실험을 많이 반복하여 예를 들어 N번 반복하고 사상 A가 일어난 비율, 즉 상대도수 (A가 일어난 횟수)$/N(= N_A/N)$을 알아보는 것이다. 이처럼 상대도수의 극한 $\lim_{N \to \infty} N_A/N$을 사상 A가 일어날 확률 $P(A)$로 여기는 것을 확률의 **상대도수 개념**(relative frequency concept of probability)이라고 한다. 이는 확률의 통계적 정의라고 불리기도 한다. 현대 확률이론은 상대도수 개념보다는 1930년대에 콜모고르프(Kolmogorov)에 의해 정의된 **공리적 확률**(axiomatic probability)에 그 기초를 두고 있으나 본서에서는 다루지 않으며 관련 문헌들을 참조하기 바란다. 한편 표본공간의 원소의 개수가 유한할 때, 사상 A가 일어날 확률을 구하는 방법으로서 오랫동안 사용한 방법이 있는데 이를 **확률의 고전적 정의**라고도 한다. 이 방법은 물론 상대도수 개념에 의한 결과와 일치한다.

확률의 고전적 정의

표본공간의 원소개수가 유한하고 모든 원소가 일어날 기회가 같은 경우에 사상 A의 확률로 정의된다.

$$P(A) = \frac{\text{사상 } A\text{에 속하는 원소의 개수}}{\text{표본공간 전체원소의 개수}}$$

위 정의에서 표본공간 S의 어떤 부분집합 A에 대해서도 $0 \leq P(A) \leq 1$이고 $P(S) = 1$, $P(\phi) = 0$임을 알 수 있다. 예를 들어, 각 면이 나올 기회가 같은 주사위를 한 번 던질 때 각 눈이 나올 확률은 모두 같으므로 1/6이다.

▌예제 4.3▐

두 개의 항아리가 있는데 첫 번째 항아리에는 흰 공 2개와 검은 공 1개가 들어있고 두 번째 항아리에는 흰 공 1개가 들어있다. 첫 번째 항아리에서 공 1개를 꺼내어 두 번째 항아리에 넣은 후 두 번째 항아리에서 공 1개를 꺼내는 실험을 생각하자. 그리고 사상 A는 두 번째 항아리에서 나온 공이 흰 공이라고 하자. 사상 A가 일어날 확률을 구하여라.

풀이 먼저 편의상 첫 번째 항아리에 있는 흰 공 2개를 W_1과 W_2, 검은 공을 B_1 그리고 두 번째 항아리에 있는 흰 공을 W_3로 표시하자. 그러면 이 실험의 표본공간은 순서쌍 (ordered pair)으로 표시될 수 있으며 i번째 요소는 i번째 항아리에서 나온 결과를 나타내도록 하면 표본공간은 다음과 같다.

$$S = \{(\mathrm{W}_1, \mathrm{W}_1), (\mathrm{W}_1, \mathrm{W}_3), (\mathrm{W}_2, \mathrm{W}_2), (\mathrm{W}_2, \mathrm{W}_3), (\mathrm{B}_1, \mathrm{B}_1), (\mathrm{B}_1, \mathrm{W}_3)\}$$

또한 이 실험은 표본공간의 6개 요소가 모두 나올 기회가 같고 사상 A는 다음과 같으므로 A가 일어날 확률은 $P(A) = \frac{5}{6}$이다.

$$A = \{(\mathrm{W}_1, \mathrm{W}_1), (\mathrm{W}_1, \mathrm{W}_3), (\mathrm{W}_2, \mathrm{W}_2), (\mathrm{W}_2, \mathrm{W}_3), (\mathrm{B}_1, \mathrm{W}_3)\}$$

4.3 확률계산

어떤 실험에서는 관심 있는 사상의 확률을 구할 때 먼저 원소의 개수를 구하여야 한다. 이 절에서는 원소 개수를 체계적으로 구하는 수학적 방법이 소개된다.

4.3.1 승법규칙

k개 그룹이 각각 $n_1, n_2, \cdots, n_k$개의 원소를 갖고 있다면 k개 그룹에서 각각 1개씩 뽑는 방법 수는 다음과 같다.

$$n_1 \times n_2 \times \cdots \times n_k$$

예제 4.3에서 표본공간 원소의 개수는 첫 번째 항아리에서 3개의 원소, 두 번째 항아리에서 2개의 원소를 갖고 있으므로 **승법규칙**(multiplication rule)을 적용하면 $3 \times 2 = 6$이다.

4.3.2 순열

서로 다른 n개 중 비복원추출로 순서를 고려하여 r개를 뽑아 배열하는 방법의 수를 n개 중 r개를 뽑는 **순열**(permutation)의 수라고 하며 ${}_nP_r$로 다음과 같이 계산할 수 있다.

$${}_nP_r = n \times (n-1) \times \cdots \times (n-r+1) = \frac{n!}{(n-r)!}$$

여기서 $n! = n \times (n-1) \times \cdots \times 2 \times 1$이고 $0! = 1$이다.

순열의 정의에서 **비복원추출**(sampling without replacement)이라 함은 추출된 것은 되돌려 넣지 않고 추출해 나가는 방법이고 반대로 **복원추출**(sampling with replacement)은 추출된 것을 되돌려 넣고 추출하는 방법을 일컫는다.

▌예제 4.4▐

복권 3장을 50장 가운데서 뽑는데 뽑은 순서대로 1등, 2등, 3등 상을 준다고 하자. 그러면 3장을 뽑는 방법(순열) 수를 구하여라.

풀이 50장 가운데서 순서를 고려하여 3개를 뽑는 방법(순열) 수는

$$_{50}P_3 = \frac{50!}{47!} = 117,600$$

4.3.3 조합

서로 다른 n개 중 비복원추출로 순서에 상관없이 r개를 뽑는 방법의 수를 n개 중 r개를 뽑는 조합(combination)의 수라고 하며 $\binom{n}{r}$ 또는 $_nC_r$로 표시하고 다음과 같이 계산할 수 있다.

$$\binom{n}{r} = \frac{n!}{r!(n-r)!} = \frac{_nP_r}{r!}$$

▌예제 4.5▐

어떤 컴퓨터 제조회사는 한 주요 부품을 5개 업체로부터 공급받을 수 있는데 그 품질은 제조업체마다 모두 다르다고 한다. 컴퓨터 제조회사가 무작위로 3개 업체를 선정한다면 그 방법 수를 구하여라. 그리고 상위 3개 업체 중 2개 업체만 선정될 확률을 구하여라.

풀이 5개 업체 중 3개 업체를 선정하는 방법 수는 다음과 같다.

$$\binom{5}{3} = \frac{5!}{3!2!} = 10$$

다음으로 가장 좋은 품질을 생산하는 업체를 A_1, 그 다음 업체를 $A_2, \cdots, A_5$로 표시하자. 그리고 상위 3개 업체 중 2개 업체가 선정되는 것을 사상 B로 나타내자. 그러면 S와 B는 각각 다음과 같다.

$$S = \{A_1A_2A_3, A_1A_2A_4, \cdots, A_3A_4A_5\}$$
$$B = \{A_1A_2A_4, A_1A_2A_5, A_1A_3A_4, A_1A_3A_5, A_2A_3A_4, A_2A_3A_5\}$$

B의 원소 개수는 6이며, 3개 업체를 무작위로 추출하므로 표본공간 10개 원소가 선택될 확률은 모두 같다. 따라서 $P(B) = \frac{6}{10}$임을 알 수 있다.

4.4 확률법칙과 조건부확률

관심 있는 사상의 확률을 구하기 위해서는 관련된 다른 사상의 확률을 구한 후 이를 종합할 필요가 있다.

4.4.1 덧셈법칙

표본공간 S와 사상 A, 사상 B가 주어졌을 때, 사상 $A \cup B$ 는 사상 A 또는 사상 B가 일어나는 사상으로 정의된다. [그림 4-1]의 회색 부분에 해당된다.

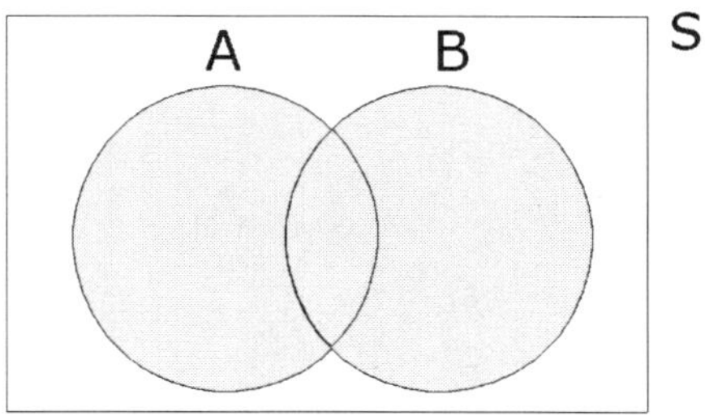

그림 4-1. $A \cup B$의 벤다이어그램

사상 $A \cap B$는 사상 A와 사상 B가 모두 일어나는 사상으로 [그림 4-2]의 회색에 해당된다.

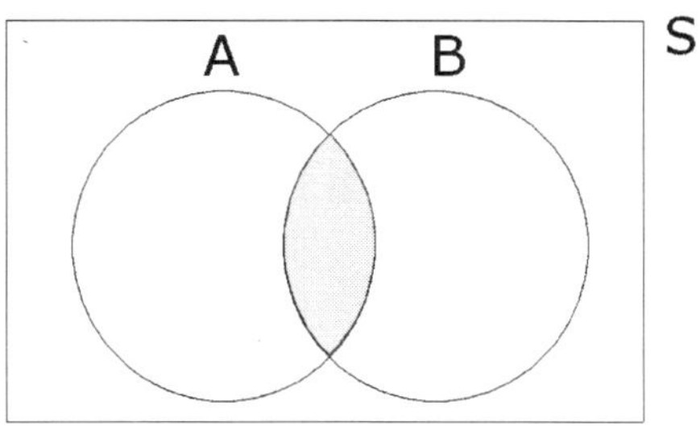

그림 4-2. $A \cap B$의 벤다이어그램

어떤 두 사상 A와 B가 동시에 일어날 수 없을 때 두 사상 A와 B는 **서로 배반사상**(mutually exclusive event 또는 disjoint event)이라고 하고 벤다이어그램으로 나타내면 [그림 4-3]과 같다. 이 경우 $A \cap B = \phi$이다.

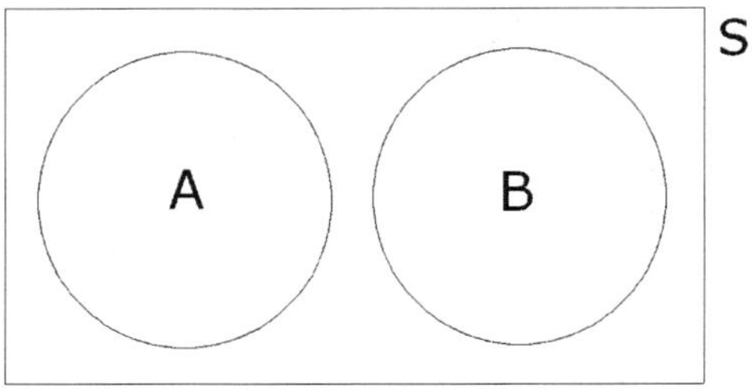

그림 4-3. 서로 배반사상의 벤다이어그램

사상 A의 여사상은 A^C로 표시되며 A에 없는 사상들로 구성된다. 벤다이어그램으로 나타내면 [그림 4-4]와 같다. 이 경우 $A \cup A^C = S$이고 $A \cap A^C = \phi$이다.

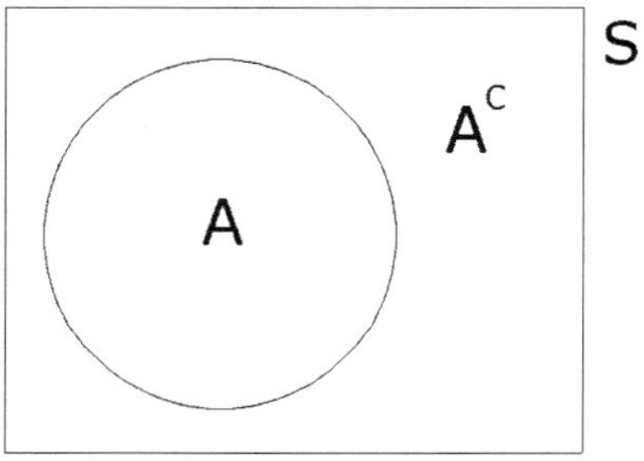

그림 4-4. A^C의 벤다이어그램

사상 A와 B가 서로 배반인 사상들이면 A 또는 B가 일어날 확률은 각각의 확률을 합한 것과 일치하여야 한다. 예를 들어 주사위를 한 번 던지는 실험에서 사상 A를 1의 눈이 나오는 실험결과이고 사상 B는 3의 눈이 나오는 실험결과라고 하면 확률은 다음과 같다.

$$\begin{aligned} P(1\text{ 또는 }3\text{의 눈이 나올 사상}) &= P(A \cup B) = \frac{2}{6} \\ &= P(1\text{의 눈이 나올 사상}) + P(3\text{의 눈이 나올 사상}) \\ &= P(A) + P(B) = \frac{1}{6} + \frac{1}{6} = \frac{2}{6} \end{aligned}$$

따라서 A와 B가 서로 배반사상이면 두 사상의 합집합의 확률은 다음과 같다.

$$P(A \cup B) = P(A) + P(B)$$

사상 A와 사상 A의 여사상 A^C는 서로 배반인 사상들이므로 위의 결과를 이용하면 다음과 같다.

$$P(S) = P(A \cup A^C) = P(A) + P(A^C) = 1$$

따라서 여사상 A^C의 확률은 다음과 같다.

$$P(A^C) = 1 - P(A)$$

우리는 위의 결과들을 이용하여 서로 배반이 아닌 두 사상의 합집합에 대한 확률법칙을 유도할 수 있다.

확률의 덧셈법칙

$P(A \cup B) = P(A) + P(B) - P(A \cap B)$

물론, A와 B가 서로 배반이면 $P(A \cap B) = P(\phi) = 0$이 된다.

| 예제 4.6 |

52장의 트럼프 카드에서 무작위로 한 장을 뽑을 때 다이아몬드나 킹이 나올 확률은 무엇인가?

풀이 다이아몬드가 나올 사상을 A, 킹이 나올 사상을 B라고 두면 다이아몬드나 킹이 나올 사상은 $A \cup B$이다. 따라서

$$\begin{aligned} P(A \cup B) &= P(A) + P(B) - P(A \cap B) \\ &= \frac{13}{52} + \frac{4}{52} - \frac{1}{52} = \frac{16}{52} = \frac{4}{13} \end{aligned}$$

4.4.2 조건부확률

두 사상 A와 B가 서로 일어날 확률에 영향을 주는 경우에 사상 A가 일어날 확률은, 사상 B가 일어났는지 또는 일어나지 않았는지 그 결과에 의존적이다. 예를 들어 주사위를 한 번

던지는 실험에서 짝수 눈이 나올 사상을 A라 놓고 눈이 4 이상 나올 사상을 B라 놓자. 그러면 $P(A)=1/2, P(B)=1/2$이다. 그러나 주사위를 한 번 던져서 사상 B가 나왔다는 사실을 알고 있다면 사상 A가 일어날 확률은 1/2이 될 수 없고 그 확률은 4, 5, 6 중에서 짝수가 나올 사상이 되므로 2/3가 될 것이다. 우리는 이 확률을 사상 B가 주어졌을 때 사상 A의 **조건부확률(conditional probability)**이라고 하고 $P(A|B)$로 표시한다. 이 예제에서는 $P(A)=1/2$이지만 $P(A|B)=2/3$가 된다. 이 조건부확률에서는 주어진 정보로 인하여 표본공간은 $S=\{1,2,3,4,5,6\}$이 아닌 $\{4,5,6\}$으로 바뀌었음을 주목하여야 한다. 따라서 관련 확률 또한 새로운 표본공간 $\Omega=\{4,5,6\}(=\mathrm{B})$에서 정의되어야 한다. 새로운 표본공간에서 원소의 개수 $\#(\Omega)=3$이고, Ω에서 사상 A에 해당하는 원소는 2개이다. 그리고 각 원소가 일어날 확률은 모두 같으므로 $P(A|B)=2/3$가 되는 것이다. 또한 $P(A|B)=2/3$을 분석해 보면 아래 결과를 알 수 있다.

$$P(A|B)=\frac{2}{3}=\frac{\#(\mathrm{A}\cap\mathrm{B})/\#(\mathrm{S})}{\#(\mathrm{B})/\#(\mathrm{S})}=\frac{P(A\cap B)}{P(B)}=\frac{2/6}{3/6}=\frac{2}{3}$$

따라서 다음과 같이 조건부확률을 정의할 수 있다.

조건부확률

사상 A가 일어났다는 사실이 주어졌을 때 사상 B가 일어날 조건부확률

$$P(B|A)=\frac{P(A\cap B)}{P(A)},\ P(A)\neq 0$$

예제 4.7

예제 4.3에서 첫 번째 항아리에서 흰 공이 나올 사상을 F, 검은 공이 나올 사상을 G, 그리고 두 번째 항아리에서 흰 공이 나올 사상을 A라고 하자. 첫 번째 항아리에서 나온 공이 흰 공일 때 두 번째 항아리에서 꺼낸 공이 흰 공일 확률을 구하여라. 그리고 첫 번째 항아리에서 나온 공이 검은 공일 때 두 번째 항아리에서 꺼낸 공이 흰 공일 확률을 구하여라.

풀이 조건부확률 정의를 이용하자.

$$S=\{(\mathrm{W}_1,\mathrm{W}_1),(\mathrm{W}_1,\mathrm{W}_3),(\mathrm{W}_2,\mathrm{W}_2),(\mathrm{W}_2,\mathrm{W}_3),(\mathrm{B}_1,\mathrm{B}_1),(\mathrm{B}_1,\mathrm{W}_3)\}$$

$$F=\{(\mathrm{W}_1,\mathrm{W}_1),(\mathrm{W}_1,\mathrm{W}_3),(\mathrm{W}_2,\mathrm{W}_2),(\mathrm{W}_2,\mathrm{W}_3)\}$$

$$G=\{(\mathrm{B}_1,\mathrm{B}_1),(\mathrm{B}_1,\mathrm{W}_3)\}$$

$$A=\{(\mathrm{W}_1,\mathrm{W}_1),(\mathrm{W}_1,\mathrm{W}_3),(\mathrm{W}_2,\mathrm{W}_2),(\mathrm{W}_2,\mathrm{W}_3),(\mathrm{B}_1,\mathrm{W}_3)\}$$

$$F\cap A=F,\ \ G\cap A=(\mathrm{B},\mathrm{W}_3)$$

따라서

$$P(A|F)=\frac{P(F\cap A)}{P(F)}=\frac{4/6}{4/6}=1$$

$$P(A|G)=\frac{P(G\cap A)}{P(G)}=\frac{1/6}{2/6}=\frac{1}{2}$$

▌예제 4.8▐

어느 대학 통계학 개론 강좌는 1학년 학생 80%, 기타 20%로 구성되었다. 학생 중에서 25%가 A학점을 받았으며 1학년 학생 중 20%가 A학점을 받았다. 이 강좌에서 무작위로 뽑은 한 학생이 A학점을 받았다면 그 학생이 1학년일 확률을 구하여라.

풀이 무작위로 뽑은 학생이 A학점 받을 사상을 F, 1학년 학생일 사상을 G라 놓으면 확률은 다음과 같다.

$$P(G|F)=\frac{P(G\cap F)}{P(F)}=\frac{0.16}{0.25}=0.64$$

4.4.3 곱셈법칙

조건부확률 정의에서 다음의 관계식을 유도할 수 있는데 확률의 곱셈법칙이라고 한다.

확률의 곱셈법칙

$$\begin{aligned}P(A\cap B)&=P(A)P(B|A)\\&=P(B)P(A|B)\end{aligned}$$

| 예제 4.9 |

예제 4.3에서 첫 번째 뽑은 공은 검은 공, 두 번째 뽑은 공은 흰 공일 확률을 구하여라.

풀이 첫 번째 뽑은 공이 검은 공일 사상을 G, 두 번째 뽑은 공이 흰 공일 사상을 A로 놓자. 그러면 교집합의 확률은 다음과 표현할 수 있다.

$$P(G\cap A) = P(G)P(A|G)$$

예제 4.7에 의해 조건부확률은 다음과 같으므로 이를 이용하여 교집합의 확률을 구해보면 다음과 같다.

$$P(A|G) = \frac{1}{2}, P(G) = \frac{1}{3}$$

$$P(G\cap A) = \frac{1}{3}\times\frac{1}{2} = \frac{1}{6}$$

| 예제 4.10 |

52장의 트럼프 카드에서 2장을 무작위로 뽑을 때 에이스 1장과 킹 1장을 뽑을 확률을 구하여라.

풀이 첫 번째 에이스가 나오고 두 번째 킹이 나올 사상을 B, 첫 번째 킹이 나오고 두 번째 에이스가 나올 사상을 C라 놓고 에이스와 킹이 나올 사상을 A로 놓자. 그러면 $P(B\cap C) = 0$이므로 사상 A의 확률은 다음과 같다.

$$\begin{aligned} P(A) &= P(B\cup C) = P(B) + P(C) - P(B\cap C) \\ &= P(B) + P(C) \end{aligned}$$

또, 첫 번째 뽑힌 카드가 에이스일 사상을 B_1, 두 번째 뽑힌 카드가 킹일 사상을 B_2, 첫 번째 뽑힌 카드가 킹일 사상을 C_1, 두 번째 뽑힌 카드가 에이스일 사상을 C_2라 놓자. 그러면, 사상 B의 확률은 다음과 같다.

$$P(B) = P(B_1 \cap B_2) = P(B_1)P(B_2|B_1)$$
$$= \frac{4}{52} \times \frac{4}{51} = \frac{4}{663}$$

$$P(C) = P(C_1 \cap C_2) = P(C_1)P(C_2|C_1)$$
$$= \frac{4}{52} \times \frac{4}{51} = \frac{4}{663}$$

따라서 사상 A의 확률은 다음과 같이 구할 수 있다.

$$P(A) = P(B) + P(C) = \frac{8}{663}$$

▌예제 4.11▐

항아리에 흰 공 2개와 검은 공 6개가 들어 있다. 무작위로 2개를 꺼낼 때 모두 흰 공일 확률은 무엇인가?

풀이 첫 번째 꺼낸 공이 흰 공일 사상을 B, 두 번째 꺼낸 공이 흰 공일 사상을 C, 두 개 모두 흰 공일 사상을 A라 놓자. 그러면 사상 A의 확률은 다음과 같다.

$$P(A) = P(B \cap C) = P(B)P(C|B) = \frac{2}{8} \times \frac{1}{7} = \frac{1}{28}$$

4.4.4 분할법칙

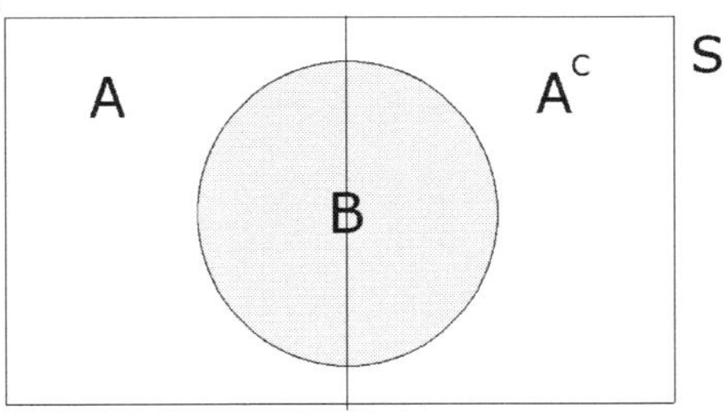

그림 4-5. 사상의 분할

위 벤다이어그램에서 사상 B는 사상 A와 사상 A^C에 의해서 분할되어 다음과 같이 두 개의 배반인 사상의 합으로 표시할 수 있다.

$$B = (A \cap B) \cup (A^C \cap B)$$

두 사상 $A \cap B$와 $A^C \cup B$는 서로 배반이므로 확률의 덧셈법칙과 곱셈법칙을 적용하면 다음과 같이 표현할 수 있다.

$$\begin{aligned} P(B) &= P(A \cap B) + P(A^C \cap B) \\ &= P(A)P(B|A) + P(A^C)P(B|A^C) \end{aligned}$$

이다. 이 결과는 사상 B가 일어날 확률을 직접 구하기보다 관련된 정보, 사상 A를 이용하면 $P(B)$를 보다 쉽게 구할 수 있을 때 사용되며 확률 계산에 많이 이용된다.

확률의 분할법칙

$$\begin{aligned} P(B) &= P(A \cap B) + P(A^C \cap B) \\ &= P(A)P(B|A) + P(A^C)P(B|A^C) \end{aligned}$$

▌예제 4.12▐

법정에서 어떤 거짓말 탐지기로 증언의 진실여부를 판단하려고 하는데 이 거짓말 탐지기는 90%의 정확성을 가지고 있다고 한다. 한 증인이 평소에 50% 거짓말을 한다면 그 사람의 대답이 거짓이라는 판정이 날 확률은 무엇인가?

풀이 이 사람이 거짓말할 사상을 A, 거짓말 탐지기가 거짓이라고 판정할 사상을 B라 놓으며 각 확률은 다음과 같다.

$$P(A) = 0.5,\ P(A^C) = 0.5,\ P(B|A) = 0.9,\ P(B|A^C) = 0.1$$

따라서 사상 B의 확률은 다음과 같다.

$$P(B) = P(A \cap B) + P(A^C \cap B)$$
$$= P(A)P(B|A) + P(A^C)P(B|A^C)$$
$$= 0.5 \times 0.9 + 0.5 \times 0.1 = 0.5$$

4.5 독립사상과 확률법칙

주사위를 두 번 던지는 실험에서 첫 번째 던져서 1의 눈이 나올 사상을 A, 두 번째 던져서 1의 눈이 나올 사상을 B라 놓고 $P(B|A)$와 $P(B)$의 관계를 살펴보자. 이 실험에서 표본공간과 각 사상들을 표현하면 아래와 같다.

$$S = \{(\mathrm{i},\mathrm{j}) |\ \mathrm{i},\ \mathrm{j} = 1,\ 2,\ \cdots,\ 6\}$$
$$A = \{(1,1),\ (1,2),\ \cdots,\ (1,6)\}$$
$$B = \{(1,1),\ (2,1),\ \cdots,\ (6,1)\}$$
$$A \cap B = \{(1,1)\}$$

또한 각 확률은 다음과 같이 계산할 수 있다.

$$P(A) = \frac{\#(\mathrm{A})}{\#(\mathrm{S})} = \frac{6}{36} = \frac{1}{6},\quad P(B) = \frac{\#(\mathrm{B})}{\#(\mathrm{S})} = \frac{1}{6}$$

$$P(B|A) = \frac{P(A \cap B)}{P(A)} = \frac{1/36}{1/6} = \frac{1}{6}$$

이 실험에서 $P(B) = P(B|A)$인 이유는 첫 번째 던져서 1의 눈이 나왔다는 사실이 두 번째 주사위에서 1이 눈이 나올 확률에 아무런 영향을 미치지 못하기 때문이다. 이와 같은 두 사상 A와 B는 **독립**(independence) 또는 **통계적 독립**(statistical independence)이라고 하며 확률 및 통계이론에 중요한 역할을 담당하고 있다.

독립과 종속

두 사상 A, B가 $P(A|B) = P(A)$ 또는 $P(B|A) = P(B)$를 만족하면 독립이라고 하고 두 사상 A, B가 독립이 아니면 종속이라고 한다.

두 사상 A와 B가 독립이면 확률의 곱셈법칙인 다음이 성립하게 된다.

$$\begin{aligned} P(A \cap B) &= P(A)P(B|A) \\ &= P(B)P(A|B) = P(A)P(B) \end{aligned}$$

두 사상 A와 B가 독립일 때 곱셈법칙

$$P(A \cap B) = P(A)P(B)$$

또한 $P(A \cap B) = P(A)P(B)$이면 A와 B는 독립임을 정의에서 쉽게 유도할 수 있다. 그리고 이 법칙은 사상 A와 B의 독립유무를 판단하는 데 용이하다.

예제 4.13

두 사상 A와 B가 서로 배반일 때 A와 B는 독립인지 아닌지를 증명하여라.

풀이 두 사상 A, B가 배반이면

$$P(A \cap B) = P(\phi) = 0$$

이다. 그런데 두 사상 A, B가 독립이 되기 위해서는 다음을 만족해야 한다.

$$P(A \cap B) = P(A)P(B)$$

따라서 $P(A) = 0$ 또는 $P(B) = 0$일 때 서로 배반인 사상은 독립이고 다른 경우에는 종속이다.

예제 4.14

주사위를 한 번 던지는 실험에서 4보다 적은 눈이 나올 사상을 A, 2 이하 눈이 나올 사상을 B, 3보다 큰 눈이 나올 사상을 C라 놓자. 그러면 A와 B는 독립인가? 그리고 A와 C는 독립인가?

풀이 $P(A) = \frac{1}{2}$, $P(B) = \frac{1}{3}$, $P(A \cap B) = \frac{1}{3}$이고, 따라서

$$\frac{1}{3} = P(A \cap B) \neq P(A)P(B) = \frac{1}{6}$$

이므로 A와 B는 독립이 아니다. 즉 B가 일어나면 A가 일어날 확률은 1이 되므로 종속적인 사상들이 된다.

그리고 $P(A) = \frac{1}{2}$, $P(C) = \frac{1}{2}$, $P(A \cap C) = P(\phi) = 0$이다. 따라서

$$0 = P(A \cap C) \neq P(A)P(C) = \frac{1}{4}$$

이므로 A와 C는 독립이 아니다. 그러나 A와 C는 서로 배반인 사상이다.

4.6 베이즈 정리

예제 4.12에서 거짓말 탐지기 조사 결과가 거짓으로 나왔다면 조사 결과를 어느 정도 믿을 수 있을까? 이에 대한 해답으로 우리는 P(거짓말이다 | 거짓말 탐지기가 거짓으로 판정) $= P(A|B)$를 구하여 본다면 도움이 될 것이다. 이 경우 그 확률은 다음과 같으며 결과 판정에 상당한 도움이 됨을 알 수 있다.

$$P(A|B) = \frac{P(AB)}{P(B)} = \frac{P(A)P(B|A)}{P(A)P(B|A) + P(A^C)P(B|A^C)} = \frac{0.45}{0.5} = 0.9$$

여기서 우리는 처음 확률 $P(A) = 0.5$를 **사전확률**(prior probability), 다른 정보 $P(B)$를 이용함으로써 수정된 사전확률 $P(A|B)$를 **사후확률**(posterior probability)이라고 한다. $P(A|B)$에 대한 위 식의 두 번째 표현을 **베이즈 정리**(Bayes' Rule)라고 한다. 이 관계식을 일반적으로 다음과 같이 정리해 볼 수 있다.

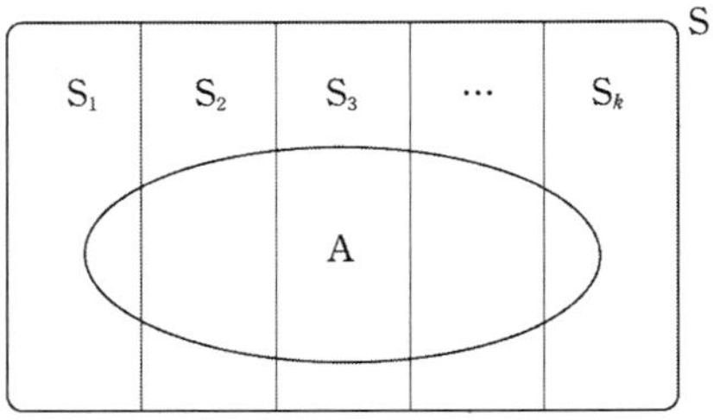

그림 4-6. 표본공간과 베이즈 정리

[그림 4-6]에서 표본공간 S는 서로 배반인 k개 사상의 합이다.

$$S = S_1 \cup S_2 \cup \cdots \cup S_k,\ \ S_i \cap S_j = \phi,\ \ i \neq j$$

그리고

$$A = (A \cap S_1) \cup (A \cap S_2) \cup \cdots \cup (A \cap S_k)$$

이고 $(A \cap S_1), (A \cap S_2), \cdots, (A \cap S_k)$는 모두 서로 배반인 사상들이므로

$$P(A) = P(A \cap S_1) + P(A \cap S_2) + \cdots + P(A \cap S_k)$$

따라서

$$P(S_i|A) = \frac{P(A \cap S_i)}{P(A)} = \frac{P(S_i)P(A|S_i)}{\sum_{i=1}^{k} P(A \cap S_i)} = \frac{P(S_i)P(A|S_i)}{\sum_{i=1}^{k} P(S_i)P(A|S_i)}$$

로 표현되는 관계식을 갖는데 이 식을 베이즈 정리라고 한다.

‖ 예제 4.15 ‖

어떤 전자제품 제조업체는 가 업체와 나 업체로부터 부품을 구입하는데 품질은 두 업체가 서로 다르다고 한다. 사상 A_1은 가 업체에서 납품된 부품일 사상, 사상 A_2는 나 업체에서 납품된 부품일 사상, 사상 G는 부품이 합격품일 사상, 사상 D는 불량품일 사상이라고 하자. 그리고 가 업체에서 납품 받는 비율은 65%, 나 업체에서 납품 받는 비율은 35%라고 하자. 또,

$$P(G|A_1) = 0.98 \qquad P(D|A_1) = 0.02$$

$$P(G|A_2) = 0.95 \qquad P(D|A_2) = 0.05$$

라 하자. 한 부품이 불량품일 때 각각 업체에서 납품 받았을 확률을 구하여라.

풀이 (1) 가 업체로부터 납품 받았을 확률 $P(A_1|D)$는 베이즈 정리를 이용하면 다음과 같다.

$$P(A_1|D) = \frac{P(D|A_1)P(A_1)}{P(D|A_1)P(A_1) + P(D|A_2)P(A_2)}$$

$$= \frac{0.02 \times 0.65}{0.02 \times 0.65 + 0.05 \times 0.35} = 0.426$$

(2) 나 업체로부터 납품 받았을 확률은 다음과 같다.

$$P(A_2|D) = \frac{0.05 \times 0.35}{0.05 \times 0.35 + 0.02 \times 0.65} = 0.574$$

엑셀을 활용한 순열과 조합의 계산

☒ 순열

예제 4.4에서의 순열을 [그림 4-7]과 [그림 4-8]과 같이 엑셀에 [함수삽입]>[통계]>[PERMUT] 함수를 선택하여, Number에 50, Number_chosen에 3을 입력한 후 확인 버튼을 클릭하면 순열의 계산 결과가 나타난다.

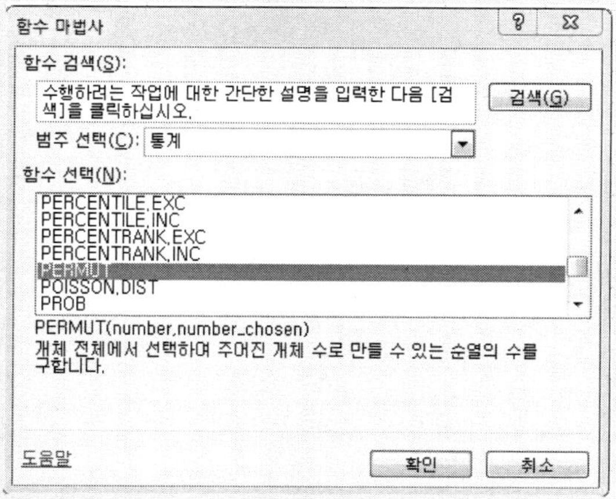

그림 4-7

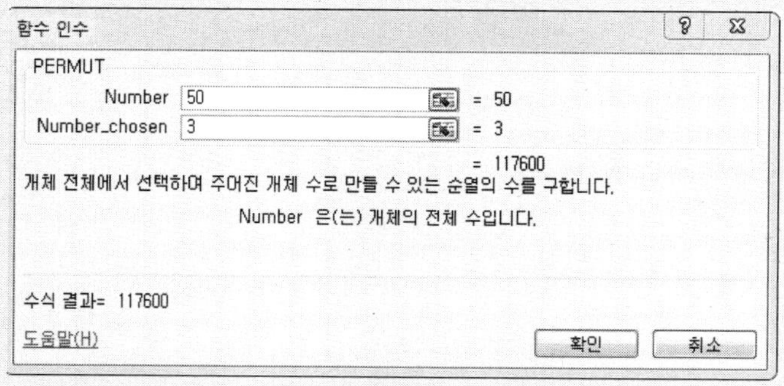

그림 4-8

☒ 조합

예제 4.5에서의 조합을 [그림 4-9], [그림 4-10]과 같이 엑셀에 [함수삽입]>[수학/삼각]>[COMBIN] 함수를 선택하여, Number에 5, Number_chosen에 3을 입력한 후 확인버튼을 클릭하면 조합의 계산 결과가 나타난다.

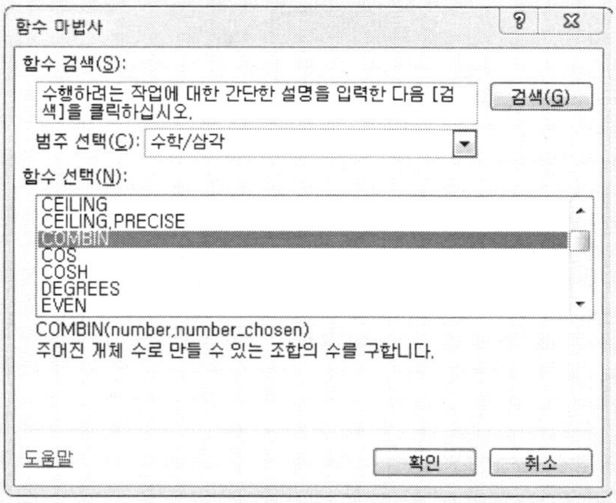

그림 4-9

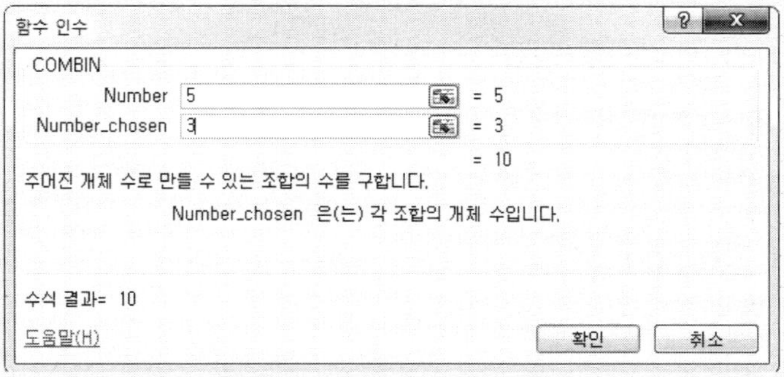

그림 4-10

연습문제

01 동전을 앞면이 연속 두 번 나올 때까지 던지는 실험에서 다음을 구하여라.

(1) 표본공간 S

(2) 네 번 던질 확률

(3) 적어도 네 번 던질 확률

02 한 개의 주사위를 던져서 나온 눈을 관찰하는 실험에서 사상 A는 4보다 적은 눈이 나올 사상, 사상 B는 짝수 눈이 나올 사상, 사상 C는 홀수 눈이 나올 사상이라고 하자. 다음의 각 물음에 답하여라.

(1) 사상 A와 B는 서로 배반인가? 서로 독립인가?

(2) 사상 A와 C는 서로 배반인가? 서로 독립인가?

03 화재 탐지 시스템은 두 가지 장치 A, B를 사용한다. 장치 A에 의해 탐지될 확률은 0.95이고, 장치 B에 의해 탐지될 확률은 0.98이며, 두 장치 A, B에 의해 함께 탐지될 확률은 0.94이다. 다음의 각 물음에 답하여라.

(1) 장치 A 또는 장치 B에 의해 탐지될 확률은 얼마인가?

(2) 화재가 탐지되지 않을 확률은 얼마인가?

04 어떤 가정에 자녀가 두 명이며, 두 명 중에서 적어도 한 명은 아들이라는 것을 알고 있을 때 모두 아들일 확률은 얼마인가?

05 주민 중 3%가 어떤 질병을 갖고 있다. 이 질병을 검사하는 한 시약은 질병을 갖고 있을 때 양성 반응을 나타낼 확률은 0.95이고 음성 반응을 나타낼 확률은 0.05이다. 질병을 갖고 있지 않은 사람에 대해서 양성 반응을 나타낼 확률은 0.10이고 음성 반응을 나타낼 확률은 0.90이다. 주민 중에서 한 명을 랜덤으로 뽑아서 검사해 본 결과 양성 반응을 보였다. 이 사람이 실제 질병을 갖고 있을 확률은 얼마인가?

06 어떤 제품을 생산하는 기계는 사용 지침에 따라 정확히 운용되면 불량률이 0.01이고 그렇지 않으면 불량률이 0.05이다. 기계 가동 시간 중 95%는 사용 지침에 따라 정확히 작동된다면 불량률은 얼마인가?

07 남자의 5%, 여자의 0.25%가 색명이라고 하자. 한 명을 랜덤으로 뽑아서 색명인 사람이 뽑혔다면 이 사람이 남자일 확률은 얼마인가? 단, 남녀의 비율은 같다고 가정한다.

08 세 명의 사격 선수가 동시에 사격을 한다. 세 명의 선수가 과녁에 명중시킬 확률은 각각 0.9, 0.8, 0.7일 때 세 명 모두 명중시킬 확률은 얼마인가? 단, 세 명은 서로의 사격에 영향을 받지 않는다고 가정하자.

09 각 사상에 대한 확률은 다음과 같다.

$$P(A) = 0.5,\ P(B) = 0.5,\ P(A \cup B) = 0.8$$

(1) A와 B는 독립인가? 이유는 무엇인가?
(2) A와 B는 서로 배반인가? 이유는 무엇인가?

10 어떤 기계장치는 두 개의 주요 부품이 있는데 이 두 부품이 작동할 때만 이 기계는 정상적으로 가동된다. 각 부품이 작동할 확률은 0.99와 0.95이고 작동 여부는 서로 영향을 미치지 않는다고 할 때 이 기계가 작동할 확률은 얼마인가?

05장

이산확률분포

5.1 확률변수

실험결과를 확률 모형화할 때는 기본적으로 표본공간의 원소에 대한 기술과 원소들이 일어날 확률을 알아야 한다. 우리는 표본공간과 확률계산에 대해서 지금까지 다루어 왔다. 그런데 표본공간의 원소들은 주사위를 던지는 실험처럼 $1, 2, \cdots, 6$과 같이 숫자로 표시될 수도 있고 공산품의 품질을 측정하는 실험처럼 좋다, 나쁘다 등 질적 자료로도 표시될 수 있다. 예를 들어 제품의 품질을 검사하는 실험에서 결과는 합격품 또는 불량품으로 나오지만 합격품에 '1'을 불량품에 '0'을 대응시켜서 숫자화 할 수 있다. 이와 같이 실험결과를 수치화하여 자료를 정리하는 것은 확률이론이나 통계적 추론을 전개할 때 가장 기본적 요소이다. 이처럼 모든 가능한 실험 결과에 대해 **수 값**(numerical value)을 맺어주는 것을 **확률변수**(random variable)라고 한다.

확률변수

표본공간에서 정의된 실수값을 갖는 함수

확률변수라고 부르지만 정의된 것처럼 확률변수는 함수이며 'random'이라는 단어는 실험을 행하기 이전, 즉 사전에는 실험결과를 예측할 수는 있지만 정확히는 모른다는 의미를 나타내고 있다.

| 예제 5.1 |

동전을 2번 던지는 실험에서 확률변수 $X=$'앞면의 개수'로 놓자. 그러면 표본공간 $S=\{\mathrm{HH, HT, TH, TT}\}$의 요소들에 다음과 같이 수 값이 주어진다.

실험결과	X의 값
HH	2
HT	1
TH	1
TT	0

확률변수는 확률변수가 취할 수 있는 모든 수 값을 셀 수 있는 경우(유한하거나 무한하더라도 셀 수 있는 가산무한일 때)와 수직선이나 수직선의 구간, 예를 들어 폐구간, 개구간 등에 있는 모든 값을 그 수 값으로 취하는 경우로 나눌 수 있다. 전자의 확률변수를 **이산확률변수**(discrete random variable)라고 하고 후자의 확률변수를 **연속확률변수**(continuous random variable)라고 한다. 확률변수는 보통 대문자 X 또는 Y 또는 Z로 표시되며 확률변수가 취하는 수 값은 소문자 x 또는 y 또는 z로 많이 표시된다. 따라서 확률변수 X가 어떤 특정한 값 x를 취하는 사상을 $X=x$로 표시한다.

■ 이산확률변수의 예를 들어보면 다음과 같다.

(1) 동전을 한 번 던질 때 나오는 앞면 개수
(2) 어떤 자동차 대리점에서 하루 동안 판매한 자동차 대수
(3) 어떤 전자부품 제조회사에서 하루 동안 발생한 불량품 개수

■ 연속확률변수의 예를 들어보면 다음과 같다.

(1) 어떤 은행에서 고객당 서비스 시간
(2) 어느 공장에서 생산되는 제품의 수명
(3) 어떤 지역의 연간 강우량

5.2 이산확률변수의 확률분포

이산확률변수 X의 **확률분포**(probability distribution) 또는 **확률질량함수**(probability mass function)를 표시함에 있어서 $p(x)$ 또는 $f(x)$를 사용하는데 본 교재에서는 이산확률변수인 경우에는 $p(x)$, 연속확률변수인 경우에는 $f(x)$로 구분하여 사용한다. 이는 두 분포의 차이점을 강조하여 처음 통계학을 배우는 학생에게 이해를 돕기 위함이다.

이산확률변수 확률분포

이산확률변수 X가 취할 수 있는 모든 실수값에 대하여 확률을 대응시켜 주는 함수 $p(x)$가 아래 성질을 만족할 때, $p(x)$를 이산확률변수 X의 확률분포 또는 확률질량함수라고 한다.

(1) $0 \leq p(x) \leq 1$ (2) $\sum_{\text{모든 } x} p(x) = 1$

❙ 예제 5.2 ❙

예제 5.1에서 $p(x)$를 구하여라.

풀이

$$p(2) = P(X=2) = P(HH) = \frac{1}{4}$$

$$p(1) = P(X=1) = P(HT) + P(TH) = \frac{1}{4} + \frac{1}{4} = \frac{1}{2}$$

$$p(0) = P(X=0) = P(TT) = \frac{1}{4}$$

X의 값	확률 $p(x)$
0	$p(0)=1/4$
1	$p(1)=1/2$
2	$p(2)=1/4$

5.3 이산확률변수의 기댓값과 분산

모집단 분포는 표본분포에서처럼 모집단 분포의 특성을 나타내주는 수리적 측정값을 가질 수 있다. 표본의 중심을 측정하는 표본평균에 대응되는 확률분포의 수리적 측도를 **기댓값**(expected value) 또는 **평균**, **모평균**이라고 하고, 표본의 산포도를 측정하는 표본분산에 대응되는 수리적 측도를 **분산** 또는 **모분산**이라고 한다.

5.3.1 기댓값

모집단 확률분포 $p(x)$가 $p(0)=1/4$, $p(1)=1/2$, $p(2)=1/4$이라고 하자. 그러면 이 모집단에서 한 개의 표본을 랜덤으로 뽑으면 뽑을 때마다 '0'이 나올 확률은 1/4, '1'이 나올 확률은 1/2, '2'가 나올 확률은 1/4이 될 것이다. 이 분포는 앞면과 뒷면이 나올 기회가 같은 동전을 2번 던지는 실험에서 앞면의 개수를 확률변수 X로 놓을 때 X의 확률분포 $p(x)$와 같다(예제 5.1, 5.2 참조). 지금 이 실험을 1,000,000번 반복한다고 가정해 보자. 그러면 '0'은 250,000번, '1'은 500,000번, '2'는 250,000번 관측되리라 기대할 수 있을 것이다. 그리고 이 관측값들의 평균값을 구해 본다면 다음과 같다.

$$(250,000 \times 0 + 500,000 \times 1 + 250,000 \times 2)/1,000,000$$
$$= 1/4 \times 0 + 1/2 \times 1 + 1/4 \times 2 = 1$$

이러한 실험 결과는 이산확률변수 X의 기댓값 또는 평균을 다음과 같이 정의하는 데 있어서 직관적 타당성을 제공한다.

이산확률변수의 평균

이산확률변수 X의 확률분포를 $p(x)$라고 하자. 그러면 X의 평균 또는 기댓값을 μ 또는 $E(X)$로 표시하고 다음과 같이 정의한다.

$$\mu = E(X) = \sum_{\text{모든 } x} xp(x)$$

확률분포에 대해서는 표본에서와는 달리 중심 측도에 대해 기댓값이라는 용어도 사용하는데 다음 예제를 통해서 그 의미를 한 번 더 확인하도록 하자.

| 예제 5.3 |

어느 복권의 상금의 종류는 1000만 원, 100만 원, 10만 원, 만 원이며 각각에 대한 확률은 다음과 같다.

상금(x)	1,000	100	10	1	0
확률($p(x)$)	$\frac{1}{10,000}$	$\frac{10}{10,000}$	$\frac{100}{10,000}$	$\frac{1,000}{10,000}$	$\frac{8,889}{10,000}$

확률변수 X를 한 장의 복권에 대한 상금이라고 할 때 확률변수 X의 평균(기댓값)을 구하여라.

풀이
$$\mu = E(X) = 1,000 \times \frac{1}{10,000} + 100 \times \frac{10}{10,000} + 10 \times \frac{100}{10,000} + 1 \times \frac{1,000}{10,000} + 0 \times \frac{8,889}{10,000}$$
$$= 0.4(\text{만원})$$

위 예제에서 4천 원의 의미는 무엇일까? 이 금액은 어떤 사람이 복권 1장을 구입할 때 기대할 수 있는 상금이다. 즉, 이 복권을 많이 구입하여 그 상금을 평균해 보면 1장당 4천 원에 가까운 상금이 또는 정확히 4천 원이 나올 것이다. 이러한 의미에서 확률변수 X에 대해서는 기댓값이라는 용어가 사용되며 경영학 등에서 금액과 관련되어 많이 사용된다.

| 예제 5.4 |

이산확률변수 X의 확률분포 $p(x)$가 아래와 같다. $E(X)$를 구하여라.

x	-1	0	1	2	3
$p(x)$	0.2	0.3	0.1	0.2	0.2

풀이 $E(X) = -1 \times 0.2 + 0 \times 0.3 + 1 \times 0.1 + 2 \times 0.2 + 3 \times 0.2 = 0.9$

5.3.2 분산

표본의 산포도를 측정하는 주요 측도, 표본분산에 대해서는 3장에서 알아보았다. 이 표본분산의 정의와 의미를 확률분포의 산포도를 측정하는 측도인 분산에도 같은 방식으로 적용될 수 있다.

이산확률변수의 분산

이산확률변수 X의 확률분포를 $p(x)$, 기댓값을 μ라고 하자. 그러면 X의 분산은 σ^2으로 표시되며 다음과 같이 정의된다.

$$\sigma^2 = E(X-\mu)^2 = \sum_{\text{모든 } x}(x-\mu)^2 p(x) = \sum_x x^2 p(x) - \mu^2$$

표준편차: $\sigma = \sqrt{\sigma^2}$

| 예제 5.5 |

예제 5.4에서 분산 σ^2을 구하여라.

풀이

$$\sigma^2 = \sum_{x=-1}^{3} x^2 p(x) - \mu^2$$

$$= (-1)^2 \times 0.2 + 0^2 \times 0.3 + 1^2 \times 0.1$$

$$+ 2^2 \times 0.2 + 3^2 \times 0.2 - 0.9^2$$

$$= 2.09$$

5.4 이항분포

이산확률변수 중에서 가장 기본적이고 유용한 확률변수를 하나 선택하면 이항분포를 들 수 있다. 이항분포는 동전 던지기 실험처럼 매 실험결과가 두 가지로 분류되는 실험에 사용된다. 이러한 실험은 실제 많이 일어나는데 예를 들면 제품 검사 결과를 합격, 불합격으로 판정할 때나 여론 조사에서 찬성, 반대를 조사할 때 등 우리 주위에서 많이 찾아볼 수 있다. 이처럼 실험결과가 두 가지 결과만을 갖는 실험을 **베르누이 실험**(Bernoulli experiment)이라고 하고 이 베르누이 실험을 n번 독립 실험하는 것을 **이항실험**(binomial experiment)이라고 하는데 보다 정확히 정의하면 다음과 같다.

이항실험

다음 요건을 만족하는 실험을 이항실험 또는 베르누이 시행이라 한다.

(1) 실험(또는 시행)은 n번 반복

(2) 매 시행은 성공(S)과 실패(F)로 표현되는 두 가지 결과 중 하나

(3) 매 시행마다 성공의 확률 $P(S)$는 변하지 않는 확률이며 $p = P(S)$로 표시. 따라서 실패의 확률은 $P(F) = 1 - p$이고 $q = P(F)$로 표시되며 $p + q = 1$이다.

(4) n번 시행은 독립이다. 즉, 다른 시행 결과들에 대한 어떠한 정보가 주어져도 실시하는 실험의 성공의 확률 p는 변하지 않는다.

n번 이항실험에서 성공의 횟수를 확률변수 X로 놓으면 이 확률변수 X를 **이항확률변수**(binomial random variable)라고 하고 그 확률분포 $p(x)$는 **이항확률분포**(binomial probability distribution)라고 하며 다음과 같다.

이항확률분포

$$p(x)=\binom{n}{x}p^x q^{n-x}=\frac{n!}{x!(n-x)!}p^x q^{n-x},\ x=0,1,2,\cdots,n$$

여기서 x는 n번 시행에서 성공의 횟수이고, p는 성공의 확률이며, $q=1-p$로 실패의 확률을 의미한다.

이항확률변수 X가 성공의 확률이 p이고 시행수가 n인 이항분포에 따를 때 간략히 $X\sim B(n,p)$로 표시하기도 한다. 이항분포 $p(x)$을 유도하는 과정은 어렵지 않은데 n번 이항실험에서 성공의 횟수가 x번 나올 확률을 다음과 같이 구해 보자. 예를 들어 처음 x번이 성공이고 나머지 $(n-x)$번 모두 실패일 확률은 이항실험의 정의로부터 다음과 같다.

$$p\times\cdots\times p\times(1-p)\times\cdots\times(1-p)=p^x(1-p)^{n-x}$$

다음으로 n번 시행 중 각 시행은 사상 S와 사상 F 둘 중 하나이므로 S가 x번 일어나는 경우의 수는 x개의 S와 $(n-x)$개의 F를 순서를 주어 배열하는 순열의 수 $\frac{n!}{x!(n-x)!}$와 같다. 따라서 $p(x)=\frac{n!}{x!(n-x)!}p^x(1-p)^{n-x}$로 주어진다. 참고로 이항정리 $(p+q)^n=\sum_{x=0}^{n}\binom{n}{x}p^x q^{n-x}$을 이용하면 이항분포와 그 특성을 구하는 데 도움이 된다. 이항실험에 대한 전형적 예는 동전을 던지는 실험이다.

▌예제 5.6▐

앞면과 뒷면이 나올 확률이 같은 동전을 세 번 던지는 확률 실험에서 다음을 구하여라.

(1) 앞면이 2번 나올 확률을 구하여라.

(2) 앞면이 적어도 2번 나올 확률을 구하여라.

풀이 동전을 3번 던지는 확률실험은 $n=3$인 이항실험이다. 관심 사상인 앞면을 성공의 사상으로 놓고 확률변수 X를 세 번 중에서 앞면(성공)의 횟수로 정의하자. 그러면 X는 이산확률변수이고 $p=P$(성공)$=P$(앞면)$=1/2$이므로 그 분포는 다음과 같다.

$$p(x)=\binom{3}{x}\left(\frac{1}{2}\right)^x\left(\frac{1}{2}\right)^{3-x}=\binom{3}{x}\left(\frac{1}{2}\right)^3,\ x=0,1,2,3$$

(1) 앞면이 2번 나올 확률은 $p(2)$이므로 다음과 같다.

$$p(2)=\binom{3}{2}\left(\frac{1}{2}\right)^3=3\times\frac{1}{8}=\frac{3}{8}$$

(2) 앞면이 적어도 2번 나올 확률은 $p(2)+p(3)$이므로 다음과 같다.

$$p(2)+p(3)=\binom{3}{2}\left(\frac{1}{2}\right)^3+\binom{3}{3}\left(\frac{1}{2}\right)^3=\frac{3}{8}+\frac{1}{8}=\frac{1}{2}$$

▌예제 5.7▐

어떤 질병에 대한 한 치료법의 효과는 70%의 성공률을 보이고 있다고 한다. 이 질병에 걸린 15명의 환자에게 시행될 때 다음을 구하여라.

(1) 10명 이상이 치유될 확률을 구하여라.
(2) 기껏해야 3명이 치유될 확률을 구하여라.

풀이 환자가 치유되는 사상을 S라 놓고 각 환자의 치료 효과는 서로 독립이라고 가정하자. 그리고 치유된 환자 수를 확률변수 X로 놓자. 즉 $X=$ '15명 중 치유된 환자 수'. 그러면 X는 $n=15,\ p=0.7$인 이항확률변수가 되므로 부록을 이용하자.

$$\begin{aligned}(1)\ P(X\geq 10)&=P(X=10)+P(X=11)+\cdots+P(X=15)\\&=1-P(X\leq 9)\\&=1-0.278=0.722\end{aligned}$$

(2) $P(X\leq 3)=0.000$

예제 5.7에서 우리는 이항실험의 요건을 검토해 볼 필요가 있다. 실제로 각 환자는 신체적, 유전적 특성상 동일하지 않으므로 15명의 환자에 대한 실험을 동전 던지기처럼 동일한 조건에서 반복 실험으로 생각할 수는 없겠지만 우리는 같다고 가정하였다. 이런 경우 실제에 대한 정확한 값이라기보다 근삿값이 될 수 있다. 이항분포에서 성공의 확률 p가 변함에 따라 분포 모양이 어떻게 변하는가를 알아보기 위하여 예를 들어 $n=10$일 때 $p=0.1,\ 0.5,\ 0.9$를 비교해 보자. [그림 5-1]에서 p가 0.5일 때 이항분포는 중앙에 있는 가장 높은 값을 중심으로 대칭이다. p가 0.1일 때는 X의 작은 값 쪽으로 확률이 치우쳐 있고 오른편으로 꼬리를 갖고 있다. p가 0.9일 때는 0.1의 경우와 반대되는 모습을 볼 수 있다.

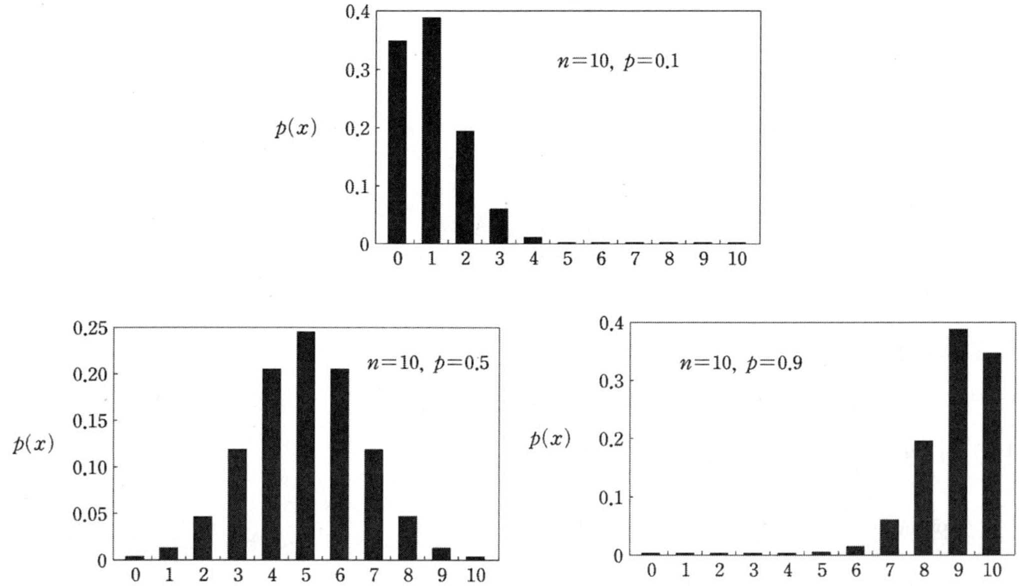

그림 5-1. 이항분포의 여러 가지 형태

이항변수 X는 이산확률변수이므로 평균과 분산은 다음과 같이 구할 수 있다.

$$\mu = E(X) = \sum_{x=0}^{n} xp(x) = \sum_{x=0}^{n} x\binom{n}{x}p^x(1-p)^{n-x} = np$$

$$\begin{aligned}\sigma^2 = Var(X) = E(X-\mu)^2 &= \sum_{x=0}^{n}(x-\mu)^2 p(x)\\ &= \sum_{x=0}^{n}(x-\mu)^2\binom{n}{x}p^x(1-p)^{n-x} = np(1-p)\end{aligned}$$

이항분포에서 평균 또는 기댓값 $\mu = np$를 이해하기 위하여 동전 던지기 실험을 생각하자. 예를 들어 10번 반복하여 던졌을 때 앞면이 나올 횟수에 대한 기댓값은 얼마일까? 누구나 $10 \times 1/2 = 5$번을 기대하게 될 것이다. 따라서 $P(\text{앞면}) = p,\ 0 < p < 1,$ 이라면 당연히 np번을 기대할 것이다.

$X \sim B(n,p)$이면

$$\mu = E(X) = np,\ \sigma^2 = np(1-p)$$

예제 5.8

$X \sim B(10,\ 0.8)$일 때 평균과 분산을 구하여라.

풀이 평균: $\mu = 10 \times 0.8 = 8$

분산: $\sigma^2 = 10 \times 0.8 \times 0.2 = 1.6$

5.5 포아송분포

경영·경제·사회 분야에 많이 이용되고 있는 또 다른 이산확률분포로서 포아송분포를 들 수 있다. 포아송분포는 일정한 시간 또는 공간에서 특정 사건의 출현 횟수에 대한 적합한 확률모형을 제공한다. 포아송분포에 따르는 예를 들어보면 다음과 같다.

(1) 주어진 일정한 시간 동안 걸려온 전화 횟수

(2) 주어진 일정한 시간 동안 일정 장소에서 일어난 사고 수

(3) 소량의 단위 부피당 박테리아 수

(4) 주어진 일정한 시간 동안 발생한 기계 고장 횟수

위와 같은 실험에서 일정한 시간 또는 공간에서 일어난 사건의 횟수를 확률변수 X로 놓고 각 사건은 랜덤하게 그리고 독립적으로 발생한다고 가정하자. 그러면 이 이산확률변수 X는 포아송확률분포(Poisson probability distribution)에 따르게 된다.

포아송확률분포

$$p(x) = \frac{e^{-\mu}\mu^x}{x!},\quad x = 0,\ 1,\ 2,\ \cdots$$

포아송분포 $p(x)$에 들어있는 μ는 포아송확률변수 X의 평균 또는 기댓값 $E(X)$를 나타낸다. 그리고 포아송확률변수는 평균과 분산이 같은 특징이 있다.

$$E(X) = \sum_{x=0}^{\infty} x \cdot \frac{e^{-\mu}\mu^x}{x!} = \mu$$

$$\sigma^2 = Var(X) = E(X-\mu)^2 = \sum_{x=0}^{\infty} (x-\mu)^2 \cdot \frac{e^{-\mu}\mu^x}{x!} = \mu$$

▌예제 5.9▐

경부고속도로에서 한 사고 다발 지점은 평균적으로 한 주에 2건의 사고가 발생하고 사고 수는 포아송분포를 따른다고 가정할 때 어떤 한 주 동안 사고가 없을 확률을 구하여라.

풀이 한 주 동안 발생하는 사고 수를 확률변수 X로 놓으면 확률분포함수는 다음과 같다.

$$p(x) = \frac{e^{-2}2^x}{x!}, \quad X = 0, 1, 2, \cdots$$

따라서 사고가 없을 확률은 다음과 같이 계산할 수 있다.

$$P(0) = e^{-2} \simeq 0.135$$

▌예제 5.10▐

예제 5.9의 조건하에서 다음의 확률을 구하여라.

(1) 한 주에 적어도 3번 이상 사고가 일어날 확률을 구하여라.

(2) 두 주 동안 사고가 기껏해야 한 번 사고가 일어날 확률을 구하여라.

풀이 (1) 한 주 동안 일어난 사고 횟수는 $\mu = 2$인 포아송분포에 따르므로, 수표를 이용하면 확률은 다음과 같다.

$$\begin{aligned} P(X \geqq 3) &= 1 - P(X \leqq 2) \\ &= 1 - 0.677 = 0.323 \end{aligned}$$

(2) 두 주 동안 일어난 사고 횟수를 확률변수 X로 놓으면 X는 평균 $\mu = 2 \times 2 = 4$인 포아송분포를 따르므로 수표를 이용하면 확률은 다음과 같다.

$$P(X \leqq 1) = 0.092$$

포아송분포가 평균 μ의 변화에 따라 분포 모양이 어떻게 변화하는지 $\mu = 0.5$, $\mu = 1$, $\mu = 4$인 경우를 들어 비교해 보면 μ가 작으면 확률이 작은 값 쪽으로 치우쳐 있다가 μ가 커질수록 평균을 중심으로 대칭을 이루어 간다.

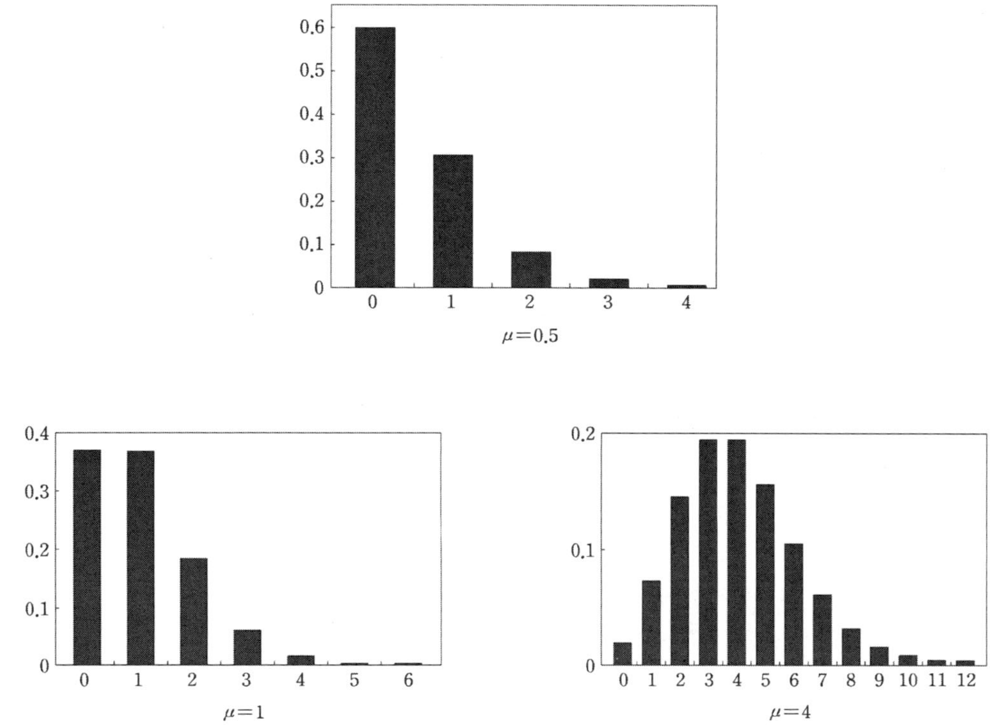

그림 5-2. 포아송분포의 여러 형태

이항확률계산에서 시행 수 n이 커지면, 예를 들어 $n = 100$이면 수표를 이용할 수 없다. 물론 컴퓨터를 이용하면 정확한 값을 구할 수 있지만 통계학에서는 근삿값을 구하는 식 또한 이론 및 응용에서 중요한 역할을 담당하고 있다. 포아송분포는 이항분포에서 시행 수 n이 크고 평균 $\mu = np$가 작은 값이면서 $np < 7$인 경우, 이항확률에 대한 좋은 근삿값을 제공한다. 평균 μ가 큰 값인 경우에는 포아송분포를 이용하지 않고 6장에서 다루게 될 정규분포를 이용할 수 있다.

이항분포에서 n이 크고 μ가 작은 경우

$$\binom{n}{x} p^x (1-p)^{n-x} \simeq \frac{e^{-np}(np)^x}{x!}$$

예제 5.11

한 전자제품 제조업체는 납품업체로부터 중요 부품을 구입하는데 지금까지 거래 경험에 의해 평균적으로 불량률이 $p=0.001$임을 알고 있다고 가정하자. 이 업체로부터 1000개의 부품을 구입할 때 적어도 2개가 불량품일 확률을 포아송분포에 의한 근삿값으로 구하여라.

풀이 확률변수 X를 불량품 개수로 놓자. 그러면 X는 $n=1000$이고 $p=P(\text{불량품})=0.001$인 이항확률변수로 생각할 수 있고 포아송 근사식에 대한 모든 조건을 충족시킨다.

$$\begin{aligned} P(X \geqq 2) &= 1-\sum_{x=0}^{1}\frac{1000!}{x!(1000-x)!}(0.001)^x(0.999)^{1000-x} \\ &\simeq 1-\sum_{x=0}^{1}\frac{e^{-1}}{x!} = 1-e^{-1}-e^{-1}=0.264 \end{aligned}$$

참고로 이항분포를 사용하여 구해 보면 다음과 같이 같은 값을 가진다.

$$\begin{aligned} P(X \geqq 2) &= 1-0.999^{1000}-1000\times 0.001\times 0.999^{999} \\ &= 1-0.736=0.264 \end{aligned}$$

엑셀을 활용한 이산확률변수의 확률계산

☒ 이항분포

예제 5.6의 예제의 경우 $n=5$, $p=0.5$인 이항분포에서 $P(X=2)$의 확률을 구해 보자. [그림 5-3], [그림 5-4], [그림 5-5]처럼 [함수삽입]>[통계]>[BINOMDIST] 함수를 선택하여, Number_s에 2, Trials에 5, Probability_s에 0.5, Cumulative에 FALSE를 입력한 후 확인 버튼을 클릭하면 해당 확률이 계산되어 나타난다.

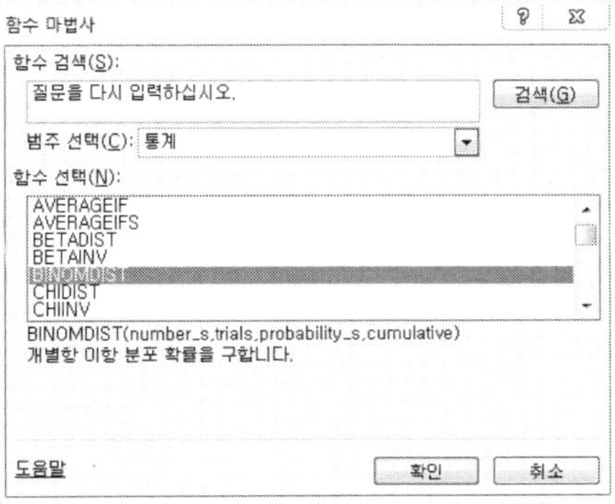

그림 5-3

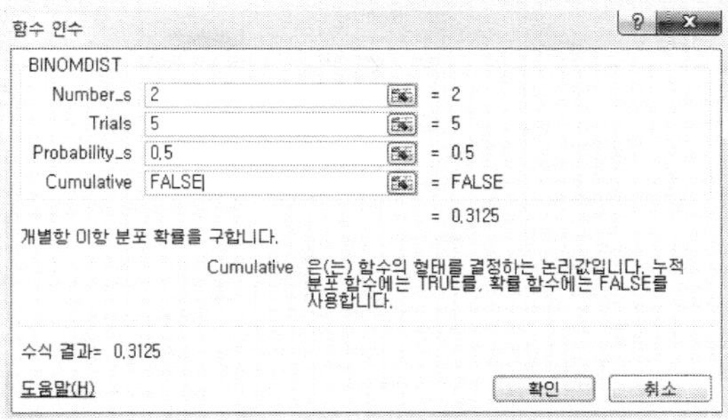

그림 5-4

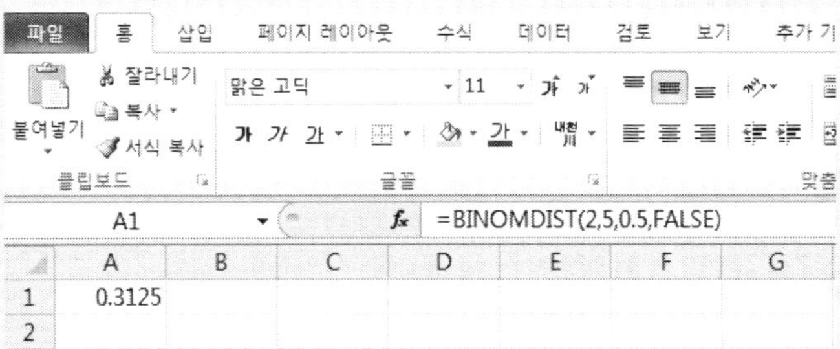

그림 5-5

☒ 포아송분포

예제 5.9에서 예제에서 $\mu=1.0$인 포아송분포의 확률, $p(0)$, $p(1)$, $p(2)$, …, $p(7)$을 구해 보자. [그림 5-6], [그림 5-7], [그림 5-8]과 같이 엑셀에 [함수삽입]>[통계]>[POISSON] 함수를 선택하여, X에 A2, Mean에 1, Cumulative에 FALSE를 입력한 후 확인 버튼을 클릭하면 다음과 같은 결과가 나타난다.

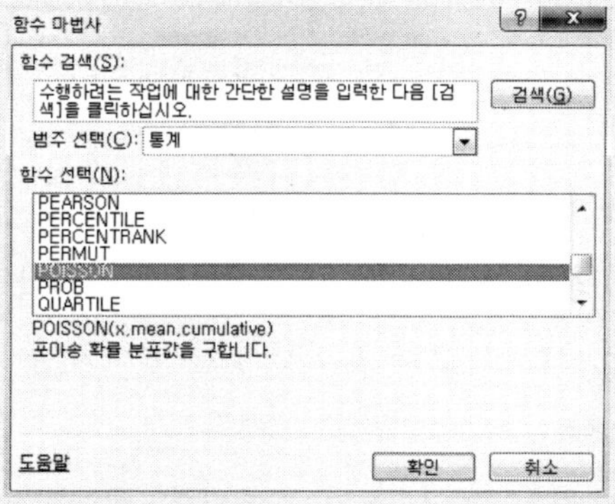

그림 5-6

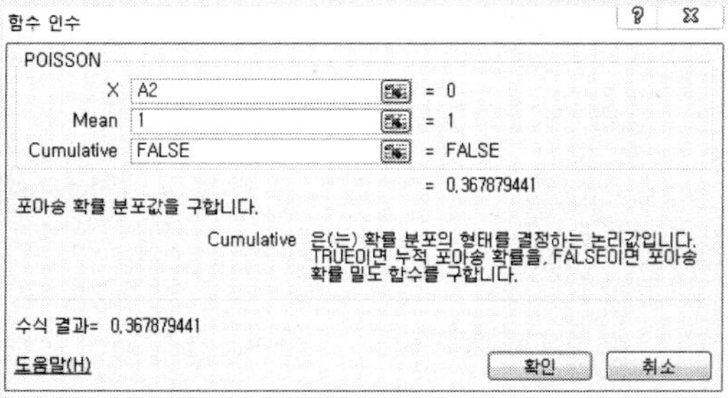

그림 5-7

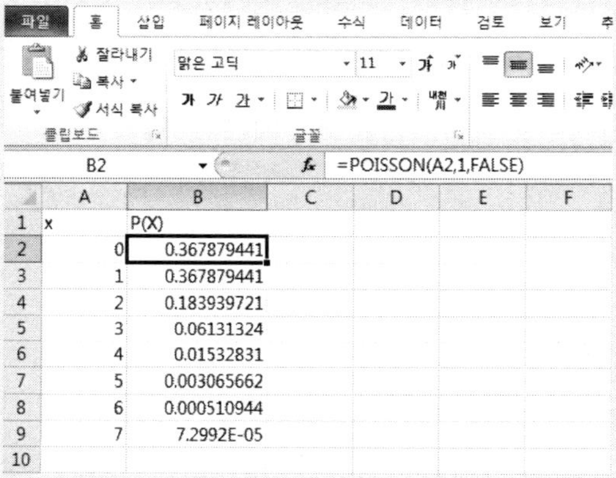

그림 5-8

연습문제

01 확률변수 X가 $n=15,\ p=0.2$인 이항확률변수일 때 수표와 엑셀을 이용하여 다음 확률을 각각 구하고 그 결과를 비교하여 보아라.

(1) $P(X \leqq 3)$ (2) $P(X > 2)$

(3) $P(2 < X \leqq 5)$ (4) $P(X = 8)$

02 A 전자부품 생산업체에서는 불량률을 낮추기 위하여 새로운 공정을 도입하였다. 이 새로운 공정은 불량률이 0.01이라고 한다. 20개를 랜덤으로 뽑았다면 불량품이 3개 이상 나올 확률을 구하여라.

03 S 보험회사 자동차 보험에 가입한 고객은 70%가 3년 동안 무사고 운전을 기록하였다. 오늘 하루 동안 15명이 가입하였다면 이들 중 적어도 10명이 3년 동안 무사고 운전을 기록할 확률은 얼마인가?

04 정부의 새로운 경제 정책에 대한 지지율은 80%라고 주장한다. 이 주장을 확인해 보기 위하여 A 지점에서 만나는 시민 중 25명에게 질문하였고 이 중 20명이 지지하였다. 만약 정부의 주장이 옳다면 25명 중 20명 이하가 지지할 확률을 구하여라.

05 5개 중 1개를 선택하는 객관식 시험 문제 20문항이 있다. 수험생이 전혀 모른다고 가정하고 답을 마음대로 쓴다고 하자. 합격하기 위해서는 70% 이상 맞추어야 한다. 이 수험생이 합격할 확률은 얼마인가?

06 확률변수 X가 $\mu = 2$인 포아송 확률변수일 때 수표와 엑셀을 이용하여 다음 확률을 각각 구하고 그 결과를 비교하여라.

(1) $P(X \leqq 1)$

(2) $P(X > 1)$

(3) $P(1 \leqq X \leqq 2)$

(4) $P(X = 2)$

07 어느 보험회사에 청구되는 생명보험에 관한 청구 건수는 하루 평균 1.5건인 포아송확률분포에 따른다. 내일 하루 동안 2건 이상 접수될 확률을 구하고, 한 건도 없을 확률도 구하여라.

08 어느 제련소에서 월요일에 결근하는 고용원 수는 평균 3명인 포아송확률분포에 따른다면 다음 월요일에 1명도 결근하지 않을 확률은 얼마인가?

09 H 공장에서는 신 기계 100대를 판매할 준비를 하던 중에 한 주요 부품의 20%가 불량품인 것으로 드러났다. 이를 확인하기 위하여 신제품 중에서 5개를 랜덤으로 뽑아 불량률을 조사하려고 한다. 불량품이 1대 이하일 확률은 얼마인가?

10 불경기로 인하여 어느 업체는 직원 100명 중에서 10%를 감원하려고 한다. 직원 중에서 10명을 랜덤으로 뽑는다면 여성이 한 명도 포함되지 않을 확률은 얼마인가?(여성 비율은 10%이다.)

06장

연속확률분포

5장을 통하여 우리는 통계적 실험에 대한 확률모형으로 사용되는 이산확률변수의 확률분포 그리고 이산확률분포 중에서도 많이 사용되는 이항분포, 포아송분포에 대해서 분포의 모습, 사용 예 등을 각각 살펴보았다. 이 장에서는 연속확률변수의 확률분포를 나타내는 방법과 연속확률분포 중에서도 가장 기본적이고 중요한 정규분포를 공부하며 그 외의 연속확률분포인 지수분포, 감마분포, 와이블분포, 코시 분포 등에 대해서는 확률론 및 통계학개론, 수리통계학 등의 문헌을 참고하기 바란다.

6.1 연속확률변수의 확률분포

이산확률변수가 취할 수 있는 수 값은 유한하거나 무한하더라도 셀 수 있으므로 이산확률변수의 모든 가능한 값에 확률을 부여함으로써 이산확률분포를 얻을 수 있었다. 그러나 연속확률변수인 경우에는 수직선의 구간을 취하므로 취할 수 있는 수 값은 무한할 뿐 아니라 셀 수도 없다. 따라서 이산확률변수처럼 모든 값에 확률을 부여하고 그 합이 1이 되게 하는 방법은 존재하지 않으므로 연속확률변수에서는 다른 방법을 사용하여 확률분포를 구하여야 한다. 그러면 연속확률변수의 확률분포는 어떠한 방법으로 나타낼 수 있을까? 다음 예를 통하여 알아보자.

▌예제 6.1▐

어느 대학에서 500명을 랜덤으로 뽑아 1학기말 성적을 상대도수 히스토그램으로 그린 결과가 [그림 6-1.(a)]이고 [그림 6-1.(b)]는 1000명, [그림 6-1.(c)]는 1500명에 대한 결과이다. 이와 같이 자료 수를 늘리면서 계급 간격을 줄이면 상대도수 히스토그램은 [그림 6-1.(d)]의 부드러운 곡선을 더욱 닮아갈 것이다. 이제 면적이 1인 상대도수 히스토그램을 생각하자. 그러면 이 상대도수 히스토그램에서 면적은 그 계급에 떨어질 비율을 표시하고, 확률은 상대도수의 극한으로 정의되므로 이 상대도수 히스토그램의 극한으로 얻어진 곡선은 바로 확률이 구간에 분포되는 모양을 나타내게 될 것이다.

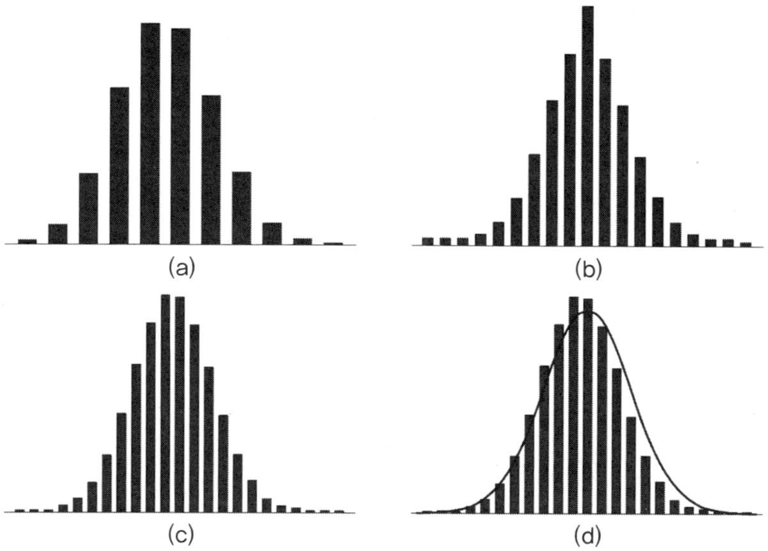

그림 6-1. 상대도수 히스토그램

우리는 이 곡선을 그려내는 함수 $f(x)$를 연속확률변수 X의 확률분포 또는 **확률밀도함수**(probability density function)라고 한다. 그리고 곡선에서 각 면적은 확률에 대응되고 바로 그 구간에서 측정치를 뽑을 확률을 나타내게 된다. 따라서 연속확률변수 X의 확률밀도함수 $f(x)$는 다음과 같은 성질을 갖는다.

(1) 확률밀도함수 $f(x)$의 전체 면적은 1
(2) $P(a \leqq X \leqq b)$는 구간 (a, b)에 대한 면적과 같음
(3) 모든 x에 대하여 $f(x) \geqq 0$

연속확률변수의 확률분포에서 확률은 면적과 같으므로 사상 $(X = x)$에 대한 확률은 어떤 x에 대해서도 0이다. 따라서 연속확률변수의 확률분포 $f(x)$는 이산확률분포 $p(x)$와는 달리 사상 $(X = x)$에 대한 확률을 나타내지 못하고 구간 (a, b)에 속할 확률을 알려주고 $f(x)$는 $X = x$에서 밀도를 나타낸다. 그리고 연속확률분포 $f(x)$는 이산확률분포 $p(x)$와는 달리 모든 x에 대하여 $P(X = x) = 0$이므로 다음과 같다.

$$P(a < X < b) = P(a < X \leqq b) = P(a \leqq X < b) = P(a \leqq X \leqq b)$$

연속확률분포 $f(x)$에서 확률은 면적과 같으므로 정적분을 이용하여 $P(a<X<b)$을 다음과 같이 구할 수 있다.

$$P(a<X<b)=\int_a^b f(x)dx$$

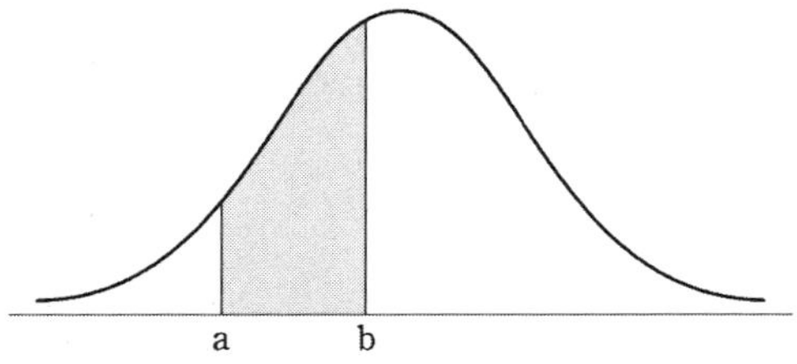

그림 6-2. $P(a<X<b)$

또한 적분을 이용하여 아래와 같이 확률밀도함수 $f(x)$의 평균과 분산을 정의할 수 있다.

연속확률변수의 평균과 분산

연속확률변수 X의 확률밀도함수를 $f(x)$라고 하자. 그러면 X의 기댓값(또는 평균)과 분산은 다음과 같다.

$$\mu=E(X)=\int_{-\infty}^{\infty} xf(x)dx$$
$$\sigma^2=Var(X)=E(X-\mu)^2=\int_{-\infty}^{\infty}(x-\mu)^2 f(x)dx$$

6.2 정규분포

연속확률분포들은 매우 다양한 모습을 갖고 있지만 실제 관측된 상대도수 히스토그램은 많은 경우 종 모양(bell-shaped)에 근사한다. 이러한 확률분포에는 **정규확률분포**(normal probability distribution)가 좋은 근사적 분포로서 사용될 수 있다. 정규확률분포는 실제 가장 많이 이용되는 확률밀도함수이다. 정규확률분포는 간략히 정규분포라고 하며 처음 프랑스의 수학자 모아브르(De Moivre)에 의하여 발견되었고 그 후 프랑스 수학자 라플라스(Laplace)에 의해 천문학 등에 이용되었다. 정규확률분포는 19세기 위대한 수학자 가우스

(Gauss)에 의해 물리학, 천문학 등에 폭넓게 응용되면서 **가우스분포(Gaussian distribution)**로 불리기도 한다. 연속확률변수 X가 정규분포에 따를 때 정규확률변수(normal random variable)라고 한다. 정규확률변수 X의 확률밀도함수 $f(x)$는 다음과 같다.

정규확률분포

$$f(x) = \frac{1}{\sigma\sqrt{2\pi}} e^{-(x-\mu)^2/2\sigma^2}, \quad -\infty < x < \infty$$

$$\mu = E(X),\ \sigma^2 = Var(X),\ \sigma = \sqrt{\sigma^2} = \sqrt{Var(X)}$$

정규확률변수 X의 기댓값 $E(X)$를, σ^2은 X의 분산을 나타낸다. 다음으로 정규곡선의 특징을 알아보자. 평균이 μ이고 분산이 σ^2인 정규분포 그래프를 [그림 6-3]에서 살펴보면 평균 μ는 분포의 중심이고 μ를 중심으로 좌우 대칭이다. 따라서 평균 좌측과 우측의 면적은 각각 0.5이다. 그리고 x의 값이 $\mu+3\sigma$보다 크거나 $\mu-3\sigma$보다 작은 값을 취할 확률은 0에 가깝다.

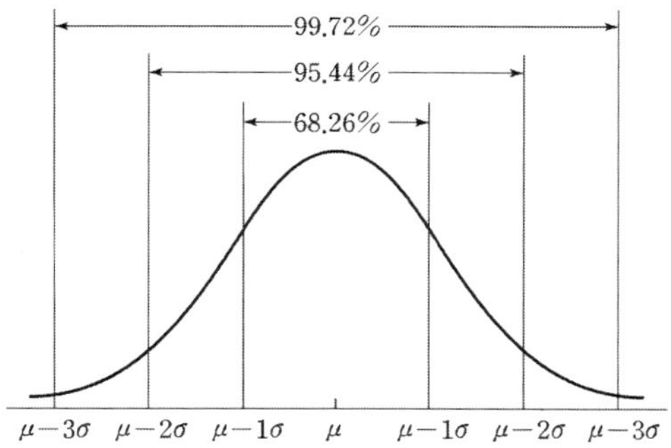

그림 6-3. 정규분포

정규분포의 모양은 σ에 의해 결정되는데 μ와 σ의 서로 다른 값들에 대한 그래프를 [그림 6-4]와 [그림 6-5]에서 살펴보자. σ 값이 클수록 높이는 낮아지고 옆으로 넓게 퍼진다. 그리고 σ 값이 작을수록 옆으로 좁게 퍼지는 반면 매우 높아지는 모양을 하고 μ가 변하면 중심 위치가 이동함을 알 수 있다. 이처럼 다양한 정규분포에 대하여 정규확률변수 X가 평균이 μ이고 분산이 σ^2인 정규분포에 따를 때 간략히 $X \sim N(\mu, \sigma^2)$로 표시하기도 한다.

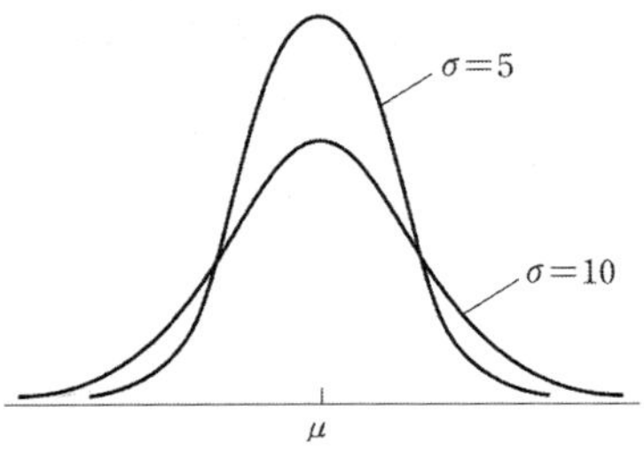

그림 6-4. σ가 다를 때 정규분포

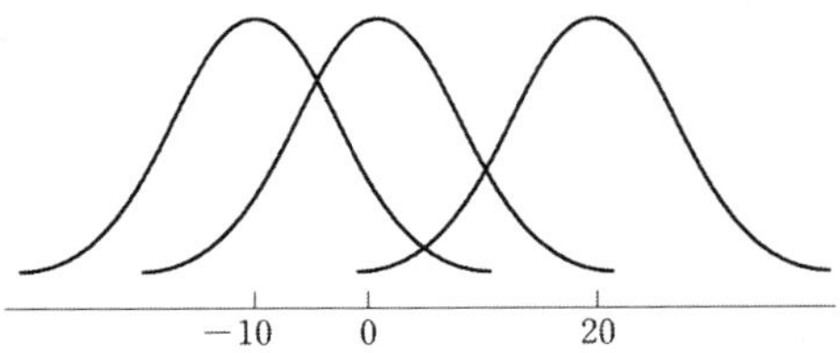

그림 6-5. μ가 다를 때 정규분포

6.3 정규분포와 확률계산

정규확률변수 X가 평균이 μ이고 분산이 σ^2인 정규분포에 따를 때 $P(a < X < b)$, $a < b$를 실제 구하는 것은 특수한 경우를 제외하고는 쉽지 않다.

$$P(a < X < b) = \int_a^b \frac{1}{\sigma\sqrt{2\pi}} e^{-\frac{1}{2}\left(\frac{x-\mu}{\sigma}\right)^2} dx$$

예를 들어 $a = 0$, $b = \infty$와 같은 몇몇 경우들을 제외하고는 간단하지 않다는 것이다. 따라서 이항분포나 포아송분포에서처럼 수표를 이용하거나 통계 패키지를 이용하여야 한다. 먼저 정규분포를 이해하는 데 도움이 되고 이론적으로도 중요한 표준정규분포를 알아보고, 그 수표를 이용하여 확률을 계산해 보도록 하자. 정규확률분포에 대한 수표는 다양한 a, b 값들과 서로 다른 μ와 σ^2의 값들에 대해서 모두 만들어야 하므로 이항분포나 포아송분포에 비할 바가 아니고 가능한 일이 아니다. 그러나 다행히도 모든 정규확률변수는 표준변환을 실시하면 하나의 정규확률변수로 바뀌게 되고 따라서 한 개의 수표만 있으면 모든 정규확률변수에 적용할 수 있게 되어 이 문제는 극복된다. 다시 말하면 정규확률변수 X가 평균 μ와 표준편차 σ를 가질 때, 다음과 같이 표준변화를 할 수 있다.

$$Z = \frac{X - \mu}{\sigma}$$

어떤 정규확률변수 X에 대해서도 Z는 평균이 0이고 분산이 1인 정규분포에 따른다. 이 확률변수 Z를 **표준정규확률변수**(standard normal random variable)라고 하고 Z의 확률분포를 **표준정규분포**(standard normal distribution)라고 한다. 그리고 표준정규확률변수는 Z로 표시한다. 표준정규분포가 [그림 6-6]에 있고 부록의 표에는 $P(Z \leqq z_0)$가 수록되어 있다. 그러면 수표를 이용하여 정규분포에 대한 확률을 계산하여 보자.

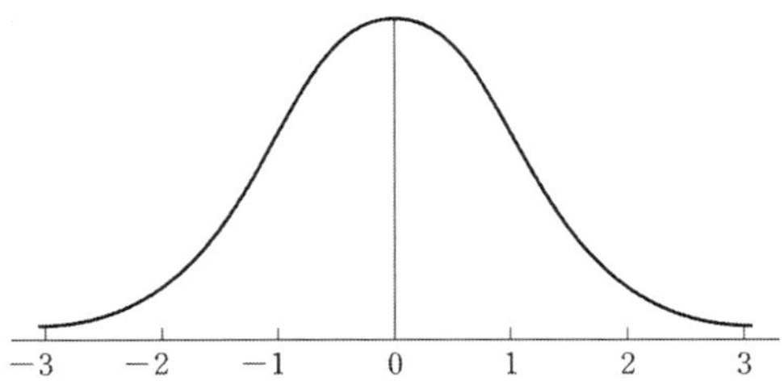

그림 6-6. 표준정규분포

| 예제 6.2 |

다음 확률을 구하여라.

(1) $P(0 \leqq Z \leqq 1.50)$

(2) $P(-0.5 \leqq Z \leqq 2)$

풀이 (1) $P(0 \leqq Z \leqq 1.50) = P(Z \leqq 1.50) - 0.5 = 0.4332$

(2) $P(-0.5 \leqq Z \leqq 2.0) = P(-0.5 \leqq Z \leqq 0) + P(0 \leqq Z \leqq 2.0)$

Z는 평균이 0을 중심으로 대칭이다.

$$P(-0.5 \leqq Z \leqq 0) = P(0 \leqq Z \leqq 0.5)$$

따라서 $P(-0.5 \leqq Z \leqq 0) + P(0 \leqq Z \leqq 2.0) = 0.1915 + 0.4772 = 0.6687$

| 예제 6.3 |

표준정규확률변수 Z가 z_0보다 클 확률이 0.05인 z_0을 구하여라.

풀이 $P(Z \leqq z_0) = 0.95$를 만족하는 z_0를 수표를 이용하여 찾는다.

$$P(Z \leqq 1.64) = 0.9495$$
$$P(Z \leqq 1.65) = 0.9505$$

이므로 보간법을 이용하면

$$z_0 = 1.64 + 0.01 \times \frac{0.0005}{0.001} = 1.645$$

❙ 예제 6.4 ❙

어떤 국가 자격시험 성적 분포는 평균이 120, 표준편차가 20인 정규분포에 따른다고 하자. 그러면 성적순으로 60%까지 합격시킨다면 시험에 합격하기 위하여 최소한 몇 점을 받아야 하는가? 또 170점 이상 받는 학생의 비율을 구하여라.

풀이 (1) 자격시험 성적을 확률변수 X로 놓으면 X는 $N(120,400)$에 따른다. 그리고 합격할 수 있는 최소 점수를 x_0라 하자. 그러면

$$P(X \geqq x_0) = P(\frac{X-120}{20} \geqq \frac{x_0-120}{20})$$

$$= P(Z \geqq \frac{x_0-120}{20}) = 0.6$$

수표를 이용하면 $\frac{x_0-120}{20} = -0.253$이므로 최소 점수는 114.94이다.

(2) $P(X \geqq 170) = P(\frac{X-120}{20} \geqq \frac{170-120}{20})$

$$= P(Z \geqq 2.5)$$

$$= 1 - P(Z \leqq 2.5)$$

$$= 1 - 0.9938 = 0.0062$$

따라서 학생 중에서 0.62%가 170점 이상을 받는다.

6.4 이항분포의 정규근사

이산확률분포 중에서 기본적이고 중요한 이항분포에 대해서 5장에서 살펴본 바 있다. 시행 수 n이 커짐에 따라 이항확률변수는 확률 계산이 점점 복잡해지고 따라서 근사식의 필요성을 갖게 된다. 그리하여 우리는 한 근사식으로 시행 수 n이 크고 성공의 확률 p가 작으면서 $np < 7$을 만족시키면 포아송분포를 이항분포 근삿값을 구하는 데 사용하였다. 이 절에서는 n이 크면서도 포아송 근사식을 사용할 수 없는 경우 정규분포를 이용하여 근삿값을 구하는 방법을 알아보기로 한다. 이항확률 히스토그램은 성공의 확률 $p = 0.5$이면 평균을 중심으로 대칭이면서 종 모양에 근사하여 정규확률분포를 사용하면 좋은 근삿값을 얻을 수 있다. 성공의 확률 p가 0.5에서 양 끝 값으로 갈수록 종 모양에서 멀어지므로 좋은 근삿값을 얻기 위해서는 상당히 큰 시행 수 n을 요구한다. $n = 25$, $p = 0.5$인 이항분포와 평균 $\mu = 25 \times 0.5 = 12.5$, 분산 $\sigma^2 = 12.5 \times 0.5 = 6.25$인 정규분포가 [그림 6-7]에 주어져 있다.

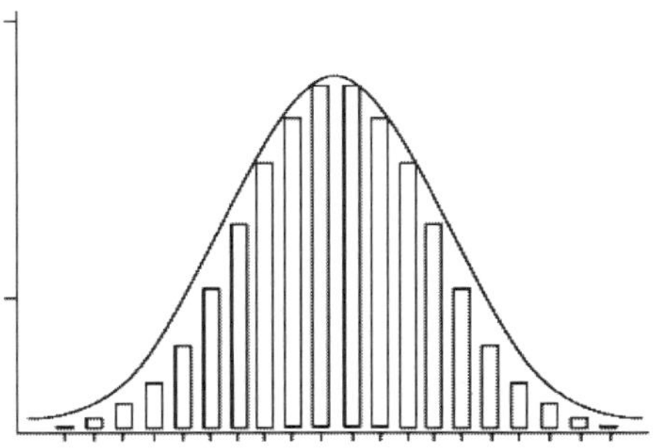

그림 6-7. 이항분포와 정규분포

이제 이산확률변수 X가 $n = 25$, $p = 0.5$인 이항분포를 가질 때, $P(X=8) + P(X=9) + P(X=10)$을 정규분포를 사용하여 근삿값을 구해 보자. 먼저 이항분포 수표를 이용하여 정확한 확률을 다음과 같이 계산할 수 있다.

$$P(X=8) + P(X=9) + P(X=10) = 0.212 - 0.02 = 0.190$$

다음으로 정규분포를 이용한 근삿값을 구할 때는 [그림 6-7]에서 보는 바와 같이 양 끝점에 대한 수정이 필요하다. 연속확률분포에서는 모든 x에 대하여 $P(X=x) = 0$임을 상기하자. 따라서 이항확률을 정규분포를 사용하여 근삿값을 구할 때는 수정항이 필요한데 이것을 연속성 수정항(continuity correction term)이라고 하고 여기서는 ±0.5가 연속성 수정항이 된다. 그리고 정규분포의 평균과 분산은 이항분포의 평균 $\mu = np$와 분산 $\sigma^2 = np(1-p)$를 사용한다. 따라서

$$\begin{aligned} P(8 \leqq X \leqq 10) &\simeq P(\frac{7.5-12.5}{2.5} \leqq Z \leqq \frac{10.5-12.5}{2.5}) \\ &= P(-2.0 \leqq Z \leqq -0.8) \\ &= 0.4772 - 0.2881 = 0.1891 \end{aligned}$$

이는 정확한 확률 0.190에 매우 근사함을 알 수 있다. 그러나 근삿값은 정확한 값을 구할 수 없을 때 사용하는 것이 바람직하므로 정확한 값을 구할 수 있을 때 사용하는 것은 적절하지 못하다.

| 예제 6.5 |

어느 대도시 성인 남자의 흡연률은 30%로 알려져 있다. 이 도시 성인 남자 100명을 랜덤으로 뽑았을 때 40명보다 많이 담배를 피울 확률을 구하여라.

풀이 100명 중 흡연자 수를 확률변수 X로 놓으면 X는 $n = 100$, $p = 0.3$인 이항확률분포에 따른다. 여기서 모집단 성인 남자 수는 유한하지만 100/성인 남자 수 $\simeq 0.000$이므로 다음과 같이 이항분포를 사용해도 좋다.

$$\begin{aligned} P(X > 40) = P(X \geqq 41) &= \sum_{x=41}^{100} \binom{100}{x} 0.3^x 0.7^{100-x} \\ &\simeq P(Z \geqq \frac{40.5-30}{\sqrt{21}}) = P(Z \geqq 2.29) \\ &= 1 - P(Z \leqq 2.29) \\ &= 1 - 0.9890 = 0.011 \end{aligned}$$

엑셀을 활용한 정규분포의 확률계산

예제 6.4의 예를 들어 $\mu=0$이고 $\sigma=1$인 정규분포에서 누적확률 $P(X \leq 2)$를 구해 보자. [그림 6-8], [그림 6-9]와 같이 엑셀에 [함수]>[통계]>[NORMDIST]을 선택하여, X에 2, Mean에 0, Standard deviation에 1, Cumulative에 TRUE을 입력한 후 확인 버튼을 클릭하면 누적확률이 계산된다.

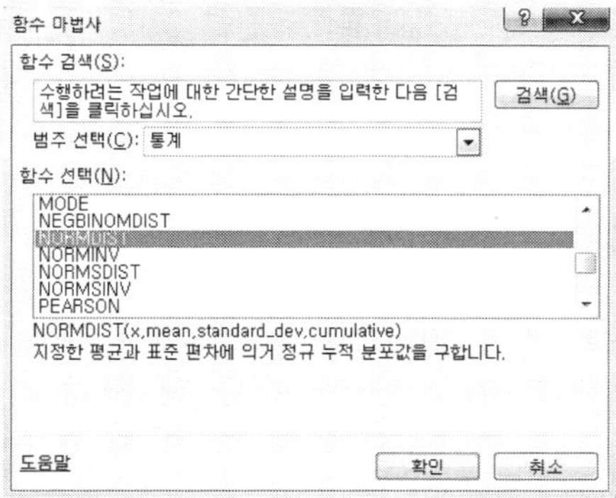

그림 6-8

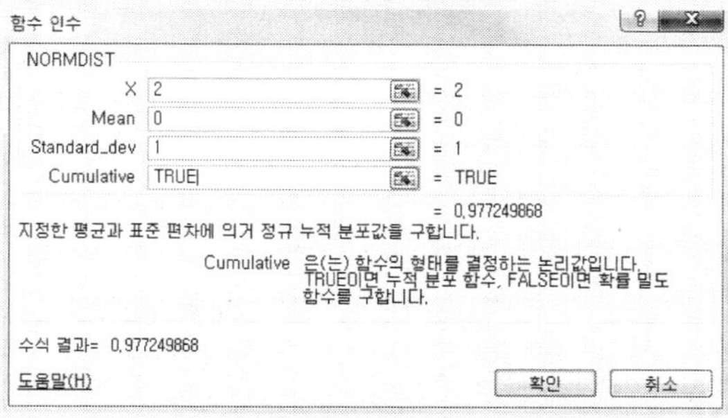

그림 6-9

[그림 6-10], [그림 6-11]과 같이 엑셀에 [함수]>[통계]>[NORMSDIST]을 선택하여 Z에 2를 입력한 후 확인 버튼을 클릭하면 같은 결과가 나타난다.

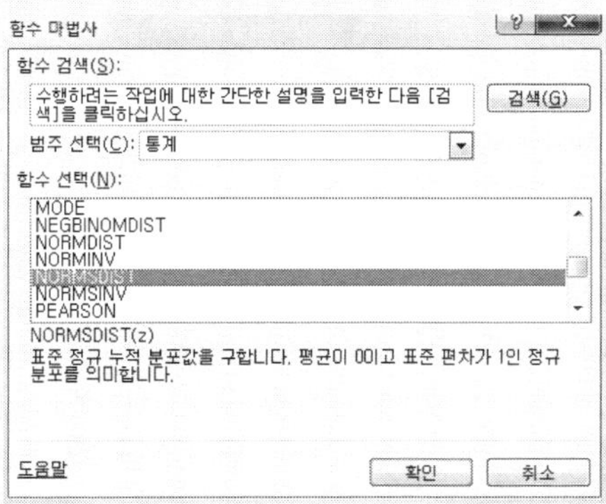

그림 6-10

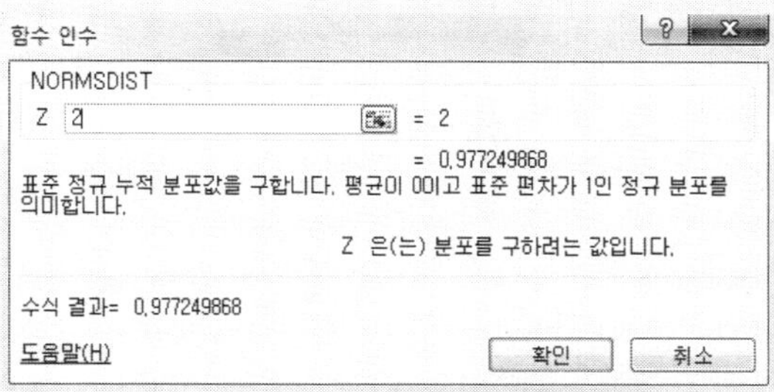

그림 6-11

다음으로 $\mu=0$, $\sigma=1$인 정규분포에서 누적확률 $P(X \leq x)=0.05$를 만족시키는 x의 값을 구해 보자. [그림 6-12], [그림 6-13]과 같이 엑셀에 [함수]>[통계]>[NORMINV]을 선택하여, Probability에 0.05, Mean에 0, Standard deviation에 1을 입력한 후 확인 버튼을

클릭하면 누적확률이 계산된다.

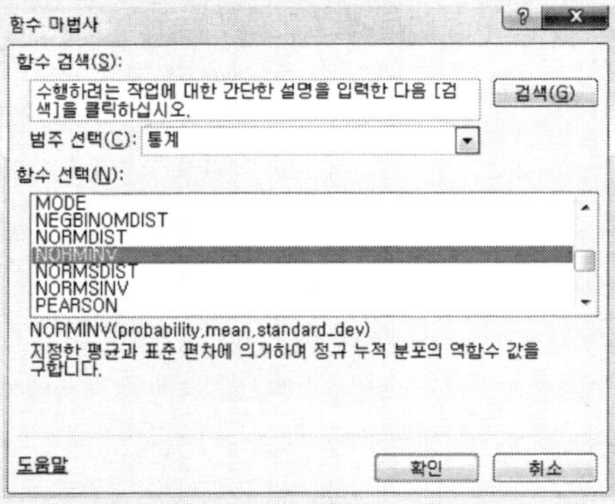

그림 6-12

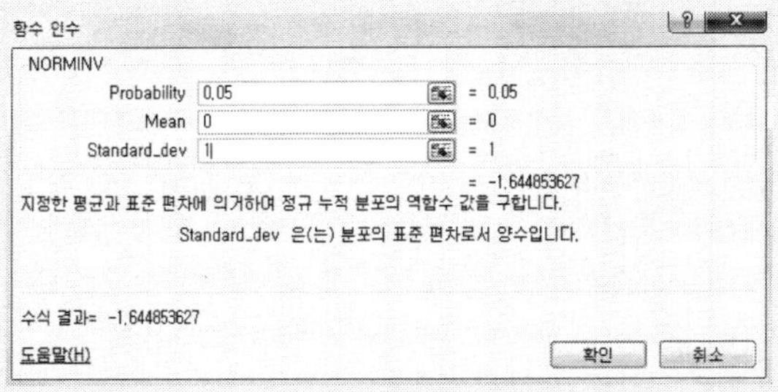

그림 6-13

[그림 6-14], [그림 6-15]와 같이 엑셀에 [함수]>[통계]>[NORMSINV]을 선택하여 Probability에 0.05를 입력한 후 확인 버튼을 클릭하면 같은 결과가 나타난다.

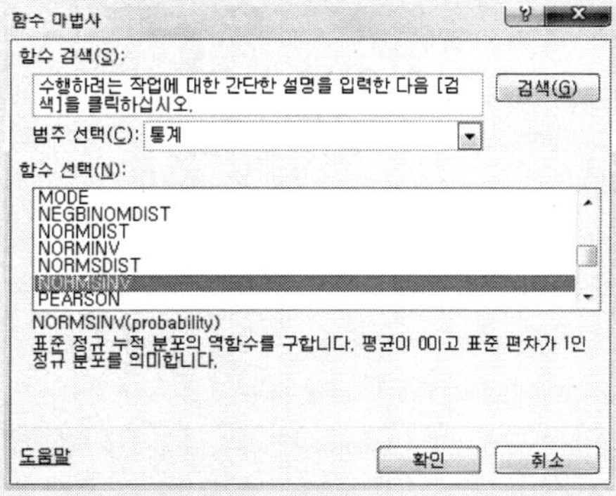

그림 6-14

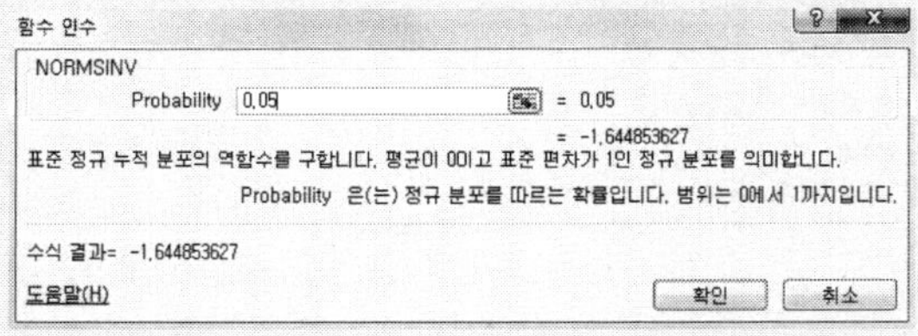

그림 6-15

연습문제

01 연속확률변수 X의 확률밀도함수 $f(x)$가 다음과 같다.

$$f(x)=\begin{cases}\dfrac{1}{2}, & -1 \leqq x \leqq 1 \\ 0, & x<-1 \text{ 또는 } x>1\end{cases}$$

(1) $P(-1/2 < X \leqq 1/2)$를 구하여라.

(2) $E(X)$를 구하여라.

02 표준정규분포 수표와 엑셀을 활용하여 다음을 계산하고 결과를 비교하여라.

(1) $P(0 < Z < 1.64)$

(2) $P(-0.1 < Z < 1.64)$

03 확률변수 X가 $\mu=10$, $\sigma=2$인 정규분포를 가질 때 수표와 엑셀을 활용하여 다음 확률을 계산하고 결과를 비교하여라.

(1) $P(X > 11.0)$

(2) $P(6.0 < X < 13.0)$

04 확률변수 X가 $\mu=20$, $\sigma=10$인 정규분포를 가질 때 다음 식을 만족하는 a를 구하여라.

(1) $P(X > a)=0.8485$

(2) $P(X < a)=0.2088$

05 A 업체에서 생산하는 PC용 디스크 드라이브 수명은 $\mu=1000$시간, $\sigma=100$시간인 정규분포에 따른다고 한다. 아래 수명에 대한 확률을 계산하여라.

(1) 900시간 이하일 확률

(2) 1300시간 이상일 확률

06 B 대학 신입생 성적 분포는 $\mu = 300$, $\sigma = 100$인 정규분포에 따른다고 한다. 신입생 중에서 상위 1% 학생에 대해 4년간 장학금을 지급한다면 이 장학금을 받기 위한 최소한의 성적을 구하여라.

07 A 교수의 통계학 과목을 수강한 학생들의 성적 분포는 $\mu = 75$, $\sigma = 9$인 정규분포에 따른다고 하자. A 학점을 받는 학생을 상위 15%에 국한시킨다면 최소한 몇 점을 받아야 A 학점을 받을 수 있는가?

08 이산확률변수 X가 $n = 100$, $p = 0.3$인 이항분포에 따를 때 다음 확률을 정규분포로 근사시켜 수표와 엑셀을 활용하여 구하고 결과를 비교하여라.

(1) $P(X \geqq 40)$

(2) $P(X > 60)$

(3) $P(20 \leqq X \leqq 40)$

09 어느 광고 대행 회사는 TV 시청자 중에서 20%가 모 방송국의 인기 연속극 A 드라마를 시청한다고 주장하였다. 시청자 중에서 1000명을 랜덤으로 뽑은 다음 시청 여부를 물어본 결과 184명이 그 드라마를 시청하고 있었다. 광고 대행 회사의 주장이 옳다면 1000명 중 184명 이하가 시청할 확률을 구하여라.

10 A 항공회사는 예약한 사람 중에서 평균적으로 10%가 나타나지 않는다. 이 자료에 의하여 155객석을 갖고 있는 비행기편에 160객석을 예약하였다면 예약을 하고 탑승하기 위하여 나온 사람들 모두에게 좌석이 가능한 확률을 구하여라.

07장

표본분포

7.1 확률분포

통계학에서 연구대상이 되는 표본은 단순히 모집단의 부분집합이 아니라 주어진 모집단에서 실제의 표본이 선택될 확률을 알 수 있는 방법으로 얻어진 것이어야 한다. 그래야만 추후 이 확률을 근거로 추론이 가능하게 된다. 이 확률을 알 수 있게 하는 방법으로서 사용되는 것이 **임의추출법**(random sampling)이며 종종 확률추출법이라고 한다. 이러한 방법으로 얻어진 표본을 **확률표본**(random sample) 혹은 **임의표본**이라고 한다.

표본을 추출하는 방법은 크게 **복원추출**(sampling with replacement)과 **비복원추출**(sampling without replacement)로 나누어진다. 전자는 이미 조사된 실험단위를 모집단에 되돌려 놓아 다시 뽑힐 수 있는 상태에서 다음 실험단위를 추출하는 것이고 후자는 한 번 조사된 실험단위를 다음번 추출단계에서는 제외시키는 것이다. 어느 방법을 사용하든지 중요한 사항은 N개로 이루어진 모집단에서 n개를 뽑을 때 가능한 표본들이 표본으로 채택될 확률이 같도록 보장하는 것이다. 다른 말로는 **임의성**(randomness)의 보장이라고 표현한다. 복원추출의 경우 나올 수 있는 표본의 가짓수는 N^n이며 비복원추출인 경우에는 C_n^N이다. 따라서 임의추출법이란 나올 수 있는 모든 표본들이 표본으로 추출될 확률이 복원추출일 경우 $1/N^n$이 되고 비복원추출인 경우 $1/C_n^N$이 되도록 하는 방법이다. 임의추출의 실제적인 수행방법은 **난수표**(random number digit table)를 사용하는 것이다. 구체적으로는 모집단의 각 실험단위에 1부터 N까지 번호를 부여하고 난수표에서 합당한 방법을 통해 n개의 수를 뽑아 뽑힌 번호를 부여받은 실험단위를 조사하는 것이다. 이때 같은 번호가 나오는 경우 해당실험단위를 반복하여 조사하면 복원추출이며 반복조사를 허용하지 않으면 비복원추출이 된다. 위 과정의 기본개념은 간단하지만 현실적으로 대형모집단인 경우 실제 적용이 상당히 어렵기 때문에 임의성을 보장하면서 쉽게 적용이 가능한 방법을 따로 연구하는 분야가 생겼으며 이 분야를 **표본조사론**(sampling theory)이라고 한다. 여론조사나 각종 통계조사 결과가 틀린 경우, 거의 모든 원인이 확률표본을 대상으로 추론하지 않았기 때문이라고 할 수 있다. 통계학 이론은 항상 확률표본에 한해서 적용 가능하다는 것을 명심해야 한다.

7.2 표본분포

통계학이론의 근본은 **표본분포(sampling distribution)**라고 해도 과언이 아니다. 통계적 추론은 표본분포의 개념을 바탕으로 이루어지기 때문이다. 표본이 얻어져서 그 표본에서 평균을 계산한다고 하자. 또 다시 같은 크기의 표본을 얻어서 평균을 구한다고 하자. 각 표본마다 한 개씩의 평균을 구할 수 있기 때문에 나올 수 있는 평균의 개수는 나올 수 있는 표본의 수와 같다. 이러한 평균들의 분포를 평균의 표본분포라고 하는 것이다.

표본분포

크기 n인 표본에서 어떤 통계량의 표본분포란 나올 수 있는 모든 표본에서의 그 통계량이 취하는 값에 대한 확률분포이다.

예를 들어 원소가 {2, 4, 6, 8}인 모집단을 생각해 보자. 모집단의 측정값을 확률변수 X라고 하면 X의 확률함수는 다음과 같다.

$$p(x) = \frac{1}{4}, \qquad x = 2, 4, 6, 8$$

따라서 모집단의 평균과 분산은 다음과 같이 계산할 수 있다.

$$\begin{aligned}
\mu = E(X) &= \sum_x xp(x) = (2)p(2) + (4)p(4) + (6)p(6) + (8)p(8) \\
&= (2)(1/4) + (4)(1/4) + (6)(1/4) + (8)(1/4) \\
&= \frac{20}{4} = 5
\end{aligned}$$

$$\begin{aligned}
\sigma^2 = E(X-\mu)^2 &= E(X^2) - \mu^2 \\
&= \sum_x x^2 p(x) - 5^2 \\
&= 2^2 p(2) + 4^2 p(4) + 6^2 p(6) + 8^2 p(8) - 25 \\
&= \frac{120}{4} - 25 = 5
\end{aligned}$$

이 모집단의 확률분포를 그려보면 [그림 7-1]과 같다.

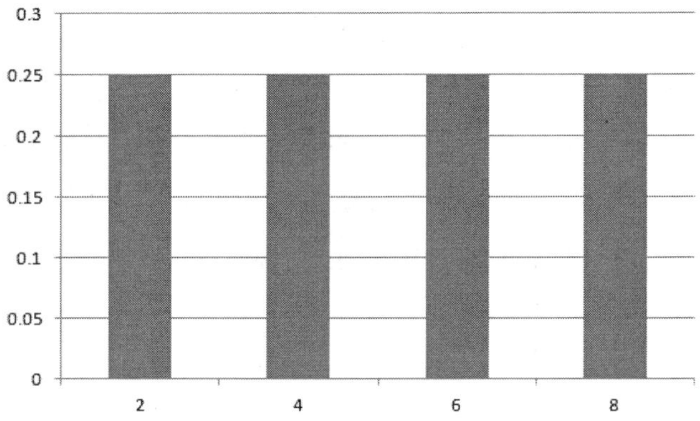

그림 7-1. $p(x)=1/4,\ x=2,\ 4,\ 6,\ 8$의 그림

이상의 모집단을 다 조사할 수 없어서 $n=2$인 표본을 복원추출에 의해서 평균을 구한다고 하자. 나올 수 있는 표본의 수는 $N^n=4^2=16$이며 나올 수 있는 평균 $\bar{x}$ 의 개수도 16개이다. 확률표본이라면 각 표본이 나올 수 있는 확률은 1/16이다. 이를 정리하면 [표 7-1]과 같다.

표 7-1. N=4, n=2일 때 나올 수 있는 표본과 표본평균

나올 수 있는 표본	평균	확률
2, 2	2	1/16
2, 4	3	1/16
2, 6	4	1/16
2, 8	5	1/16
4, 2	3	1/16
4, 4	4	1/16
4, 6	5	1/16
4, 8	6	1/16
6, 2	4	1/16
6, 4	5	1/16
6, 6	6	1/16
6, 8	7	1/16
8, 2	5	1/16
8, 4	6	1/16
8, 6	7	1/16
8, 8	8	1/16

표본은 다르더라도 평균은 같을 수도 있다. 예를 들어 평균 $\overline{x}=4$ 는 (2, 6), (4, 4), (6, 2) 중 하나가 표본으로 채택되었다는 뜻이며 그 확률은 3/16이다. 이와 같은 표본평균 $\overline{X}$ 의 분포를 확률과 함께 표시한 것이 $\overline{X}$ 의 확률분포이며 이것을 $\overline{X}$ 의 표본분포라고 한다. 위의 경우 [표 7-2]와 같이 표현된다.

표 7-2. N=4, n=2일 때의 $\overline{X}$ 의 표본분포

$\overline{x}$	2	3	4	5	6	7	8
확률	1/16	2/16	3/16	4/16	3/16	2/16	1/16

이것을 확률함수형태로 표현해 보면 확률변수 $Y=\overline{X}$ 의 확률함수는 다음과 같다.

$$p(y)=\frac{4-|y-5|}{16}, \qquad y=2,3,4,5,6,7,8$$

이를 그림으로 나타내면 [그림 7-2]와 같다.

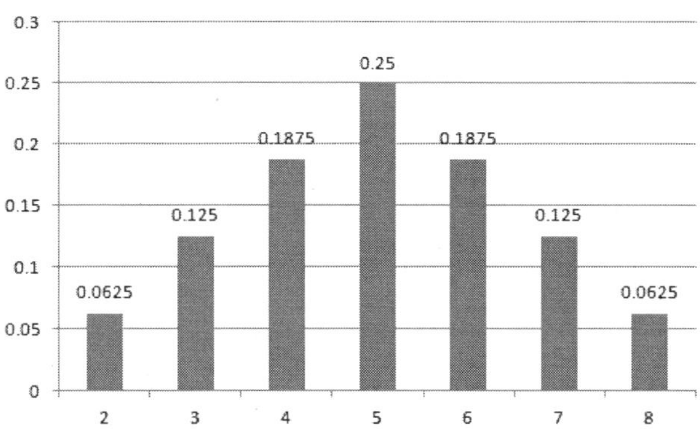

그림 7-2. n=2일 때 $Y=\overline{X}$ 의 그림

[표 7-2]를 이용하여 $N=4$, $n=2$일 때의 표본평균 $\overline{X}$ 의 확률분포에서 $\overline{X}$ 의 평균과 분산을 구할 수 있다. 먼저 $Y=\overline{X}$ 라 하자. 모평균 μ와 구별하기 위해서 평균은 μ_y로, 분산은 σ_y^2 으로 표시하면 다음과 같이 계산할 수 있다.

$$\mu_y = \sum_y yp(y) = (2)p(2) + (3)p(3) + \cdots + (8)p(8)$$

$$= (2)(1/16) + (3)(2/16) + \cdots + (8)(1/16) = \frac{80}{16} = 5,$$

$$\sigma_y^2 = E(Y^2) - (\mu_y)^2 = \sum_y y^2 p(y) - (\mu_y)^2$$

$$= 2^2(1/16) + 3^2(2/16) + \cdots + 8^2(1/16) - 25$$

$$= \frac{440}{16} - 25 = \frac{5}{2}$$

따라서 위의 경우 표본평균 $\overline{X}$의 표본분포에서 $\overline{X}$의 평균은 모평균 μ와 같은 5이며 분산은 모분산 σ^2의 1/2인 5/2이다.

만일 관심 있는 통계량이 표본에서의 최솟값이라고 하자. 표본에서의 최솟값을 확률변수 Z로 표시한다면 나올 수 있는 모든 표본에서 z를 구하여 확률분포를 구하면 [표 7-3]처럼 될 것이다.

표 7-3. N=4, n=2일 때 최솟값의 표본분포

z	2	4	6	8
확률	7/16	5/16	3/16	1/16

역시 마찬가지로 최솟값의 표본분포에서 표본 최솟값의 평균과 분산을 구할 수 있다. 이외에도 관심 있는 모든 통계량에 대해서 위와 같은 요령으로 표본분포를 유도할 수 있다.

7.3 중심극한정리

7.2절에서 $N=4$인 모집단에서 $n=2$인 표본평균 $\overline{X}$의 표본분포를 실례를 들어 유도해 보았다. 실제 문제에서 N의 크기는 보통 수백에서 수천이며 n의 크기도 수십 개 이상이다. 예를 들어 $N=100$, $n=10$이라고 하더라도 $(100)^{10}$개의 가능한 표본이 존재하므로 앞에서와 같이 연구자가 직접 구할 수는 없다. 따라서 이론적으로 접근해야 한다. 먼저 $\overline{X}$의 표본분포의 평균과 분산을 $\mu_{\overline{x}}$, $\sigma_{\overline{x}}^2$ 으로 표시하자.

$\overline{X}$의 평균과 분산

크기 n인 표본의 평균 $\overline{X}$의 표본분포에서의 평균과 분산은 다음과 같다.

$$\mu_{\bar{x}} = E(\overline{X}) = \mu$$

$$\sigma^2_{\bar{x}} = \frac{\sigma^2}{n}$$

평균과 분산의 수학적 유도는 약간의 수리통계학적 지식만으로도 가능하다. 문제가 되는 것은 분포의 모양이 어떻게 될 것인가인데 이의 해결을 위해 나온 이론적 결과가 **중심극한정리**(Central Limit Theorem, CLT)이다. 여기서 중심이란 분포의 중심, 즉 평균을 의미하고 극한이란 n이 수학적으로 무한히 커진다는 의미이다. 즉 표본평균 $\overline{X}$의 표본분포는 표본크기 n이 무한히 커지면 어떻게 되는가에 관한 정리이다. 이 정리의 중요성은 모집단이 현실적으로 큰 상황에서 주된 관심사인 모평균 μ를 추론하기 위해서 표본에서 $\overline{X}$를 구할 때 평균 $\overline{X}$의 표본분포를 별 어려움 없이 알 수 있다는 것이다.

중심극한정리

평균 μ, 분산 σ^2인 모집단에서의 평균 $\overline{X}$의 분포는 표본의 크기 n이 무한히 커지면 평균 μ, 분산 $\frac{\sigma^2}{n}$인 정규분포에 가까워진다.

앞에서 언급한 $\overline{X}$의 평균과 분산은 n의 크기에 관계없이 성립하므로 실제 중심극한의 주된 내용은 $\overline{X}$의 표본분포가 n이 무한히 커지면 정규분포에 가까워진다는 것이다.

위 정리를 실제로 적용할 경우 문제가 되는 것은 현실에 있어서는 n을 무한히 크게 할 수 없다는 것이며 따라서 현실적으로 충분히 크다고 할만한 n의 크기를 어떻게 정할 것인가이다. n의 크기는 모집단의 분포모양에 따라 상당히 달라진다. 관례적으로 모집단의 분포가 근사적으로 종형모양인 경우는 25 이상이면 충분히 큰 것으로 인정하며 근사적으로 대칭인 경우 30 이상이면 충분하나 극단적으로 비대칭인 경우에는 50 이상을 요구한다. 또한 모집단이 정규분포를 한다면 n의 크기에 관계없이 $\overline{X}$의 표본분포는 정확하게 정규분포를 한다.

정리의 내용을 확인하기 위해 7.2절의 모집단{2, 4, 6, 8}에서 표본 크기 $n=3$인 경우를 살펴보자. $n=3$인 경우에 나올 수 있는 표본과 평균들의 개수는 $N^n=4^3=64$이며 나올 수 있는 표본과 평균은 [표 7-4]와 같다.

표 7-4. N=4, n=3일 때 나올 수 있는 표본과 평균

나올 수 있는 표본			평균	확률
2	2	2	2.0	1/64
2	2	4	8/3	1/64
2	2	6	10/3	1/64
2	2	8	4.0	1/64
2	4	2	8/3	1/64
2	4	4	10/3	1/64
2	4	6	4.0	1/64
2	4	8	14/3	1/64
		중 략		
8	4	8	20/3	1/64
8	6	2	16/3	1/64
8	6	4	6.0	1/64
8	6	6	20/3	1/64
8	6	8	22/3	1/64
8	8	2	6.0	1/64
8	8	4	20/3	1/64
8	8	6	22/3	1/64
8	8	8	8.0	1/64

이 경우의 $\overline{X}$의 표본분포는 [표 7-5]와 같이 구해진다.

표 7-5. N=4, n=3일 때의 표본평균 $\overline{X}$의 표본분포

$\overline{x}$	2	8/3	10/3	4	14/3	16/3	6	20/3	22/3	8
확률	1/64	3/64	6/64	10/64	12/64	12/64	10/64	6/64	3/64	1/64

이 분포의 모양을 그려보면 [그림 7-3]과 같다.

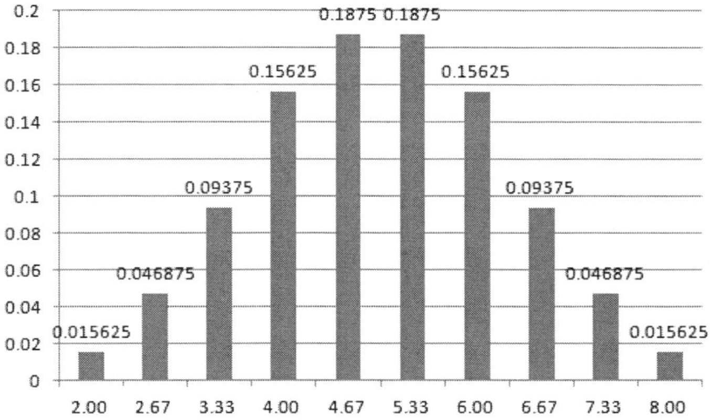

그림 7-3. 표본평균 분포

[그림 7-3]을 보면 $n=2$인 [그림 7-2]보다 종 모양에 가까워진 것을 알 수 있으며 n을 크게 하면 점점 더 정규분포에 가까워질 것이라는 것을 짐작할 수 있다. n=3일 때의 $\overline{X}$의 평균과 분산은 $\mu_{\bar{x}}=\mu=5$, $\sigma^2_{\bar{x}}=\sigma^2/n=5/3$이다.

▌예제 7.1▐

평균 $\mu=8$, 표준편차 σ=0.6인 모집단에서 n=25인 표본을 구했을 때 다음에 답하여라.

(1) $\overline{X}$가 7.9 이하일 확률은 얼마인가?

(2) 모평균과의 차이가 0.1 이내일 확률은 얼마인가?

풀이 모집단의 분포모양과 관계없이 $\overline{X}$의 평균과 표준편차는 다음과 같다.

평균: $\mu_{\bar{x}}=\mu=8$

표준편차: $\sigma_{\bar{x}}=\dfrac{\sigma}{\sqrt{n}}=\dfrac{6}{\sqrt{25}}=0.12$

n=25이면 충분히 큰 것으로 간주하면 $\overline{X}$는 근사적으로 정규분포를 따른다.

(1)

$$P(\overline{X} \leqq 7.9) = P\left(\frac{\overline{X} - \mu_{\overline{x}}}{\sigma_{\overline{x}}} \le \frac{7.9 - \mu_{\overline{x}}}{\sigma_{\overline{x}}}\right)$$

$$= P\left(Z \le \frac{7.9 - \mu}{\sigma / \sqrt{n}}\right)$$

$$= P\left(Z \le \frac{7.9 - 8}{0.6 / \sqrt{25}}\right)$$

$$= P(Z \le -0.83) = 0.2033$$

(2)

$$P(7.9 < \overline{X} < 8.1) = P(0.83 < Z < 0.83)$$

$$= 2[P(0 \leqq Z < 0.83)$$

$$= 2(0.2967) = 0.5934$$

▌예제 7.2▐

모 제약회사의 드링크제 A는 올해의 히트상품이다. 회사에서는 제품 이미지 관리를 위하여 항상 품질관리를 하고 있다. 표기 용량에는 120g이라고 하였지만 소비자 단체에서 수시로 조사하므로 만약을 대비해 실제 출고 시에는 평균 121g이 되도록 기계를 조정해 놓는다. 과거의 측정기록으로 실제 병에 들어가는 용량은 표준편차 2g인 정규분포를 하고 있다는 것을 알고 있다. 소비자 단체에서는 매번 실험에서 10개를 택하여 구한 평균이 120g 이하이면 관계당국에 고발한다. 회사 경영진에서는 평균이 121g이 되도록 기계를 상향 조정했기에 고발당할 확률이 5%도 되지 않을 것으로 믿고 있다. 회사 경영진의 생각이 맞는지를 확인하여라.

풀이 $n = 10$인 경우의 표본평균 $\overline{X}$의 평균과 분산은 다음과 같다.

$$\mu_{\overline{x}} = \mu = 121$$

$$\sigma_{\overline{x}} = \frac{\sigma}{\sqrt{n}} = \frac{2}{\sqrt{10}} = 0.63$$

모집단이 정규분포를 하므로 $\overline{X}$의 표본분포도 n과 관계없이 정규분포를 한다. 그러므로 다음과 같이 확률을 계산할 수 있다.

$$P(\overline{X} \le 120) = P\left(\frac{\overline{X} - \mu_{\bar{x}}}{\sigma_{\bar{x}}} \le \frac{120 - \mu_{\bar{x}}}{\sigma_{\bar{x}}}\right)$$

$$= P\left(Z \le \frac{120 - 121}{0.63}\right)$$

$$= P(Z \le -1.59\ ) = 0.0559$$

즉 $n = 10$인 표본의 평균이 120 이하일 확률은 약 5.6%이다. 따라서 경영진의 생각은 틀렸다.

7.4 표본비율의 표본분포

통계학이 가장 많이 사용되는 분야 중 하나가 소비자 선호도 조사나 여론조사와 같이 모집단에서 어떤 특성이 차지하는 비율을 추정하는 데 통계이론을 적용시키는 것이다. n명을 조사할 때 X명이 특성을 가졌다면 **표본비율**(sample proportion)은 다음과 같다.

$$\hat{p} = \frac{X}{n}$$

표본비율인 $\hat{p}$에 의해서 **모비율**(population proportion)을 추정하게 된다. 이때 확률변수 X는 성공률 p인 이항분포를 따르게 된다. $\hat{p}$의 표본분포도 X와 같이 이항분포의 모양을 따르나 다만 $\hat{p}$가 취하는 값만 달라진다. $\hat{p}$의 표본분포의 평균은 n의 크기와 관계없이 $\mu_{\hat{p}} = p$로 주어지며 표준편차는 $\sigma_{\hat{p}} = \sqrt{pq/n}$, 단 $q = 1 - p$로 주어진다. 또한 이항분포와 마찬가지로 n이 충분히 크면 정규분포에 근사해진다.

표본비율 $\hat{p}$의 표본분포에 관한 성질

1) 성공률 p인 이항모집단에서 크기 n인 표본을 구하면 표본비율 $\hat{p} = X/n$의 표본분포의 평균과 표준편차
   - 평균: $\mu_{\hat{p}} = p$
   - 표준편차: $\sigma_{\hat{p}} = \sqrt{\frac{pq}{n}}$, 단 $q = 1 - p$
2) n이 크면 $\hat{p}$의 표본분포는 정규분포에 근사

일반적으로 $\hat{p}$을 이용하여 p에 대한 추론을 할 때 $\hat{p}$의 표본분포는 평균뿐만 아니라 표준편차도 미지의 모수 p에 의존하기 때문에 추론절차의 계산이 복잡해지는 경우가 생긴다. 이런 경우에는 표준편차를 정확한 값 $\sqrt{pq/n}$(단 $q=1-p$) 대신에 근삿값인 $\sqrt{\hat{p}\hat{q}/n}$, 단 $\hat{q}=1-\hat{p}$을 사용하기도 한다. n이 클 경우 $\hat{p}$의 표본분포는 근사 정규분포를 대신 사용하므로 표준편차마저 근삿값을 사용할 경우에는 확률계산 시 일반적으로 유효숫자 두 자리 정도만 사용한다.

❚ 예제 7.3 ❚

500명의 부모에게 아들과 딸에 대한 체육수업에 관한 의견을 조사하였다. 60%의 응답자가 성별구분 없이 체육수업을 받아야 한다고 답변했다. 만일 실제 모비율이 55%라면 500명을 조사할 때의 비율이 60% 이상 나올 확률은 얼마인가?

풀이 $\hat{p}$의 평균은 $\mu_{\hat{p}}=p=0.55$이며, 표준편차는 $\sigma_{\hat{p}}=\sqrt{\dfrac{pq}{n}}=\sqrt{\dfrac{(0.55)(0.45)}{500}}$ $=0.0222$이므로 비율이 60% 이상일 확률은 다음과 같이 계산할 수 있다.

$$P(\hat{p}>0.60)=P\left(\frac{\hat{p}-p}{\sigma_{\bar{x}}}>\frac{0.60-0.55}{0.0222}\right)$$

$$=P(Z>2.25)=1-P(Z\leq 2.25)$$

$$=1-0.9878=0.0122\approx 0.012$$

엑셀을 활용한 중심극한정리와 확률계산

예제 7.1의 예를 들어 $\mu = 8$이고 $\sigma = 0.6$인 모집단에서 $n = 25$인 표본을 구했을 때 누적확률 $P(\overline{X} \leq 7.9)$를 구해 보자. [그림 7-4], [그림 7-5]와 같이 엑셀에 **[함수]〉[통계]〉[NORMDIST]**을 선택하여, X에 7.9, Mean에 8, Standard deviation에 0.12, Cumulative에 TRUE을 입력한 후 확인 버튼을 클릭하면 누적확률이 계산된다.

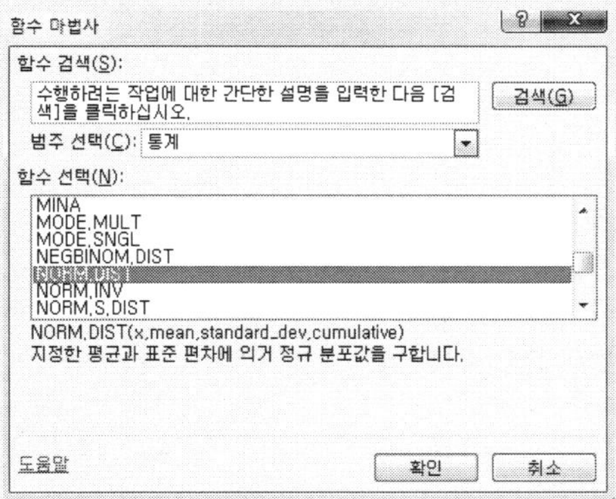

그림 7-4

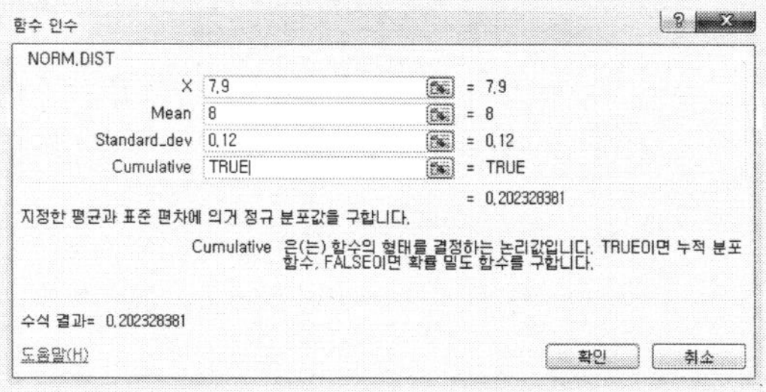

그림 7-5

[그림 7-6], [그림 7-7]과 같이 엑셀에 **[함수]〉[통계]〉[NORMSDIST]**을 선택하여 Z에 −0.83를 입력한 후 확인 버튼을 클릭하면 같은 결과가 나타난다.

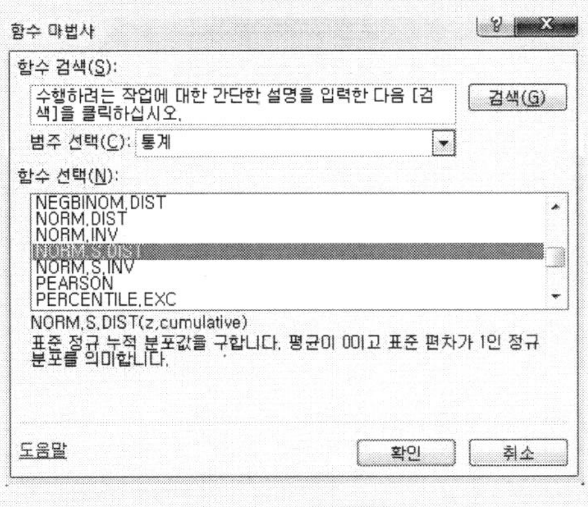

그림 7-6

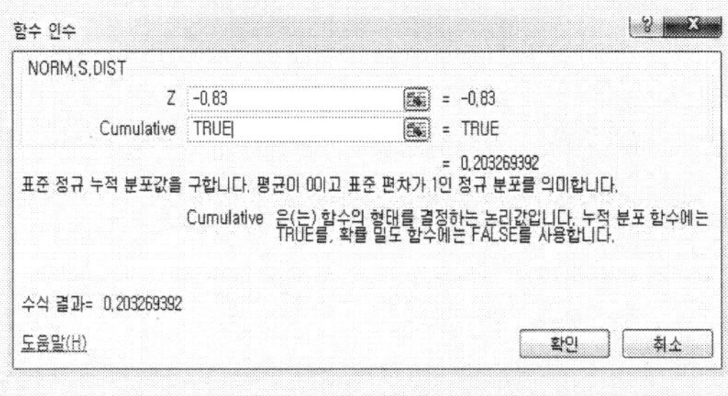

그림 7-7

연습문제

01 한 업체에서 생산하는 포장용 종이는 $1cm^2$당 2kg 이상의 힘을 견딜 수 있어야 한다. 품질 관리를 위하여 매시간 생산되는 종이 중 10조각을 표본으로 추출하여 평균 강도를 계산하고 있다. 과거 경험상 종이의 강도는 표준편차가 0.5kg인 정규분포를 따르는 것으로 알려졌다.

(1) $n=10$일 때 표본평균 $\overline{X}$의 확률분포는 무엇인가?

(2) 만일 모집단에서의 평균 강도 μ가 2.2kg이라면 표본평균 $\overline{X}$가 2 이하일 확률은 얼마인가?

(3) 표본평균 $\overline{X}$가 2 이하일 확률이 0.001보다 작기 위해서는 모집단에서의 평균 강도 μ는 최소 얼마 이상이어야 하나?

02 아래 조건에서 표본비율 $\hat{p}$의 평균과 분산을 구하여라.

(1) $n=100,\ p=0.3$

(2) $n=400,\ p=0.1$

03 초임교사 1000명에게 대학에서 배운 이론이 실제 수업에 도움이 되었는가를 알기 위해 "재교육이 필요한가?"에 대한 설문조사에서 31%가 매우 그렇다고 답변하였다.

(1) $n=1000$일 때의 표본비율 $\hat{p}$의 표본분포는 어떠한가?

(2) $\hat{p}$가 모비율 p와의 차이가 4% 이상일 확률은 ?

08장

대표본 추정

통계적 추론의 목적은 관심 있는 모집단에서 추출된 자료나 정보를 분석하여 관찰자가 알고자하는 정보를 추측하거나 또는 통계적 판단을 결정하는 것이다. **통계적 추론**(statistical inference)에는 크게 **추정**(estimation)과 **가설검정**(test of estimation)이 있다.

일반적으로 표본의 수가 30개 이상인 경우를 대표본으로 간주하는데, 표본의 크기가 매우 큰 대표본인 경우 표본분포는 근사적으로 정규분포를 따르게 된다. 이 장에서는 대표본인 경우에 모집단의 모수의 값을 추정하는 통계적 추정의 방법과 개념들을 소개한다.

추정은 **점추정**(point estimation)과 **구간추정**(interval estimation)으로 나누어진다. 대학교 1학년 학생들의 평균나이를 추정한다고 가정하자. 이때 추정의 결과가 예를 들어 평균을 이용하여 $\overline{x}=20.5$세라는 하나의 값으로 표현한다면, 통계량 $\overline{X}$를 점추정량이라고 하고, $\overline{x}=20.5$세를 점추정값이라고 한다. 그러나 추정의 결과가 '18세에서 22세 사이'라는 범위 혹은 구간 $(18, 22)$으로 표현한다면 이를 구간추정이라고 한다.

점추정과 점추정량

표본들을 이용하여 하나의 값으로 모수를 추정하는 방법을 점추정이라고 하며, 점추정에 사용된 통계량을 모수에 대한 점추정량이라고 한다.

구간추정과 신뢰구간

표본으로부터 모수가 포함되어지는 신뢰구간의 상한 값과 하한 값을 결정하는 추정방법

대표본인 경우 통계적 추론은 모평균과 모비율에 관한 두 가지 경우를 많이 다루게 된다. 다음의 예들은 모평균과 모비율에 대한 추론의 예이다.

〈모평균 추론의 예〉

수학능력시험이 끝난 다음날 A도시의 수험생 30명을 임의추출하여 자신의 시험성적을 채점하여 다음과 같은 자료를 얻었다.

305	284	253	271	245	295	304	291	243	264
241	234	281	248	221	294	254	261	272	224
248	257	267	281	319	263	271	205	231	219

(단, 표준편차가 28로 알려져 있다.)

위의 데이터는 단순히 30명의 데이터에 대한 정보를 얻기 위한 것이 아니라 A도시 전체 수험생들의 수학능력시험 성적의 모집단에 대한 정보를 알기 위한 것이 목적이다. (만약 여러 도시의 수험생들의 표본을 조사하여 분석한다면 우리나라 전체 수험생들의 모집단에 대한 정보를 추론할 수 있다.) 예를 들어 A도시 전체 수험생의 모평균의 성적 μ 와 모분산 σ^2 에 대하여 다음과 같은 통계적 추론을 하게 될 것이다.

(1) (점추정) 모평균 μ , 혹은 모분산 σ^2 을 하나의 값으로 추정한다.
(2) (구간추정) 모평균 μ 에 대한 신뢰구간을 추정한다.
(3) (가설검정) 모평균 μ 가 전년도의 수학능력시험의 평균 250점보다 높은지, 혹은 떨어졌는지, 차이가 있는지 등을 판단한다.

〈모비율 추론의 예〉

특정한 후보자 A에 대한 지지율 p 를 조사하기 위해서 K지역의 유권자 100만 명 중에 100명을 표본추출한 결과 특정후보를 지지하는 사람이 52명이었다. 이 특정 후보 A에 대하여 다음과 같은 통계적 추론을 하게 될 것이다.

(1) (점추정) 모비율 p 를 하나의 값으로 추정한다.
(2) (구간추정) 모비율 p 를 포함할 수 있는 신뢰할 수 있는 구간을 추정한다.
(3) (가설검정) 모비율 p 가 지난달의 지지율 0.5 보다 높은지, 혹은 차이가 있는지 등을 판단한다.

8.1 추정량의 적합성 평가

통계적 추론에서 모수와 추정값이 얼마나 정확히 일치하는가를 평가하는 것은 중요하다. 예를 들어 사격장에서 A라는 사람이 처음으로 총을 한 번 쏘아서 과녁의 중앙에 명중시켰다고 하자. 그러면 A는 '명사수'이라고 말할 수 있는가? 이에 대한 답은 "아니다"이다. 이유는 A가 두 번째에서 다시 과녁 중앙에 명중시킬 것이라고 믿을 수 있는 경험적인 근거가 없기 때문이다. 만약에 A가 1,000번 연속으로 명중시킨 경험이 있다면, A가 두 번째도 명중시킬 것이라고 믿을 것이다. 이런 이유로 A가 '명사수'라는 적합한 추정의 결과를 얻기 위해서는 사격의 시행 횟수를 많이 반복하여, A가 사격에서 얻은 점수들의 분포를 관측한다. 이러한 점수들의 분포를 추정량의 표본분포라고 한다.

모수와 추정값이 얼마나 정확히 일치하는가를 평가하는 기준으로 **비편향성**(unbiasedness), **효율성**(efficiency), **일치성**(consistency)이 있다. 추정량의 기댓값이 모수와 같은 추정량을 비편향추정량이라 한다.

비편향추정량과 편향추정량

모수의 추정량 $\hat{\theta}$ 의 기댓값이 모수 θ 가 되면, 즉 $E(\hat{\theta})=\theta$ 인 경우, $\hat{\theta}$ 은 θ 의 비편향추정량.
$E(\hat{\theta}) \neq \theta$ 인 경우, $\hat{\theta}$ 은 θ 의 편향추정량

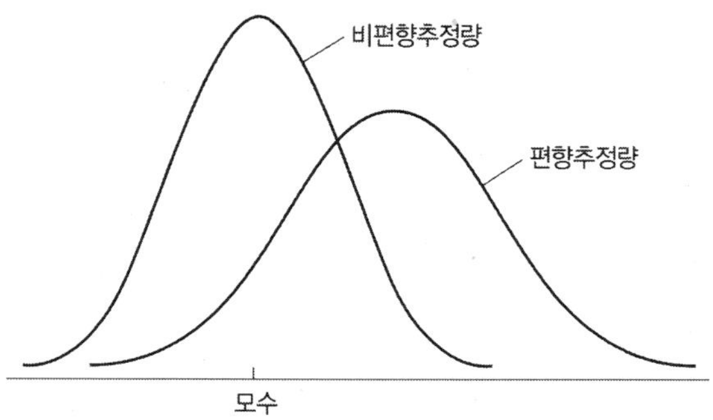

그림 8-1. 비편향추정량과 편향추정량의 표본분포

[그림 8-1]에서 비편향추정량의 표본분포의 중심은 모수와 일치함을 알 수 있고, 편향추정량 표본분포의 중심은 모수에서 오른쪽으로 이동되어 모수보다 큰 값에 위치하여 모수를 추정한 추정값이 모수와 같지 않음을 알 수 있다.

여러 개의 비편향추정량들 중에서, 모수를 중심으로 가깝게 분포되어 있는 추정량은 분산값이 작게 나타난다. 이와 같이 작은 분산을 가지는 추정량은 큰 분산을 가지는 추정량 보다 상대적으로 효율성이 높다.

[그림 8-2]는 작은 분산 값과 큰 분산 값을 가지는 비편향추정량의 표본분포를 보여준다. 분산 값이 큰 추정량 보다 분산 값이 작은 추정량을 더 선호한다. 이것은 분산 값이 작은 추정량은 모수에 보다 가깝게 분포하여 모수를 잘 추정하는 높은 효율성을 가지고 있기 때문이다.

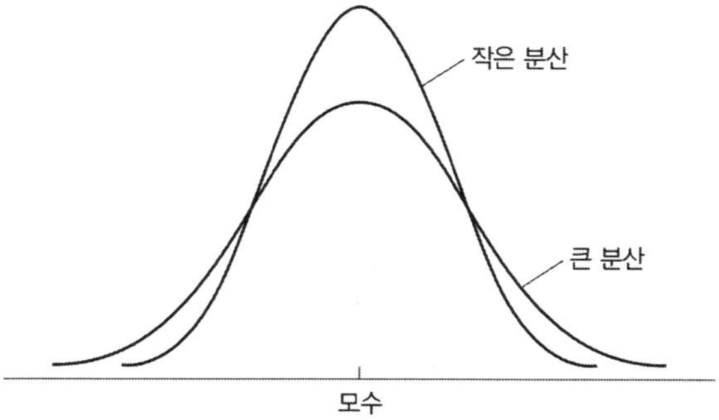

그림 8-2. 추정량의 분산에 대한 표본분포의 비교

효율성(efficiency)

비편향추정량들을 비교할 때, 작은 분산 값을 갖는 추정량은 큰 분산 값을 가지는 추정량보다 상대적 효율성이 높다.

모수 θ 와 표본 크기 n 에 의존하는 추정값 $\hat{\theta}_n$ 과의 거리 $|\hat{\theta}_n - \theta|$ 를 추정오차(error of estimation)라고 한다. 표본의 크기 n 이 커지면 추정오차 $|\hat{\theta}_n - \theta|$ 가 0에 접근하는 성질이 있는 추정량을 **일치추정량**(consistent estimator)이라고 한다. 일치성을 평가하는 방법으로는 **평균제곱오차**(mean squared error, MSE)가 주로 사용된다.

평균제곱오차(mean squared error, MSE)

추정오차의 제곱의 기댓값을 평균제곱오차라고 한다. 평균제곱오차는 추정량의 분산과 추정량의 편향에 대한 제곱으로 구성이 된다. 평균제곱오차 MSE는 다음과 같다.

$$\mathrm{MSE}(\hat{\theta}_\mathrm{n}) = \mathrm{E}(\hat{\theta}_\mathrm{n} - \theta)^2 = \mathrm{Var}(\hat{\theta}_\mathrm{n}) + (\mathrm{E}(\hat{\theta}_\mathrm{n}) - \theta)^2$$

$$= \text{추정량의 분산} + (\text{추정량의 편향})^2$$

표본의 크기가 증가함에 따라서 평균제곱오차가 0에 수렴하면, 즉 $\lim_{n \to \infty} MSE(\hat{\theta}_n) = 0$이면, 추정량 $\hat{\theta}_n$ 은 모수 θ 의 일치추정량이라 한다.

8.2 모평균 추정

모평균 μ에 대한 추정은 대학생들의 성적, 새로운 강철의 강도, 근로자들의 월평균 가계수입, 새로운 약품에 대한 평균효능 등 실제 문제의 적용에 가장 많이 사용된다. 모평균에 대한 점추정량으로 사용되어질 수 있는 추정량은 표본의 중앙값, 표본의 최댓값, 최솟값의 평균, 표본평균 등의 많은 추정량이 있다. 이러한 점추정량들은 각각의 장점과 단점을 가지고 있다. 비록 표본의 중앙값은 계산하기 쉽고, 또 나름대로의 장점을 갖고 있지만 표본평균 $\overline{x}$가 일반적으로 바람직한 추정량으로 알려져 있다.

모평균에 대한 점추정

- 모수: 모집단의 평균 μ
- 점추정량의 값: 표본평균 $\overline{x}$
- 추정량의 표준오차: $\sigma_{\overline{x}} = \sigma/\sqrt{n}$
- 추정된 표준오차: $\hat{\sigma}_{\overline{x}} = s/\sqrt{n}$

표본평균 $\overline{x}$의 표본분포는 모집단 분포와 관계없이 표본의 크기가 증가할 경우에 중심극한의 정리에 의해 정규분포가 되어진다. 또한 표본평균의 기댓값은 모평균 μ이므로 $\overline{x}$는 μ에 대한 비편향추정량이다. 그리고 $\overline{x}$의 표준오차는 $\sigma_{\overline{x}} = \sigma/\sqrt{n}$ 이고 n이 증가할수록 0에 가까워지므로 $\overline{x}$ 는 μ에 대한 일치추정량이다.

예제 8.1

어떤 화학공장에서 생산되어지는 하루 생산량을 50일 동안 기록하여 조사한 결과 평균 $\overline{x} = 871$톤이고 표준편차 $s = 21$톤이었다. 모평균 μ에 대한 점추정값과 추정된 표준오차를 구하여라.

풀이 하루 생산량에 대한 점추정값은 $\overline{x} = 871$톤이다. $\overline{x}$ 에 대한 표준오차는 $\sigma/\sqrt{n}$ 이므로 σ 를 모르는 경우에 추정된 표준오차는 $s/\sqrt{n}$ 이므로 $21/\sqrt{50} = 2.97$이 된다.

특정한 하나의 값으로 모수를 추정하는 점추정은 항상 표준오차가 수반되므로 신뢰성에 대한 결정적인 단점을 가진다. 실제로 표본 관찰을 통해 얻어지는 점추정값이 모수와 같을 확률은 매우 낮다. 이러한 단점을 보완하기 위해 구간추정이 제시된다.
구간추정은 점추정량의 모수가 포함될 수 있는 일정 구간의 범위를 추정하는 방법이다. 구간추정으로 추정된 구간에 모수가 포함되지 않을 가능성이 발생하게 된다. 모수가 추정된 구간 안에 포함되지 않을 확률을 오차율 α라고 하고, 반대로 추정한 구간이 모수를 포함하는 확률을 **신뢰수준**(confidence level) 또는 **신뢰계수**(confidence coefficient) $1-\alpha$라 한다.
다음은 신뢰수준 $1-\alpha$에 대한 신뢰구간을 정의한 것이다.

신뢰구간과 구간추정

구간의 하한을 $\hat{\theta}_L$, 구간의 상한을 $\hat{\theta}_U$라고 하자. $P(\hat{\theta}_L \leq \theta \leq \hat{\theta}_U) = 1-\alpha$의 관계가 성립할 때, 구간 $(\hat{\theta}_L, \hat{\theta}_U)$를 θ의 $100(1-\alpha)\%$ 신뢰구간(confidence interval)이라고 한다.

정규모집단으로부터 추출된 표본의 표본평균 $\overline{X}$는 평균 μ와 분산 σ^2/n을 가지는 정규분포를 가진다는 사실을 알고 있다. 즉, 다시 표현하면 다음과 같다.

$$\overline{X} \sim N(\mu, \frac{\sigma^2}{n})$$

이를 표준화하면 다음과 같다.

$$Z = \frac{\overline{X} - \mu}{\frac{\sigma}{\sqrt{n}}} \sim N(0,1)$$

다음의 [그림 8-3]은 표준정규분포 Z 통계량에 대한 분포모양을 나타낸 것이다. 부록의 [표 3]의 표준정규분포를 이용하여 $z_{\alpha/2}$의 값을 찾을 수 있다. $z_{\alpha/2}$와 $-z_{\alpha/2}$의 위치를 살펴보면 다음과 같다.

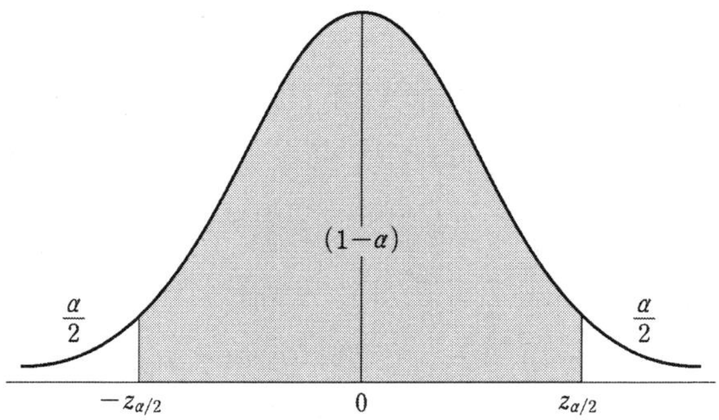

그림 8-3. $z_{\alpha/2}$와 $-z_{\alpha/2}$의 위치

위의 그림은 다음과 같은 식으로 표현된다.

$$P(-z_{\alpha/2} < Z < z_{\alpha/2}) = 1 - \alpha$$

표 8-1. 신뢰수준에 대한 $z_{\alpha/2}$값

신뢰수준 $(1-\alpha)$	$z_{\alpha/2}$
0.90	1.645
0.95	1.960
0.99	2.576

예를 들어 $\alpha = 0.05$일 때, $P(-1.96 < Z < 1.96) = 1 - 0.05 = 0.95$이다. 즉 $z_{\alpha/2} = 1.96$임을 알 수 있다.

[표 8-1]은 기본적인 신뢰수준 90%, 95%, 99%에 대한 $z_{\alpha/2}$값을 보여 준다. $P(-z_{\alpha/2} < Z < z_{\alpha/2}) = 1 - \alpha$에서 $Z = \frac{\overline{X} - \mu}{\sigma/\sqrt{n}}$이므로 표준화 확률은 다음과 같이 표현할 수 있다.

$$P\left(-z_{\alpha/2} < \frac{\overline{X} - \mu}{\sigma/\sqrt{n}} < z_{\alpha/2}\right) = 1 - \alpha$$

그러므로 모평균 μ에 대한 $100(1-\alpha)\%$ 신뢰구간은 다음과 같다.

$$P\left(\overline{X} - z_{\alpha/2}\frac{\sigma}{\sqrt{n}} < \mu < \overline{X} + z_{\alpha/2}\frac{\sigma}{\sqrt{n}}\right) = 1 - \alpha$$

모평균 μ에 대한 $100(1-\alpha)\%$ 신뢰구간

- 모분산을 알 때: $\left(\overline{x}-z_{\alpha/2}\frac{\sigma}{\sqrt{n}}, \overline{x}+z_{\alpha/2}\frac{\sigma}{\sqrt{n}}\right)$
- 모분산을 모를 때: $\left(\overline{x}-z_{\alpha/2}\frac{s}{\sqrt{n}}, \overline{x}+z_{\alpha/2}\frac{s}{\sqrt{n}}\right)$

| 예제 8.2 |

어느 회사에서 표본의 크기 $n = 121$명인 경우 표본의 평균은 104(만 원)이고 표준편차가 33이었다. 월평균 임금 μ에 대한 95% 신뢰구간을 구하여라.

풀이 $n = 121$, $\overline{x} = 104$, $s = 33$이고 $z_{\alpha/2} = z_{0.025} = 1.96$이므로 모평균 μ에 대한 95% 신뢰구간은 다음과 같다.

$$\left(104 - 1.96 \times \frac{33}{\sqrt{121}},\ 104 + 1.96 \times \frac{33}{\sqrt{121}}\right) = (98.12,\ 109.88)$$

그러므로 월평균 임금에 대한 95% 신뢰구간은 $(98.12,\ 109.88)$이다.

8.3 두 모집단 모평균 차 추정

서로 독립인 두 모집단 평균의 차이에 관한 추정은 실제 문제에 많이 적용된다. 두 모집단 평균 차에 대한 추정의 예로서, A대학 학생과 B대학 학생의 수능성적 차이가 있는가, 혹은 A, B 두 회사에서 만든 건전지 평균수명의 차이가 있는가 등이 있다.

[표 8-2]는 두 모집단의 평균 차의 추정을 위한 모집단 A와 모집단 B에 대한 설명이다.

표 8-2. 모집단 A와 B에 대한 설명

모집단	표본크기	모평균	표본평균	모분산	표본분산
A	n_1	μ_1	$\overline{x}_1$	σ_1^2	s_1^2
B	n_2	μ_2	$\overline{x}_2$	σ_2^2	s_2^2

모집단 A와 B의 모평균 차이 $\mu_1 - \mu_2$에 대한 비편향추정량은 $\overline{X}_1 - \overline{X}_2$이다.

두 모평균 차의 점추정

- 모수: 두 모집단의 모평균 차 $\mu_{(\bar{x}_1 - \bar{x}_2)} = \mu_1 - \mu_2$
- 점추정값: 두 표본평균의 차 $\bar{x}_1 - \bar{x}_2$
- 표준오차: $\sigma_{(\bar{x}_1 - \bar{x}_2)} = \sqrt{\sigma_1^2/n_1 + \sigma_2^2/n_2}$
- 추정된 표준오차: $s_{(\bar{x}_1 - \bar{x}_2)} = \sqrt{s_1^2/n_1 + s_2^2/n_2}$

두 모집단이 정규분포인 경우는 표본의 크기와 관계없이 두 평균 차의 표본분포는 정규분포를 따른다. 또한 두 모집단 분포가 정규모집단이 아닌 경우에도 n_1과 n_2가 충분히 크다면, 중심극한정리에 의해 근사적으로 정규분포가 된다. 그러므로 두 모집단의 평균 차에 대한 신뢰구간은 다음과 같다.

두 모집단 평균 차 $\mu_1 - \mu_2$에 대한 $100(1-\alpha)\%$ 신뢰구간

- 모분산이 알려진 경우: $\left((\bar{x}_1 - \bar{x}_2) - z_{\alpha/2}\sigma_{(\bar{x}_1 - \bar{x}_2)},\ (\bar{x}_1 - \bar{x}_2) + z_{\alpha/2}\sigma_{(\bar{x}_1 - \bar{x}_2)}\right)$
- 모분산을 모르는 경우: $\left((\bar{x}_1 - \bar{x}_2) - z_{\alpha/2}s_{(\bar{x}_1 - \bar{x}_2)},\ (\bar{x}_1 - \bar{x}_2) + z_{\alpha/2}s_{(\bar{x}_1 - \bar{x}_2)}\right)$

‖ 예제 8.3 ‖

자동차 타이어의 두 가지 종류에 대한 품질의 비교를 위하여 각 종류에서 $n_1 = n_2 = 100$개의 타이어의 표본을 가지고 주행실험을 하였다. 실험결과는 다음과 같다. $\mu_1 - \mu_2$에 대한 점추정값과 90% 신뢰구간을 구하여라.

(단위: 마일)

타이어 A	$\bar{x}_1$ =26,400 $\sigma^2_{=1}$1,440,000
타이어 B	$\bar{x}_2$ =25,000 $\sigma^2_{=2}$1,960,000

풀이 $\mu_1 - \mu_2$의 점추정값은 $\bar{x}_1 - \bar{x}_2 = 26,400 - 25,100 = 1,300$마일이다. $\bar{x}_1 - \bar{x}_2$의 표준오차는 $\sigma_{(\bar{x}_1 - \bar{x}_2)} = \sqrt{\dfrac{1,440,000}{100} + \dfrac{1,960,000}{100}} = \sqrt{34,000} = 184.4$마일이다.

그러므로 $\mu_1 - \mu_2$의 90% 신뢰구간은 다음과 같다.

$$((\bar{x}_1 - \bar{x}_2) - z_{\alpha/2}\sigma_{(\bar{x}_1 - \bar{x}_2)}, (\bar{x}_1 - \bar{x}_2) + z_{\alpha/2}\sigma_{(\bar{x}_1 - \bar{x}_2)})$$

$$= (1{,}300 - 1.645 \times 184.4,\ 1{,}300 + 1.645 \times 184.4)$$

$$= (996.662, 1603.338)$$

8.4 모비율 추정

특정 비율을 가지는 모집단에 대한 분석을 하여야 하는 경우가 많이 있다. 예를 들어 특정 후보를 지지하는 유권자 비율, 공장에서 발생하는 불량품 비율, 취업률 등의 문제를 표본으로부터 추정할 수 있다. 아래의 [표 8-3]은 이항모집단에서의 모비율 p와 모비율의 점추정량인 표본비율 $\hat{p}$을 나타낸 것이다.

표 8-3. 이항모집단에서의 모비율과 표본비율

구분	크기	사건발생 수	비율
모집단	N	X	모비율 $p = X/N$
표본	n	x	표본비율 $\hat{p} = x/n$

모비율 p를 추정하기 위해서 이항모집단에서 크기가 n인 표본을 추출하였을 때에 사건발생의 수 x에 대한 표본비율 $\hat{p} = x/n$를 사용한다.

모비율의 추정

- 모수: 모비율 p
- 점추정량의 값: 표본비율 $\hat{p}$
- 추정량의 표준오차: $\sigma_{\hat{p}} = \sqrt{p(1-p)/n}$
- 추정된 표준오차: $\hat{\sigma}_{\hat{p}} = \sqrt{\hat{p}(1-\hat{p})/n}$

7.4절에서 설명한 것처럼 표본비율 $\hat{p} = x/n$(n은 시행횟수, x는 특정사건의 발생 수, 혹은 성공의 횟수)은 n이 커짐에 따라 중심극한정리에 의해 정규분포를 따른다.

대표본에서 표본비율 $\hat{p}$의 분포

$$\hat{p} \sim N(p, p(1-p)/n)$$

표준화에 의해 $Z = \dfrac{\hat{p}-p}{\sqrt{p(1-p)/n}} \sim N(0,1)$

모비율 p에 대한 $100(1-\alpha)\%$ 신뢰구간을 계산하기 위해 먼저 $\hat{p}$의 표준편차 $\sqrt{p(1-p)/n}$에 대한 추정량인 $\sqrt{\hat{p}(1-\hat{p})/n}$을 사용한다.

모비율 p에 대한 $100(1-\alpha)\%$ 신뢰구간

$$\left(\hat{p}-z_{\alpha/2}\sqrt{\hat{p}(1-\hat{p})/n}\ ,\ \hat{p}+z_{\alpha/2}\sqrt{\hat{p}(1-\hat{p})/n}\right)$$

| 예제 8.4 |

어느 지역의 유권자 100만 명 중에 100명을 추출한 결과 특정후보를 지지하는 사람이 59명이었다. 이 특정 후보의 지지율에 대하여 점추정을 하고 95% 신뢰구간을 구하여라.

풀이 점추정값은 $\hat{p}=\dfrac{x}{n}=\dfrac{59}{100}=0.59$이고, 신뢰구간은 다음과 같다.

$$\left(0.59-1.96\sqrt{\frac{(.59)(.41)}{100}}\ ,\ 0.59+1.96\sqrt{\frac{(.59)(.41)}{100}}\right)=(0.494,\ 0.686)$$

8.5 두 모집단 모비율 차 추정

두 개의 이항 모집단 1과 모집단 2는 모비율 p_1과 p_2를 각각 갖는다고 하자. 그리고 각각의 모집단에서 독립적으로 n_1과 n_2번의 실험을 임의 시행하면 특정 사건의 발생횟수 x_1과 x_2를 가진다. 이 실험으로 구한 각각의 표본비율 $\hat{p}_1 = x_1/n_1$과 $\hat{p}_2 = x_2/n_2$의 차이 $\hat{p}_1-\hat{p}_2$는 두 이항 모비율 p_1과 p_2의 차이 p_1-p_2에 대한 최량추정량이 된다.

두 모비율 차에 대한 점추정

- 모수: 두 모비율의 차 $p_1 - p_2$
- 점추정값: 두 표본비율의 차 $\hat{p}_1 - \hat{p}_2 = \dfrac{x_1}{n_1} - \dfrac{x_2}{n_2}$
- 추정량의 표준오차: $\sigma_{(\hat{p}_1 - \hat{p}_2)} = \sqrt{p_1 q_1 / n_1 + p_2 q_2 / n_2}$
- 추정된 표준오차: $s_{(\hat{p}_1 - \hat{p}_2)} = \sqrt{\hat{p}_1(1-\hat{p}_1)/n_1 + \hat{p}_2(1-\hat{p}_2)/n_2}$

$\hat{p}_1 - \hat{p}_2$의 표본분포는 n_1과 n_2가 충분히 크다면 중심극한정리에 의해 근사적으로 정규분포가 된다. 그러므로 두 모비율의 차 $p_1 - p_2$의 $100(1-\alpha)\%$ 신뢰구간은 표본 크기가 $n_1 \geqq 30$, $n_2 \geqq 30$일 때 다음과 같다.

두 모비율의 차에 대한 $100(1-\alpha)\%$ 신뢰구간

$$\left((\hat{p}_1 - \hat{p}_2) - z_{\alpha/2}\, s_{(\hat{p}_1 - \hat{p}_2)},\ (\hat{p}_1 - \hat{p}_2) + z_{\alpha/2}\, s_{(\hat{p}_1 - \hat{p}_2)}\right)$$

| 예제 8.5 |

도시지역과 농촌지역 초등학교 입학생 중 남자 어린이의 비율에 대한 차이를 조사하고자 한다. 각각 100명씩 뽑아 조사하였더니 도시지역의 남아의 수는 60명이고 농촌지역의 남아의 수는 54명이었다. 도시지역과 농촌지역의 남아의 비율 차에 대해 95% 신뢰구간을 추정하여라.

도시지역	$n_1 = 100$	$\hat{p}_1 = 0.60$
농촌지역	$n_2 = 100$	$\hat{p}_2 = 0.54$

풀이 $\hat{p}_1 - \hat{p}_2 = 0.6 - 0.54 = 0.06$이고

$$s_{(\hat{p}_1 - \hat{p}_2)} = \sqrt{\frac{(0.6)(0.4)}{100} + \frac{(0.54)(0.46)}{100}} = 0.0699$$

그러므로 $p_1 - p_2$에 대한 95% 신뢰구간은 다음과 같다.

$$(0.06 - 1.96 \times 0.0699,\quad 0.06 + 1.96 \times 0.0699) = (-0.077,\ 0.197004)$$

☒ 모평균의 추정

수학능력시험이 끝난 다음날 A도시의 수험생 30명을 임의추출하여 자신의 시험성적을 채점하여 다음과 같은 자료를 얻었다.

305	284	253	271	245	295	304	291	243	264
241	234	281	248	221	294	254	261	272	224
248	257	267	281	319	263	271	205	231	219

(단, 표준편차가 28로 알려져 있다.)

위의 자료를 가지고 [그림 8-4]와 같이 엑셀에 데이터를 입력한 후 평균과 신뢰수준을 구하기 위한 각 함수를 사용하여 모평균 μ에 대한 95% 신뢰구간을 구할 수 있다.

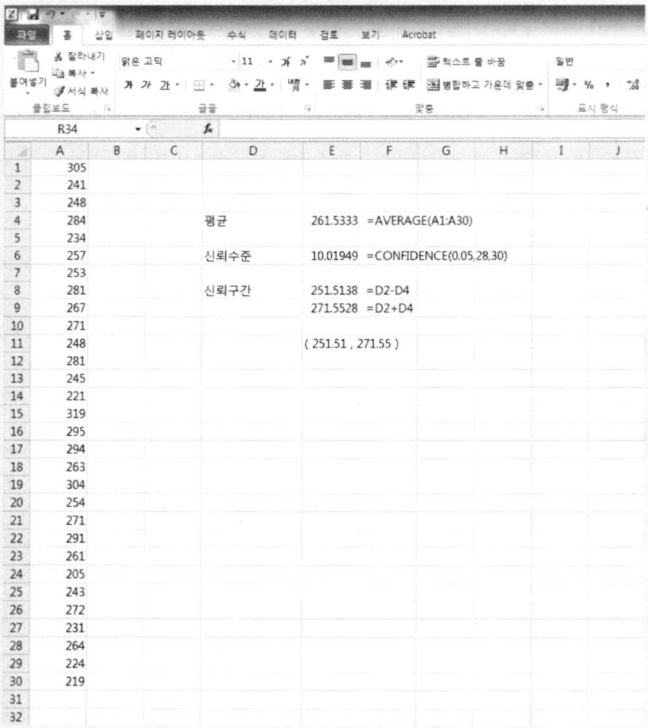

그림 8-4

☒ 모비율의 추정

예제 8.4의 예를 들어 100명을 추출한 결과 특정후보를 지지하는 사람이 59명이었을 때 평균과 신뢰수준을 구하기 위한 각 함수를 사용하여 모비율 p에 대한 95% 신뢰구간을 구할 수 있다.

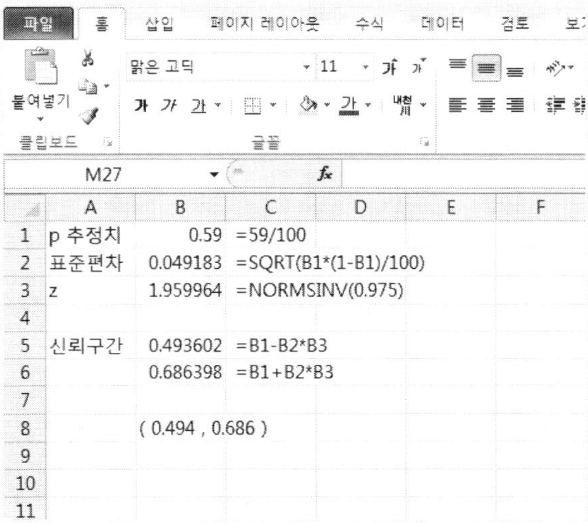

	A	B	C	D	E	F
1	p 추정치	0.59	=59/100			
2	표준편차	0.049183	=SQRT(B1*(1-B1)/100)			
3	z	1.959964	=NORMSINV(0.975)			
4						
5	신뢰구간	0.493602	=B1-B2*B3			
6		0.686398	=B1+B2*B3			
7						
8		(0.494 , 0.686)				
9						
10						
11						

그림 8-5

연습문제

01 다음 문제들에 대하여 모평균 μ에 대한 $100(1-\alpha)\%$ 신뢰구간을 구하여라.

(1) $\alpha=0.01, n=38,\ \overline{x}=34, s^2=12$

(2) $\alpha=0.05, n=89,\ \overline{x}=66.3, s^2=2.48$

(3) $\alpha=0.10, n=65,\ \overline{x}=1049, s^2=51$

02 두 개의 모집단 1과 2로부터 독립된 확률표본들을 선택하였다. 표본의 크기, 평균, 분산은 다음과 같다.

	모집단	
	1	2
표본의 크기	64	64
표본평균	2.9	5.1
표본분산	0.83	1.67

(1) 모평균 차에 대한 90% 신뢰구간을 구하고 결과를 해석하여라.

(2) 모평균 차에 대한 99% 신뢰구간을 구하고 결과를 해석하여라.

03 이항모집단으로부터 900개의 확률표본들 중 655개가 성공의 사건이었다. 모비율 p에 대한 95% 신뢰구간을 구하여라.

04 학생들의 레저, 봉사, 종교 활동에 대한 남녀 학생들의 인식차이를 알아보기 위하여 559명의 고등학생을 임의추출하여 각 활동의 평균과 표준편차를 다음의 표로 나타내었다.

	남자($n_1=252$)		여자($n_2=307$)	
	평균	표준편차	평균	표준편차
레저	22.05	5.12	25.96	5.07
봉사	13.65	4.82	9.88	4.41
종교	11.48	5.69	13.21	5.31

(1) 레저 활동 인식에 대한 남녀 모평균 차의 90% 신뢰구간을 구하여라.

(2) 봉사 활동 인식에 대한 남녀 모평균 차의 95% 신뢰구간을 구하여라.

(3) 종교 활동 인식에 대한 남녀 모평균 차의 99% 신뢰구간을 구하여라.

05 대학생 중 300명을 임의추출하여 자신의 집에서 통학하는 학생의 수를 조사한 결과 45명이었다. 전체학 생 중 자가 거주자의 비율에 대한 95% 신뢰구간을 구하고 분석하여라.

06 이항분포의 모집단 1과 2로부터 각각 $n_1=800$, $n_2=640$의 확률표본들을 추출한 결과 $x_1=337$, $x_2=374$이 관측되었다.

(1) 두 모집단 모비율의 차 p_1-p_2에 대한 95% 신뢰구간을 구하여라.

(2) 신뢰구간을 구하는데 어떤 가정이 필요한가?

07 통조림 생산라인에서 통조림을 임의추출하여 무게를 재어본다고 하자. 일주일 동안 주·야간 조업시간 중에 각각 $n_1=100$개와 $n_2=100$개의 통조림을 임의추출하여 무게를 재어보았다. 이 표본 중에 주야간 조업시간별로 무게가 50그램을 초과하는 것이 각각 40개와 35개가 나왔다. 여기서 p_1과 p_2는 각각 주·야간 조업시간 중에 발생하는 무게가 50그램을 초과하는 통조림의 비율이라고 할 때 다음의 각 물음에 답하여라.

(1) p_1에 대한 점추정값을 구하여라.

(2) p_1에 대한 95% 신뢰구간을 구하여라.

(3) p_1-p_2에 대한 95% 신뢰구간을 구하여라.

09장

대표본 가설검정

9.1 가설검정

8장에서는 점추정이나 구간추정을 이용하여 모수를 추정하는 문제를 다루었다. 그러나 실제 문제에 있어서 '모수가 주어진 값보다 큰가, 작은가 혹은 다른가'에 관한 구체적인 내용의 가설을 세운 다음에 그 가설이 맞는지를 통계적으로 검정하는 것은 매우 중요하다. 예를 들어, S회사에서 A제품을 시중에 판매하고 있다. 그러나 소비자연맹에서 판매하고 있는 A제품이 불량품이라고 관할 관청에 고발하였다. 이것을 가지고 다음 가설을 세워보자.

귀무가설: A제품은 양호하다. (회사의 입장)
대립가설: A제품은 불량품이다. (소비자연맹의 입장)

S회사는 자기회사에서 생산된 A제품이 양호하다고 주장할 것이다. 그러나 소비자연맹은 시중에 판매되고 있는 A제품이 불량품이라는 증거를 관할 관청에 제시하고 고발을 하였다. 관할 관청은 소비자연맹이 제시한 증거가 불량품의 기준에 속하는지를 충분히 검토한 후에 A제품의 판매허가를 취소할 것인가를 결정할 것이다.

통계적 가설검정의 절차는 법정의 공판에서의 절차와 유사하다. 예를 들어 검사가 A를 절도죄의 혐의로 기소하였다. 법정은 A가 유죄가 증명되기 이전에는 '피고는 무죄'라고 가정한다. 이에 대한 가설을 세워보자.

귀무가설: A는 무죄이다. (변호사의 입장)
대립가설: A는 유죄이다. (검사의 입장)

변호사는 A가 무죄임을 주장할 것이고, 이와 반대로 검사는 A가 절도죄를 지었다는 충분한 증거를 판사에게 제출하여야 한다. 판사는 검사가 제출한 증거가 유죄로 판단하기에 충분한지를 검토한 후에 결정을 내릴 것이다. 그러나 만약 검사가 유죄임을 증명하지 못한다면 이것은 '피고는 무죄'임을 증명한 것이 아니라 단지 피고가 유죄라는 충분한 증거가 없다는 것이다.

위의 경우에서 소비자연맹은 법정에서의 검사와 동일한 역할을 할 것이고, 관할 관청은 법정의 판사와 같은 역할을 할 것이다. 판사의 입장은 '피고가 무죄일 경우에 유죄로 오판할 확률을 최소한으로 하여야 한다.' 이와 같이 관할 관청은 A제품이 양호함에도 불구하고 A제품을 불량품의 잘못 판단하는 오류를 최소한으로 줄여야 한다. 이러한 오류의 확률을 다음 절에서 설명하는 제1종 오류의 확률 혹은 유의수준이라고 한다. 이와 같이 귀무가설을 기각할 것인가 받아들일 것인가를 판단하는 규칙을 통계적 가설검정이라 한다. 모든 제시된 이론들이 실제적인 현상과 잘 조화된다는 점에서 통계적 가설검정 절차는 과학적인 방법의 본질적 특성을 가지는 것으로 인정이 된다.

9.2 통계적 가설검정

통계적 가설은 검정하고자 하는 목적에 따라서 귀무가설 H_0와 대립가설 H_1을 먼저 설정한다. 귀무가설 H_0는 거짓으로 증명되기 전까지 참이라고 가정하는 가설이고, 대립가설은 귀무가설에 반대가 되는 가설이다.

대표본에서의 통계적 가설검정은 모평균과 모비율에 대한 가설검정을 일반적으로 많이 다룬다.

▌예제 9.1▐

S공단의 근로자의 평균 월급은 우리나라 전체 근로자의 평균 월급 150(만 원)과 얼마나 다른지를 조사하고자 한다. 100명의 근로자를 임의로 선택하여 조사한 결과 평균이 145(만 원)이고 분산이 25인 결과를 얻었다. 이에 대한 귀무가설과 대립가설을 설정하여라.

풀이 $H_0 : \mu = 150$만원 versus $H_1 : \mu \neq 150$만원

표본평균 $\overline{x}$ 은 모평균의 최량추정량이므로 만약 $\overline{x}$가 150만 원보다 매우 작거나 클 경우 H_0를 기각할 것이다.

▌예제 9.2▐

직물 기계회사에서 개발된 새로운 기계는 기존 기계의 고장률 3%보다도 낮은가를 알고자 한다. 100대의 새로 개발된 기계들을 가지고 실험한 결과 2대에서 고장이 발생하였다. 귀무가설과 대립가설을 설정하여라.

풀이 $H_0 : p = 0.03$ versus $H_1 : p < 0.03$

만약 고장률이 0.03보다 매우 작다면 귀무가설은 기각될 것이다.

예제 9.1과 9.2에서 대립가설이 차이가 있음을 알 수 있다. 예제 9.1에서 만약 H_1이 참이면 μ는 150만 원보다 작거나 크다. 이러한 검정을 가설에 대한 **양측검정**(two-tailed test)이라고 하고, 예제 9.2의 경우는 H_1가 참이면 p의 값은 0.03보다 작게 된다. 이러한 검정을 **단측검정**(one-tailed test)이라고 한다.

가설검정의 종류

- 양측검정: 가설검정에서 기각영역이 양쪽이 있게 되는 경우
- 단측검정: 가설검정에서 기각영역이 어느 한쪽에만 있게 되는 경우

가설검정은 항상 다음과 같은 두 가지 형태의 오류를 가진다.

제1종 오류와 제2종 오류

- 제1종 오류(Type I error): 귀무가설이 참일 때 귀무가설을 기각하는 오류
- 제2종 오류(Type II error): 귀무가설이 거짓일 때 귀무가설을 채택하는 오류

통계적 가설검정의 적합성은 제1종 오류의 확률인 α와 제2종 오류의 확률인 β에 의해 측정된다. 바람직한 통계적 가설검정으로는 이 두 종류의 오류를 최소로 하는 가설검정을 고려해 볼 수 있다. 그러나 어떤 가설검정도 이 두 종류의 오류를 동시에 줄일 수 없다. 제1종 오류를 범할 확률의 허용한계를 유의수준이라 하고 α 로 표시하는데, 흔히 사용하는 유의수준 α 의 값은 1%, 5%, 10% 중 하나로 미리 설정한다. 미리 설정된 유의수준에서 제2종 오류를 범할 확률을 최소로 하는 검정방법을 찾아 사용한다.

표 9-1. 통계적 검정의 오류의 종류

결정	귀무가설	
	참	거짓
H_0 기각	제1종 오류	옳은 결정
H_0 채택	옳은 결정	제2종 오류

귀무가설을 기각하거나 채택하는 결정은 모집단으로부터 추출된 표본이 가지고 있는 자료의 정보에 기초한다. 귀무가설의 기각여부를 판단하는 검정에 사용되는 통계량을 **검정통계량**(test statistic)이라고 한다. 검정통계량은 대립가설을 지지하는 값들의 집합인 기각영역과 귀무가설을 지지하는 값들의 집합인 채택영역인 두 가지 영역을 가지고 있다.

기각영역과 채택영역은 검정통계량의 **임계값**(critical value)을 기준으로 나누어진다. 만약 표본으로부터 계산된 검정통계량이 기각영역에 속하는 값이라면 귀무가설은 기각이 되고 대립가설이 채택된다. 만약 검정통계량이 채택영역에 속하면 귀무가설을 채택하지만, 이 검정의 결과는 대립가설을 채택하기 위한 결정적 증거를 가지지 않는 것으로 판단한다.

통계적 가설검정 절차

1. 검정하고자 하는 목적에 따라서 귀무가설 H_0와 대립가설 H_1을 설정
2. 검정통계량을 구하고 그 통계량의 분포 확인
3. 유의수준을 결정하고 검정통계량의 분포에서 가설의 형태에 따라 유의수준에 해당하는 기각역을 설정
4. 귀무가설이 옳다는 전제하에서 표본관찰에 의한 검정통계량의 값 산출
5. 4에서 구한 검정통계량의 값이 기각영역에 속하는가를 판단하여 기각영역에 속하면 귀무가설 H_0을 기각하고 기각영역에 속하지 않으면 귀무가설 H_0을 채택

9.3 모평균 가설검정

평균 μ와 표준편차 σ를 가지는 모집단으로부터 임의추출된 n개의 확률표본을 가지고 다음과 같은 가설에 대한 검정을 생각하자.

$$H_0 : \mu = \mu_0 \text{ versus } H_1 : \mu > \mu_0$$

여기서 μ_0은 모수 μ를 검정하기 위해서 주어진 상수 값이다. 표본평균 $\bar{x}$는 모수 μ에 대한 점추정값이다. 귀무가설 H_0가 거짓이라면, 모수 μ 의 값이 주어진 μ_0 보다 매우 큰 값을 가질 것이다. 그러므로 모수 μ 를 대표하는 표본평균 $\bar{x}$는 μ_0보다 큰 값을 가지고, $\mu > \mu_0$이라는 정보를 제공할 것이다. 이런 이유로 귀무가설 H_0은 기각이 된다. 검정통계량은 표본평균에 대한 표준오차 $\sigma_{\bar{x}} = \dfrac{\sigma}{\sqrt{n}}$을 이용하여 계산한다. 표본평균의 표본분포는 n이 클 때 근사

적으로 정규분포를 따르므로 **표준화된 검정통계량**(standard test statistic) $Z = \frac{\overline{X} - \mu}{\sigma / \sqrt{n}} \sim N(0,1)$을 사용한다. 검정통계량 Z는 귀무가설 H_0가 참($\mu = \mu_0$)일 때 표준정규분포를 따른다. 귀무가설 H_0가 참일 때 H_0를 기각시키는 확률은 정규분포에서 기각영역에 속하는 면적과 같다. [그림 9-1]은 단측검정일 때, 정규분포에서의 기각영역을 나타낸 것이다. 검정통계량 Z의 값을 z라고 하고, 유의수준 $\alpha = 0.05$에서 임계값은 $z_\alpha = 1.645$이다. 검정통계량 값 z가 임계값 $z_\alpha = 1.645$보다 크다면 H_0를 기각한다.

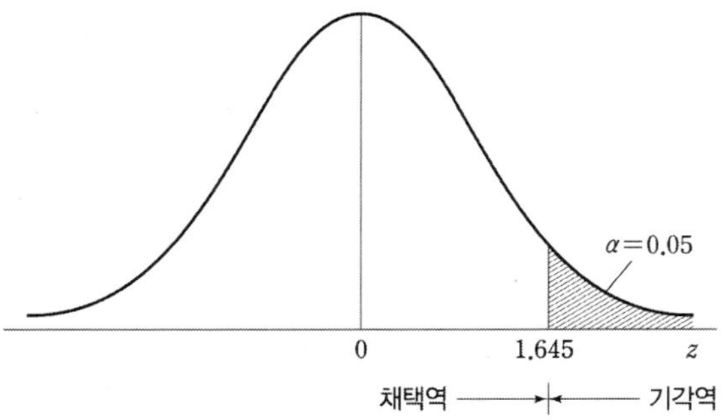

그림 9-1. $\alpha = 0.05$에서 오른쪽 단측검정에 대한 기각영역

[그림 9-2]는 양측검정, 즉 대립가설이 $H_1 : \mu \neq \mu_0$일 때, 정규분포에서의 기각영역을 나타낸 것이다. 검정통계량 Z의 값을 z라고 하고, 유의수준 $\alpha = 0.05$에서 임계값은 $z_{\alpha/2} = 1.96$이다. 양측검정일 경우에는 검정통계량 값 z가 양수인 경우에 기각영역은 $z > z_{0.025} = 1.96$이 되고, z가 음수인 경우에 $z < -z_{0.025} = -1.96 - 1.96$인 기각영역을 가진다. 이 두 기각영역 중 하나에 속한다면, 귀무가설 H_0을 기각한다.

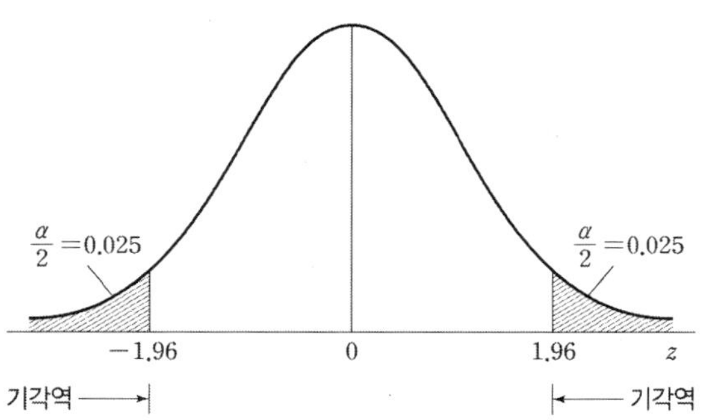

그림 9-2. $\alpha = 0.05$에서 양측검정에 대한 기각영역

대표본에서의 μ에 대한 통계적 검정

모평균으로부터 임의추출된 표본 크기가 $n \geq 30$일 경우

1. $H_0 : \mu = \mu_0$ versus $H_1 : \mu > \mu_0$ [혹은 $H_1 : \mu < \mu_0$]
   versus $H_1 : \mu \neq \mu_0$
2. 유의수준 α
3. 검정통계량 값: $z = \dfrac{\overline{x} - \mu_0}{\sigma_{\overline{x}}} = \dfrac{\overline{x} - \mu_0}{\sigma / \sqrt{n}}$
   (만약 σ을 모르는 경우 표본표준편차 s를 사용한다.)
4. 기각영역: $z > z_\alpha$ [혹은 $z < -z_\alpha$]
   $z > z_{\alpha/2}$ 혹은 $z < -z_{\alpha/2}$

예제 9.3

어느 외국기업에 종사하는 남자의 주당 급여가 \$725이라 한다. 같은 직급에 있는 여성들이 남자보다 적은 급여를 받는지를 조사하려고 한다. 40명의 여성을 임의추출하여 표본평균 $\overline{x} = \$670$와 표준오차 $s = \$102$를 얻었다. 유의수준 $\alpha = 0.01$에서 가설검정을 하여라.

풀이 단측검정의 가설 $H_0 : \mu = 725$, $H_1 : \mu < 725$에 대하여 유의수준 $\alpha = 0.01$이므로 부록의 [표 3]으로부터 $z_{0.01} = 2.33$의 값을 찾을 수 있다. 표준편차 s를 이용하여 검정통계량 값을 계산하면 $z = \dfrac{\overline{x} - 725}{s / \sqrt{n}} = \dfrac{670 - 725}{102 / \sqrt{40}} = -3.41$이고, 유의수준 $\alpha = 0.01$에서, 기각영역은 $z < -z_{0.01} (= -2.33)$이다.

검정통계량 $z = -3.14 < -2.33$이므로 H_0은 기각된다. 그러므로 남자 주당급여에 비해 여자 주당급여가 낮음을 알 수 있다.

예제 9.4

어느 자동화 생산라인에서 하루 생산되는 제품 양은 880개라고 한다. 그러나 하루 생산량이 880보다 많거나 적은지를 조사하고자 한다. 30일간의 표본을 추출하여 표본평균 $\overline{x} = 871$과 표준오차 $s = 30$을 얻었다. 유의수준 $\alpha = 0.05$와 유의수준 $\alpha = 0.01$에서 가설검정을 하여라.

풀이 양측검정의 가설 $H_0 : \mu = 880$, $H_1 : \mu \neq 880$에 대하여 유의수준 $\alpha = 0.05$이므로 부록의 [표 3]으로부터 $z_{0.025} (= 1.96)$의 값을 찾을 수 있다.

표준편차 s를 이용하여 검정통계량 값을 계산하면 $z=\dfrac{871-880}{30/\sqrt{30}}=-2.12$이고, 유의수준 $\alpha=0.05$ 대해 기각영역은 $z>z_{0.025}=1.96$, 혹은 $z<-z_{0.025}=-1.96$이다. 검정통계량의 값 $z=-2.12<-1.96$이므로, 귀무가설 H_0을 기각한다. 즉 하루 생산량은 880보다 적을 것이다. 유의수준 $\alpha=0.01$인 경우에 부록의 [표 3]으로부터 $z_{0.005}=2.576$의 값을 찾을 수 있다. 기각영역은 $\alpha=0.01$ 대해 $z>z_{0.005}=2.576$ 혹은 $z<-z_{0.005}=-2.576$이다. 검정통계량의 값 $z=-2.12>-2.576$이므로, 귀무가설 H_0를 기각하지 못한다. 즉 하루 생산량은 880과 같다고 할 수 있다.

예제 9.4는 유의수준 α의 값에 따라서 가설검정의 결론이 달라질 수 있음을 보여준다. 즉, 유의수준 $\alpha=0.05$에서는 귀무가설이 기각되지만, $\alpha=0.01$에서는 귀무가설을 기각하지 못한다. 이와 반대로 유의수준이 $\alpha=0.05$보다 큰 $\alpha=0.1$에서 가설검정을 한다면, 가설검정의 결과는 당연히 귀무가설을 기각하게 된다. 그 이유는 $\alpha=0.05$에서 임계값의 절댓값이 $\alpha=0.1$에서 임계값의 절댓값보다 크게 나타나기 때문이다.

9.4 $p-$값과 유의성검정

9.3절에서 주어진 유의수준 α에서 기각영역을 구하여 가설검정하는 방법을 설명하였다. 이와 다른 관점에서 가설검정을 생각해 볼 수 있는데 그 중 한 가지가 **유의확률**(significance probability)인 $p-$값($p-$value)이다.

가설검정의 문제에 있어서, 대부분의 통계 소프트웨어들은 $p-$값을 보여주고 결론은 분석자의 재량에 맡긴다. 예제 9.4의 결론과 같이, 유의수준이 1%가 아닌 5%에서 H_0를 기각한다고 결론을 내린다. 이것은 $\alpha=0.01$이 아닌 $\alpha=0.05$에서 H_0를 기각하는 것을 의미한다. 그러므로 분석자는 귀무가설 H_0가 참일 경우에 H_0를 기각할 수 있는 최소의 유의수준 α의 값에 관심을 가지게 된다. 즉, $p-$값은 귀무가설을 기각할 수 있는 최소의 유의수준 α값이다.

$p-$값 (유의확률)

주어진 검정통계량 값에서 귀무가설 H_0가 참일 때 귀무가설을 기각할 수 있는 최소의 유의수준 α값

유의성검정이란 $p-$값이 분석자가 선택한 유의수준 α 이하이면 조사 결과가 '통계적으로 유의성을 있다'고 간주하고, 귀무가설 H_0를 기각하는 검정 방법이다. 즉 $p-$값≦지정된 유의수준 α이면, 귀무가설 H_0를 기각하고 $p-$값> 지정된 유의수준 α이면, 귀무가설 H_0를 기각하지 못한다.

많은 과학 학술지의 통계적 검정 관련 보고서에 대하여 $p-$값을 나타내도록 요구하는데 그 이유는 α값에 대해 귀무가설이 기각되거나 채택되었다는 단순한 설명보다 $p-$값을 제시해 줌으로써 관찰된 자료를 이용하여 귀무가설을 기각할 것인가 채택할 것인가에 대해 자신이 선택한 α의 값을 이용할 수 있기 때문이다. 다음 표는 $p-$값을 구하는 식을 나타낸 것이다.

표 9-2. $p-$값을 구하는 식

귀무가설	대립가설	$p-$값
$H_0 : \mu \geq \mu_0$	$H_1 : \mu < \mu_0$	$P(Z< z)$
$H_0 : \mu \leq \mu_0$	$H_1 : \mu > \mu_0$	$P(Z> z)$
$H_0 : \mu = \mu_0$	$H_1 : \mu \neq \mu_0$	$P(\lvert Z \rvert > z)$

▌예제 9.5▐

예제 9.3에 있는 통계적 검정에 대한 $p-$값을 찾고 결과를 분석하여라.

풀이 예제 9.3의 통계적 가설 $H_0 : \mu = 725,\ H_1 : \mu < 725$인 단측검정이다. 검정통계량의 값은 $z = -3.41$이므로 부록의 [표 3]으로부터 $p-$값은 0.0003이 된다. 그러므로 이 검정에 대한 $p-$값은 0.0003이고 선택된 유의수준 $\alpha = 0.01$보다 작으므로 귀무가설을 기각한다. 즉 기무가설 H_0를 기각할 수 있는 최소의 유의수준 값은 0.0003이다.

▌예제 9.6▐

예제 9.4에 있는 통계적 검정에 대한 $p-$값을 찾고 결과를 분석하여라.

풀이 예제 9.4에서 나타난 통계적 가설은 $H_0 : \mu = 880,\ H_1 : \mu \neq 880$이다. 표본자료로부터 검정통계량의 값은 $z = -2.12$이이므로

$$P(Z < -2.12) = 0.017$$

$$P(Z > 2.12) = 1 - P(Z < 2.12) = 1 - 0.9830 = 0.0170$$

양측검정이므로 $p-$값은 다음과 같다.

$$p-\text{값} = P(|Z| > z) = P(Z > 2.12) + P(Z < -2.12)$$
$$= 2 \times P(Z < -2.12) = 2 \times (0.0170) = 0.0340$$

이 검정에 대한 $p-$값$= 0.0340$은 선택된 유의수준 $\alpha = 0.05$보다 작으므로 귀무가설 $H_0 : \mu = 880$을 기각한다. 만약 유의수준 $\alpha = 0.01$에서 가설검정을 한다면, 선택된 유의수준 $\alpha = 0.01 < p-$값$= 0.0340$이므로 귀무가설 $H_0 : \mu = 880$을 기각할 수 없다.

9.5 두 모평균 차 가설검정

많은 통계적인 문제에서 두 모집단의 모평균들의 비교를 요구한다. 예를 들어 어느 운송회사는 평균 350만 리터의 경유 소비량을 줄이기를 원한다. 이에 대한 대책으로 기존의 화물차를 사용하기보다 새로 개발된 연비가 높은 화물차를 사용하려고 한다. 기존의 화물차와 새로 개발된 화물차를 각각 100대씩 임의추출하여 경류 소비량의 차가 얼마인지를 검정할 것이다. 모평균 차 $\mu_1 - \mu_2 = D_0$를 검정하기 위해 표본에서 두 표본평균 차 $\overline{x}_1 - \overline{x}_2$를 얻는다. 이때 D_0는 검정을 위해 주어진 값이다. 두 모평균 차에 대한 검정인 경우에 μ_1과 μ_2의 차가 없다는 귀무가설 $\mu_1 - \mu_2 = 0(D_0 = 0$인 경우)인 경우가 대부분이다. 두 모평균 차이 $\mu_1 - \mu_2 = D_0$에 대한 검정의 절차는 다음과 같다.

대표본에서 $\mu_1 - \mu_2$에 대한 가설검정

(1) $H_0 : \mu_1 - \mu_2 = D_0$ versus $H_1 : \mu_1 - \mu_2 > D_0$ [혹은 $H_1 : \mu_1 - \mu_2 < D_0$]
versus $H_1 : \mu_1 - \mu_2 \neq D_0$

(2) 유의수준 α

(3) 검정통계량 값: $z = \dfrac{(\overline{x}_1 - \overline{x}_2) - D_0}{\sigma_{(\overline{x}_1 - \overline{x}_2)}} = \dfrac{(\overline{x}_1 - \overline{x}_2) - D_0}{\sqrt{\sigma_1^2/n_1 + \sigma_2^2/n_2}}$

(단, 분산을 모르는 경우 σ_1^2와 σ_2^2 대신에 s_1^2와 s_2^2을 사용)

(4) 기각영역 : $z > z_\alpha$ [혹은 $z < -z_\alpha$]

$z > z_{\alpha/2}$ 혹은 $z < -z_{\alpha/2}$

예제 9.7

어느 대학에서 자신의 집에서 통학하는 학생과 자취를 하는 학생들에 대한 학업성취도 차이를 알기 위하여 학점을 조사하였다. 각각의 그룹에서 $n_1 = 100$명과 $n_2 = 100$명의 학생들을 임의추출하여 표본평균과 표본분산을 각각 $\overline{x}_1 = 2.70$, $s_1^2 = 0.36$, $\overline{x}_2 = 2.54$, $s_2^2 = 0.40$ 얻었다.

(1) 두 그룹 간의 학업성취도 차이가 있는지를 유의수준 $\alpha = 0.10$으로 가설검정하여라.

(2) 이 검정에 대한 $p-$값을 구하고 유의성검정을 하여라.

풀이 (1) 가설 $H_0 : \mu_1 - \mu_2 = 0$ versus $H_1 : \mu_1 - \mu_2 \neq 0$에 대하여, 검정통계량은 다음과 같다.

$$z = \frac{\overline{x}_1 - \overline{x}_2}{\sqrt{\dfrac{s_1^2}{n_1} + \dfrac{s_2^2}{n_2}}} = \frac{2.70 - 2.54}{\sqrt{\dfrac{0.36}{100} + \dfrac{0.40}{100}}} = 1.84$$

유의수준 $\alpha = 0.10$에서 검정통계량의 임계값은 $z_{\alpha/2} = z_{0.05} = 1.645$이다. 그러므로 기각영역은 $z > 1.645$ 혹은 $z < -1.645$이고, 검정통계량 값이 $1.84 > 1.645$이므로 H_0는 기각된다. 즉 자신의 집에서 통학하는 학생과 자취를 하는 학생의 학업 성취도는 차이가 있다.

(2) 검정통계량의 값이 $z = 1.84$에서 양측검정이므로 $p-$값은 $Z < -1.84$ 혹은 $Z > 1.84$가 되는 확률값이다. 따라서 $p-$값은 $2 \times P(Z < -1.84) = 2 \times 0.0329 = 0.0658$이다. $p-$값이 유의수준 $\alpha = 0.10$보다 작으므로 귀무가설 H_0를 기각한다. 그러나 만약 지정된 유의수준 $\alpha = 0.05$인 경우에는 $p-$값은 α보다 크므로 귀무가설 H_0를 기각할 수 없게 된다.

9.6 모비율 가설검정

n 개의 동일한 시행의 확률표본이 이항모집단에서 추출되어진다면 충분히 큰 n 에 대하여 표본비율 $\hat{p}$ 은 근사적으로 평균 p 와 표준편차 $\sigma_{\hat{p}} = \sqrt{\dfrac{pq}{n}}$ 인 정규분포를 따른다. 모비율 p 에 관한 가설검정은 9.3절과 9.4절의 대표본 검정에서와 동일한 절차를 따른다. 귀무가설 $H_0 : p = p_0$에 대한 대립가설 $H_1 : p \neq p_0$ 혹은 $H_1 : p > p_0$ 혹은 $H_1 : p < p_0$를 검정하기 위해 검정통계량은 모비율 p 의 최량추정량인 $\hat{p}$ 을 이용한다. 귀무가설 H_0 가 참일 때 표본비율 $\hat{p}$ 은 표준정규분포를 따르는 검정통계량 Z 의 형태로 표준화시킬 수 있다. 대표본에서 모비율 p 에 대한 검정의 절차는 다음과 같다.

대표본에서 모비율 p 가설검정

표본추출은 이항실험의 가정들을 만족하고 충분히 큰 n 에 대하여 $\hat{p}$ 의 표본분포는 근사적으로 정규분포를 따른다.

(1) $H_0 : p = p_0$ versus $H_1 : p > p_0$ [혹은 $H_1 : p < p_0$]
versus $H_1 : p \neq p_0$

(2) 유의수준 α

(3) 검정통계량 값: $z = \dfrac{\hat{p} - p_0}{\sigma_{\hat{p}}} = \dfrac{\hat{p} - p_0}{\sqrt{p_0(1-p_0)/n}}$

(4) 기각영역: $z > z_\alpha$ [혹은 $z < -z_\alpha$]
$z > z_{\alpha/2}$ 혹은 $z < -z_{\alpha/2}$

예제 9.8

우리나라 성인남자 20% 이상이 나이에 상관없이 매일 한 시간 이상 운동을 한다고 한다. 그러나 40세 이상인 남자 100명을 표본추출하여 조사한 결과 15명이 매일 한 시간 이상 운동을 한다고 한다.

(1) 매일 한 시간 이상 운동을 하는 40세 이상의 남자들의 비율이 20%보다 적은가를 $\alpha = 0.05$에서 가설검정하여라.

(2) 이 검정에 대한 $p-$값을 구하고 유의성검정을 하여라.

풀이 (1) 모비율 p 의 점추정값이 $\hat{p}=\frac{x}{n}$이다.

단측검정이므로 가설은 $H_0 : p=0.2$, $H_1 : p<0.2$이다. 가설에 대한 검정통계량 값은 다음과 같다.

$$z=\frac{\hat{p}-p_0}{\sqrt{\frac{p_0 q_0}{n}}}=\frac{0.15-0.20}{\sqrt{\frac{(0.2)(0.8)}{100}}}=-1.25$$

유의수준 $\alpha=0.05$에서 기각영역 $z<-z_{0.05}=-1.645$을 만족하면 귀무가설 H_0를 기각한다. 검정통계량 값이 $Z=-1.25>-1.645$이므로 H_0를 기각하지 못한다. 결론적으로 40세 이상의 남자들 중 20%는 매일 한 시간 이상 운동을 한다고 할 수 있다.

(2) 검정통계량의 값이 $z=-1.25$이고, 단측검정이므로 이 검정에 대한 $p-$값은 부록의 [표 3]으로부터 $P(Z<-1.25)=0.1056$이다. 그러므로 $p-$값은 유의수준 $\alpha=0.05$보다 크므로 귀무가설 H_0을 기각하지 못한다.

예제 9.9

(1) 예제 9.2를 통계적 가설검정을 하여라.

(2) $p-$값을 구하고 유의성 검정을 하여라.

풀이 (1) 표본비율은 $\hat{p}=\frac{x}{n}=\frac{2}{100}=0.02$이다. 단측검정이므로 통계적 가설은 $H_0 : p=0.03$, versus $H_1 : p>0.03$이고, 검정통계량 값은 다음과 같다.

$$z=\frac{\hat{p}-p_0}{\sqrt{\frac{p_0(1-p_0)}{n}}}=\frac{0.02-0.03}{\sqrt{\frac{(0.03)(0.97)}{100}}}=-0.586$$

유의수준 $\alpha=0.05$에서 기각영역은 $z<-z_{0.05}=-1.645$을 만족하면 귀무가설 H_0를 기각한다. 그러나 검정통계량의 값이 $-0.586>-1.645$이므로 H_0를 기각하지 못한다. 결론적으로 개발된 새로운 기계는 기존 기계의 고장률 3%보다 낮다고 할 수 없다.

(2) 검정통계량의 값이 $z=-0.586$이고, 단측검정이므로 이 검정에 대한 $p-$값은 부록의 [표 3]으로부터 $P(Z<-0.586)=0.2789$이다. $p-$값이 선택된 유의수준 $\alpha=0.05$보다 크므로 귀무가설 H_0를 기각하지 못한다.

9.7 두 모비율 차 가설검정

두 이항모집단으로부터 각각 독립적으로 임의추출된 표본의 크기 n_1 , n_2 가 충분히 클 때, $\hat{p}_1-\hat{p}_2$의 표본분포는 근사적으로 정규분포를 따른다. 두 모집단으로부터 구한 각각의 표본비율 $\hat{p}_1=x_1/n_1$, $\hat{p}_2=x_2/n_2$에 대하여, $\hat{p}_1-\hat{p}_2$의 표준오차는

$$\sigma_{(\hat{p}_1-\hat{p}_2)}=\sqrt{p_1(1-p_1)/n_1+p_2(1-p_2)/n_2}$$

이다. 그러나 표준오차에 포함된 모수 p_1과 p_2의 값이 미지의 값이므로 추정된 표준오차를 사용하여야 한다. 추정된 표준오차는 귀무가설 $H_0: p_1-p_2=D_0$의 D_0 의 값에 따라, $D_0=0$와 $D_0\neq 0$인 두 가지 경우의 검정통계량으로 나누어진다. $D_0=0$인 경우는 $\hat{p}_1-\hat{p}_2$의 표준오차의 추정량을 구하기 위하여 모비율의 추정치 p_1과 p_2 대신에 $\hat{p}=(x_1+x_2)/(n_1+n_2)$을 사용하고, $D_0\neq 0$인 경우에는 각각의 추정치 $\hat{p}_1$과 $\hat{p}_2$을 사용한다.

대표본에서 p_1-p_2 가설검정

(1) $H_0: p_1-p_2=D_0$ versus $H_1:(p_1-p_2)>D_0$ [혹은 $H_1:(p_1-p_2)<D_0$]
versus $H_1:(p_1-p_2)\neq D_0$

(2) 유의수준 α

(3) 검정통계량: $\hat{p}_1=\dfrac{x_1}{n_1}, \hat{p}_2=\dfrac{x_2}{n_2}$에 대하여,

$$Z=\frac{(\hat{p}_1-\hat{p}_2)-D_0}{\sqrt{\dfrac{\hat{p}_1(1-\hat{p}_1)}{n_1}+\dfrac{\hat{p}_2(1-\hat{p}_2)}{n_2}}}$$

(4) 기각영역: $z>z_\alpha$ [혹은 $z<-z_\alpha$]
$z>z_{\alpha/2}$ 혹은 $z<-z_{\alpha/2}$

| 예제 9.10 |

병원 환자들 중 남녀 각각 1000명을 임의추출하여 52명의 남자와 23명의 여자가 심장질환으로 나타났다.

(1) 이 자료는 남자의 심장질환 비율이 여자보다 더 높다는 충분한 증거를 보여주는가? $\alpha = 0.05$에서 검정하여라.

(2) 이 검정에 대한 $p-$값을 구하고 유의성검정을 하여라.

풀이 (1) 표본비율은 $\hat{p}= \dfrac{x_1 + x_2}{n_1 + n_2}= \dfrac{52+23}{1000+1000}= 0.375$이다. 단측검정이므로 가설은 $H_0 : p_1 - p_2 = 0$ versus $H_1 : p_1 - p_2 > 0$이고 검정통계량 값은 다음과 같다.

$$z = \frac{\hat{p}_1 - \hat{p}_2}{\sqrt{\hat{p}\hat{q}(\frac{1}{n_1}+\frac{1}{n_2})}} = \frac{0.052-0.023}{\sqrt{(0.0375)(0.9625)(\frac{2}{1000})}} = 3.41$$

유의수준 $\alpha = 0.05$에서 기각영역은 $z > z_{0.05} = 1.645$이다. 검정통계량 값이 $3.41 > 1.645$을 만족하므로 H_0를 기각한다. 즉 남자들이 여자들보다 심장질환에 걸릴 비율이 높다는 것을 알 수 있다.

(2) 검정통계량의 값이 $z = 3.41$이고 단측검정이므로 이 검정에 대한 $p-$값은 부록의 [표 3]으로부터 $P(Z > z) = 1 - P(Z < 3.41) = 0.0003$이다. $p-$값이 유의수준 $\alpha = 0.05$보다 작으므로 귀무가설 H_0을 기각한다.

☒ 모평균 가설검정

수학능력시험이 끝난 다음날 A도시의 수험생 30명을 임의추출하여 자신의 시험성적을 채점하여 다음과 같은 자료를 얻었다.

305	284	253	271	245	295	304	291	243	264
241	234	281	248	221	294	254	261	272	224
248	257	267	281	319	263	271	205	231	219

(단, 표준편차가 28로 알려져 있다.)

위의 자료를 가지고 [그림 9-3]과 같이 엑셀에 데이터를 입력한 후 각 함수를 이용하여 수능시험의 모평균점수 μ는 250점보다 높다고 할 수 있는지를 유의수준 5%에서 검정할 수 있다.

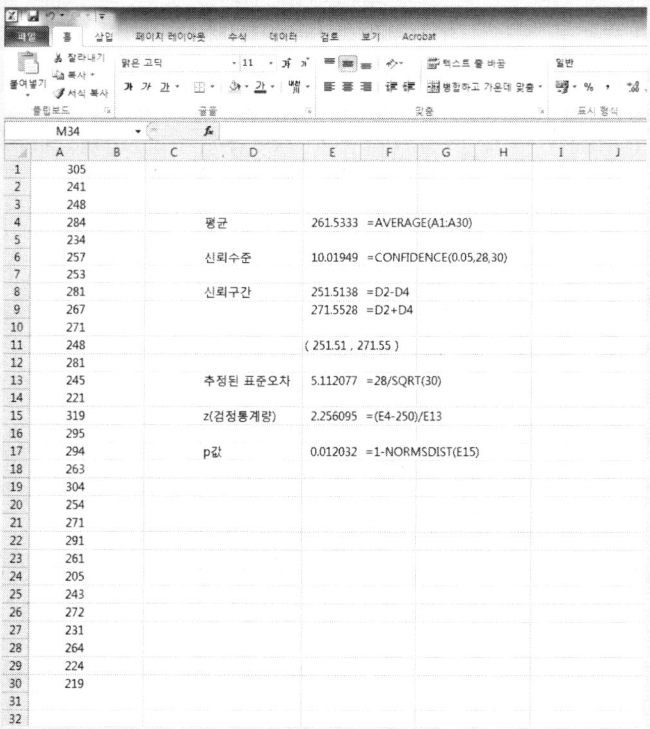

그림 9-3

☒ 두 모평균 차 가설검정

수학능력시험이 끝난 다음날 A도시와 B도시 각각 수험생 30명을 임의추출하여 시험성적을 확인하여 다음과 같은 자료를 얻었다.

A	215	258	248	270	291	299	244	265	250	241
	278	298	265	215	235	264	255	244	211	248
	295	266	278	289	235	210	205	215	266	290
B	257	284	305	308	320	240	248	278	280	290
	270	250	244	230	245	260	210	250	246	286
	245	265	232	288	270	246	255	278	250	300

위의 자료를 이용하여 A와 B의 교육방법에 차이가 있는지를 유의수준 5%에서 검정하기 위하여 [그림 9-4]와 같이 엑셀에 데이터를 입력하자.

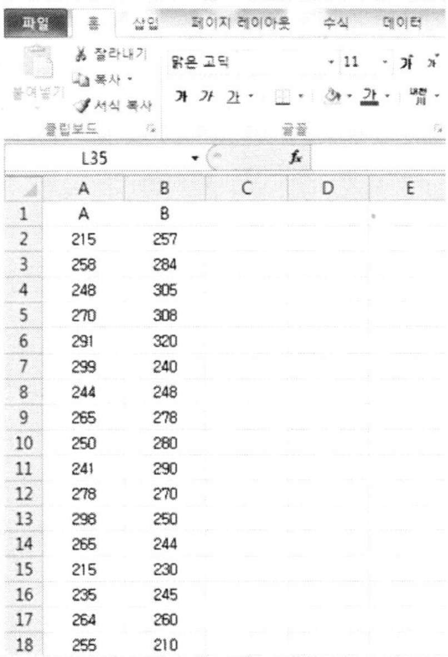

그림 9-4

상단에 있는 메뉴의 [데이터] 탭을 누르고 [데이터 분석]을 클릭하면, [그림 9-5]와 같이 화면에 나타나게 된다. [그림 9-5]에서 확인을 누르면 [그림 9-6]과 같은 화면이 나타난다. 입력 범위에는 데이터 부분을 마우스 드레그로 지정하며, '첫째 행 이름표 사용'을 선택한다. 출력 옵션에서는 '새로운 워크시트'와 '요약 통계량'을 선택한다. [그림 9-6]에서 확인을 누르면 [그림 9-7]과 같은 결과물이 나타난다.

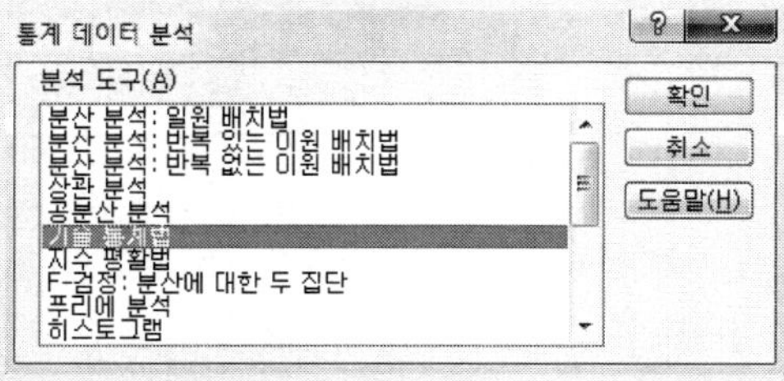

그림 9-5

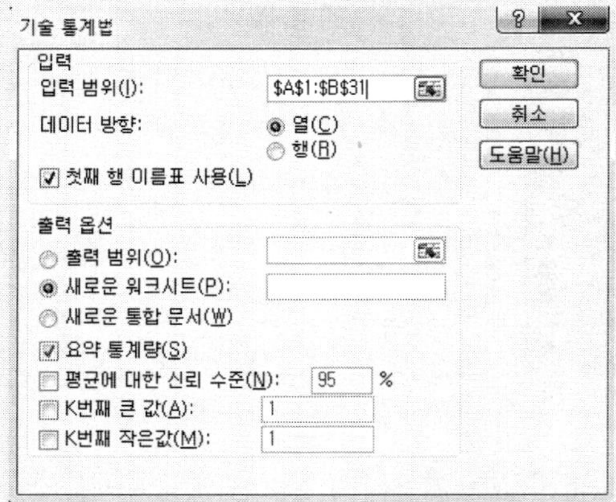

그림 9-6

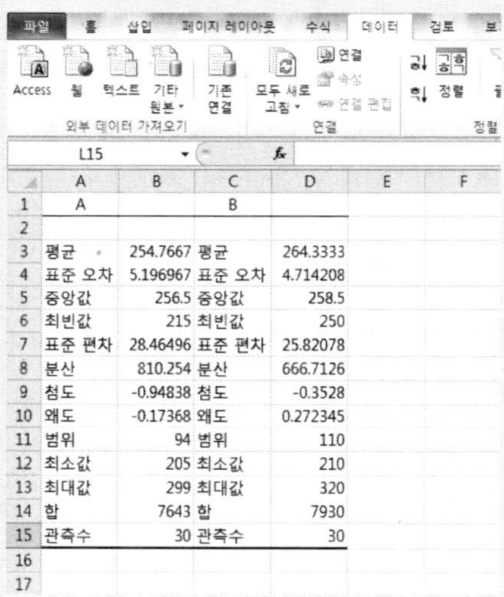

	A	B	C	D
1	A		B	
2				
3	평균	254.7667	평균	264.3333
4	표준 오차	5.196967	표준 오차	4.714208
5	중앙값	256.5	중앙값	258.5
6	최빈값	215	최빈값	250
7	표준 편차	28.46496	표준 편차	25.82078
8	분산	810.254	분산	666.7126
9	첨도	-0.94838	첨도	-0.3528
10	왜도	-0.17368	왜도	0.272345
11	범위	94	범위	110
12	최소값	205	최소값	210
13	최대값	299	최대값	320
14	합	7643	합	7930
15	관측수	30	관측수	30

그림 9-7

다시 데이터 분석을 클릭하여 [그림 9-8]에서 확인을 누르면 [그림 9-9]와 같은 화면이 나타난다. 입력 범위에는 데이터 부분을 마우스 드레그로 지정하고 가설 평균차에 0을 입력한다. 앞에서 구한 분산을 분산-기지값에 입력하고 '이름표'를 선택한다. 출력 옵션에서는 '새로운 워크시트'를 선택한다. [그림 9-9]에서 확인을 누르면 [그림 9-10]과 같은 결과물이 나타난다.

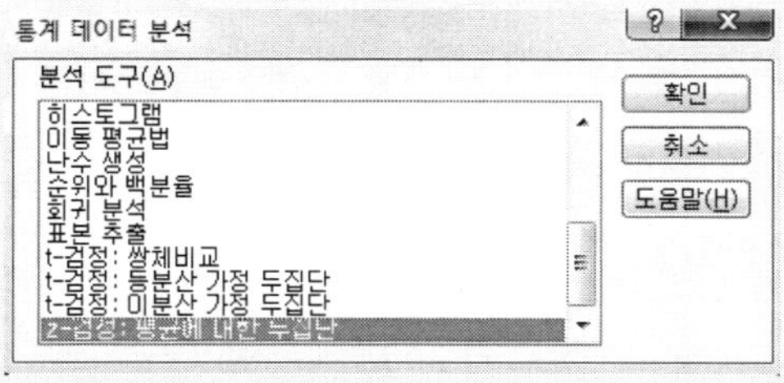

그림 9-8

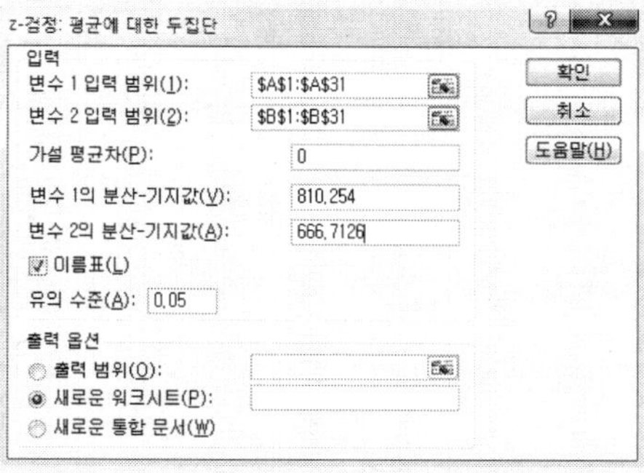

그림 9-9

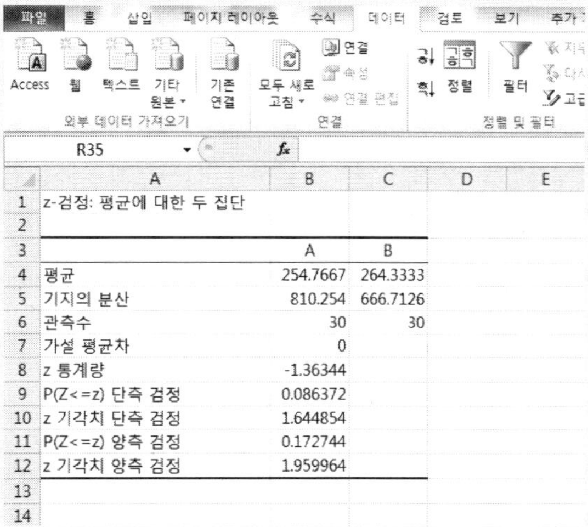

	A	B	C
1	z-검정: 평균에 대한 두 집단		
2			
3		A	B
4	평균	254.7667	264.3333
5	기지의 분산	810.254	666.7126
6	관측수	30	30
7	가설 평균차	0	
8	z 통계량	-1.36344	
9	P(Z<=z) 단측 검정	0.086372	
10	z 기각치 단측 검정	1.644854	
11	P(Z<=z) 양측 검정	0.172744	
12	z 기각치 양측 검정	1.959964	
13			
14			

그림 9-10

☒ 두 모비율 차 가설검정

화학처리된 씨와 그렇지 않은 씨의 발아 비율의 차이가 있는지를 알아보고자 실험을 통해 다음과 같은 자료를 얻었다.

	발아	발아되지 않음	합계
화학처리된 씨	88	12	100
처리되지 않은 씨	126	24	150

[그림 9-11]과 같이 자료를 입력한 후 각 함수를 이용하여 화학적으로 처리가 된 씨의 발아 비율이 높다고 할 수 있는지를 유의수준 5%에서 검정할 수 있다.

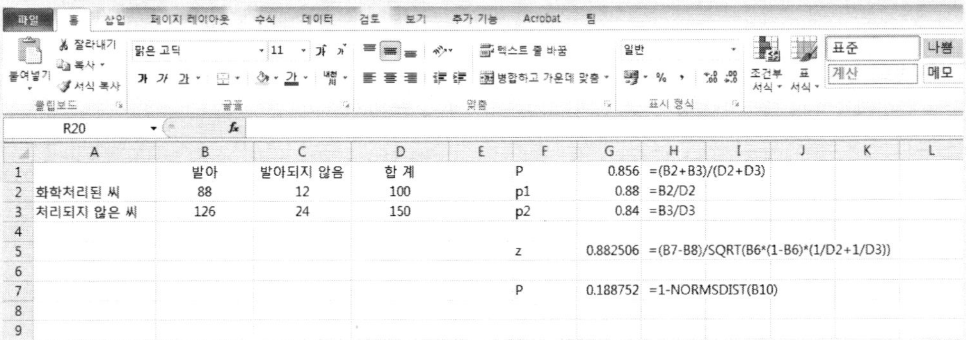

	A	B	C	D	E	F	G	H
1		발아	발아되지 않음	합 계		P	0.856	=(B2+B3)/(D2+D3)
2	화학처리된 씨	88	12	100		p1	0.88	=B2/D2
3	처리되지 않은 씨	126	24	150		p2	0.84	=B3/D3
4								
5						z	0.882506	=(B7-B8)/SQRT(B6*(1-B6)*(1/D2+1/D3))
6								
7						P	0.188752	=1-NORMSDIST(B10)
8								
9								

그림 9-11

연습문제

01 모분산이 $\sigma = 0.29$인 모집단에서 표본의 크기가 $n = 35$인 표본을 추출하여 표본평균 $\overline{x} = 2.4$를 얻었다. 이 연구의 목적은 모평균 μ가 2.3보다 큰 것을 보이기 위한 것이다.

(1) 검정에 대한 귀무가설과 대립가설을 세워라.

(2) 유의수준 $\alpha = 0.05$에서 가설을 검정하여라.

02 9장 연습문제 1에서 연구목적이 모평균 μ가 2.9보다 작은지를 보이는 데 있다고 하자. 이 검정에 대한 통계적 가설을 세우고 $\alpha = 0.01$로 검정하여라.

03 A회사에서 새로 나온 신형 소형차의 연비가 정확히 28이라는 것에 대해 의심이 간다. 이를 확인하기 위하여 통계적 가설검정을 하고자 한다. 100대의 차를 임의추출한 결과 표본평균이 26.2, 표준편차가 6이라고 할 때 유의수준 5%에서 가설검정을 수행하여라.

04 어느 회사에서 남성이 여성보다 사무처리 능력이 더 우수하다는 주장에 대한 타당성을 검토하기 위해 100명의 남성과 100명의 여성을 임의추출하여 일정한 업무를 시킨 후 100점 만점으로 평가하였다. 남성의 경우 표본평균 60.8 표준편차는 8.7, 여성의 경우는 표본평균 58.8 표준편차는 9.1이 나왔다. 남성이 여성보다 사무처리 능력이 더 우수하다고 할 수 있는지 유의수준 5%에서 가설검정을 수행하여라.

05 한국의 초등학교 5학년과 미국의 초등학교 5학년 학생 100명을 각각 임의추출하여 수학시험을 치러 그 결과는 다음과 같다. 유의수준 1%에서 이 결과가 실력의 차이에서 온 것인지 혹은 실력은 같은데 우연히 발생한 것인지 판단하여라.

표본	크기	평균	표준편차
한국	100	76.53	5.34
미국	100	70	5.21

06 어느 중등학교 학생 1000명 중 325명이 안경을 쓴다고 한다. 한 조사에 의하면, 우리나라 중등학교 학생 중 35%가 안경을 쓴다고 한다. 전체 중등학교 학생의 안경 쓴 비율이 35% 미만인지 5%의 유의수준에서 검정하여라.

07 한 도시에서 200가구를 뽑고 농촌지역에서 150가구를 뽑아 자녀를 셋 이상 둔 가구수를 알아보니 각각 45가구, 42가구였다. 과연 농촌지역이 자녀들의 수가 더 많다고 할 수 있는지를 유의수준 5%에서 검정하여라.

08 암 연구단체는 암 환자에 대한 지침을 개발하였다. 이 단체는 지침을 따른 환자 중 18개월 이상 생존한 환자의 비율을 p_1, 이 지침을 따르지 않는 환자 중 18개월 이상 생존한 환자의 비율을 p_2라고 할 때, p_1이 p_2 보다 크다고 주장하고 있다. 만약 지침을 따른 24명의 암환자 중 14명이 18개월 이상 생존하였고 지침을 따르지 않은 26명의 환자 중 6명이 18개월 이상 생존하였다. p_1이 p_2 보다 큰지에 대해 유의수준 $\alpha = 0.05$에서 검정하여라.

09 새로 개발된 진통제의 효과를 실험하기 위해 각각 80명씩의 환자를 두 그룹으로 추출하였다. 1그룹에는 새로운 진통제를 투여하고, 2그룹에는 설탕으로 만든 약을 투여한 결과 1그룹에서는 56명이, 2그룹에서는 38명이 약의 효능을 인정했다. 이 새로운 약의 효능에 대해 유의수준 5%에서 검정하여라.

10 제과업자가 생산라인에서 박하사탕을 임의추출하여 무게를 재어본다고 하자. 일주일 동안 주·야간 조업시간 중에 각각 $n_1 = 194$개와 $n_2 = 162$개의 박하사탕을 임의추출하여 무게를 재어보았다. 이 표본 중에 주야간 조업시간별로 무게가 21그램을 초과하는 것이 각각 주간 $y_1 = 28$개와 야간 $y_2 = 11$개가 나왔다. 여기서 p_1과 p_2는 각각 주·야간 조업시간 중에 발생하는 무게가 21그램을 초과하는 박하사탕의 비율이라고 할 때 $p_1 - p_2$에 대해 $\alpha = 0.05$에서 검정하여라.

10장

소표본 가설검정

10.1 스튜던트 t 분포
10.2 소표본에서 모평균 추론
10.3 소표본에서 두 모평균 차 추론
10.4 대응비교 검정

대표본에서 모평균에 대한 추론과 두 평균차 비교는 8장과 9장에서 설명하였다. 표본의 크기는 비용과 시간 그리고 다른 요인들에 의하여 때때로 한정되는 경우가 많다. 크기가 작은 표본을 대표본의 경우와 같은 절차로 추정과 검정방법을 적용하는 것은 타당하지 않으므로 다른 절차를 사용하여야 한다. 이 장에서는 대표본 방법과 밀접한 관계가 있는 소표본에 대한 추론을 설명하고자 한다.

10.1 스튜던트 t 분포

정규분포 $N(\mu, \sigma^2)$를 따르는 모집단에서 표본 $X_1, X_2, \ldots, X_n$ 을 임의추출할 때, 표본평균 $\overline{X}$ 를 표준화시킨 Z 통계량

$$Z = \frac{\overline{X} - \mu}{\sigma / \sqrt{n}}$$

은 표준정규분포 $N(0, 1)$를 따른다. 그리고 대표본에서는 모집단의 분포가 정규분포가 아닐 때에도 중심극한정리에 의하여 표본평균 $\overline{X}$의 분포는 정규분포에 가까운 분포를 따른다. 그러므로 모표준편차 σ 대신 표본표준편차 s를 사용하여도 위의 사실은 근사적으로 성립한다. 그러나 소표본에서는 모집단이 정규분포를 따를 때, Z 통계량에서 σ 대신 s를 대입하면 정규분포와는 많이 다를 수가 있으므로 소표본에 대한 분포가 필요하다.

Z 통계량에서 σ 대신 s를 대입한 통계량을 T **통계량**이라고 한다.

$$T = \frac{\overline{X} - \mu}{s / \sqrt{n}} \sim t(n-1)$$

T 통계량의 분포는 자유도 $n-1$ 인 t 분포를 따른다.

t 분포는 아일랜드의 양조회사에서 일하던 통계학자 고세트(W. S. Gosset)가 스튜던트(student)라는 가명으로 1908년에 연구결과를 발표하였다. 그러므로 t **분포**(t **distribution**)는 흔히 **스튜던트 t 분포(Student's t distribution)**로 알려져 왔다. t 분포에 대한 확률밀도함수의 복잡한 수학적 표현은 생략하기로 하고 t 분포의 특성을 조사하여 보자.

1. t 분포의 모양은 표준정규분포와 흡사한 종 모양이고 $t=0$에 대해서 좌우대칭이다.

2. Z 분포와 다른 점은 우측과 좌측에 두터운 꼬리를 갖는 특징이 있다.
3. t 분포는 자유도(degrees of freedom: df)에 따라 달라진다. 자유도는 서로 독립인 확률변수의 수이다.

[그림 10-1]은 자유도 5인 t 분포와 표준정규분포 곡선을 비교한 것이다.

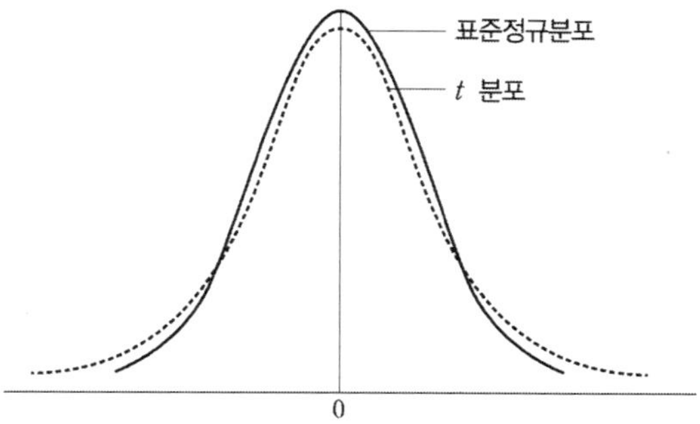

그림 10-1. 표준정규분포와 자유도 5인 t 분포

자유도가 커질수록 t 분포는 Z 분포에 가까워진다. t_α값은 [그림 10-2]에서와 같이 우측 확률이 α가 되는 수평축의 값이며 자유도 $n-1$인 t 분포를 기호 $t_\alpha(n-1)$로 표시한다. $t_\alpha(n-1)$은 자유도 $n-1$인 t 분포에서 $P\{t > t_\alpha(n-1)\} = \alpha$를 만족하는 상수이다.

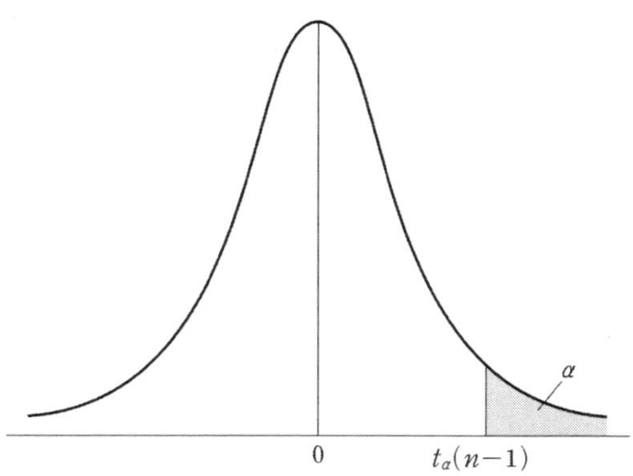

그림 10-2. t 분포의 면적

이때 우측면적 α인 t 값을 찾을 때는 부록 [표 4]의 열에 표시된 α와 행의 자유도 df와 마주치는 t 값을 찾으면 된다. 예를 들면 다음과 같다.

$$t_{0.05}(10) = 1.812,\ t_{0.05}(20) = 1.725,\ t_{0.05}(\infty) = 1.645$$

10.2 소표본에서 모평균 추론

모평균 μ의 구간추정을 유도하자. 8장에서 표본이 대표본일 때 모평균 μ에 대한 $100\,(1-\alpha)\,\%$ 신뢰구간은 아래와 같았다.

$$(\overline{x}-z_{\alpha/2}\frac{\sigma}{\sqrt{n}},\ \overline{x}+z_{\alpha/2}\frac{\sigma}{\sqrt{n}})$$

여기서 신뢰계수 0.95 에 대한 $z_{\alpha/2}$ 값은 $z_{\alpha/2}=z_{0.025}=1.96$ 이다.

소표본일 때 t 분포를 이용하여 모평균 μ에 대한 $100(1-\alpha)\%$ 신뢰구간을 구해 보자. T 통계량은 자유도 $n-1$인 t 분포를 따르므로

$$T=\frac{\overline{X}-\mu}{s/\sqrt{n}}$$

아래의 등식이 성립한다.

$$P\left\{-t_{\alpha/2}(n-1)<\frac{\overline{X}-\mu}{s/\sqrt{n}}<t_{\alpha/2}(n-1)\right\}=1-\alpha$$

괄호 속을 정리하면 다음과 같다.

$$P\left\{\overline{X}-t_{\alpha/2}(n-1)\frac{s}{\sqrt{n}}<\mu<\overline{X}+t_{\alpha/2}(n-1)\frac{s}{\sqrt{n}}\right\}=1-\alpha$$

소표본에서 모평균 μ에 대한 $100(1-\alpha)\%$ 신뢰구간을 정리하면 다음과 같다.

소표본에서 모평균 μ에 대한 $100(1-\alpha)\%$ 신뢰구간

$$(\overline{x}-t_{\alpha/2}(n-1)\frac{s}{\sqrt{n}},\ \overline{x}+t_{\alpha/2}(n-1)\frac{s}{\sqrt{n}})$$

소표본에서 μ에 대한 신뢰구간은 σ를 모를 때 σ 대신 s로 대치하고 $z_{\alpha/2}$ 대신 자유도 $n-1$

에서 설정된 $t_{\alpha/2}(n-1)$로 교체함으로써 얻어진다. 모집단이 정규분포인 경우 표본의 크기가 증가하면 $1/\sqrt{n}$과 $t_{\alpha/2}(n-1)$은 감소하여 신뢰구간의 폭은 감소하므로 보다 정확한 추정이 될 것이다. 여기서 $s/\sqrt{n}$은 $\overline{x}$의 표준오차이다.

| 예제 10.1 |

새로운 공정으로 생산되는 특수한 철선을 평가하기 위하여 실험을 하였다. 새로운 공정으로 생산된 6개 철선의 인장강도를 조사한 결과 46, 61, 52, 48, 57, 54로 나타났다. 철선의 평균 인장강도 μ의 95% 신뢰구간을 구하여라. 단, 철선의 인장강도는 정규분포를 따른다고 한다.(단위: kg/cm^2)

풀이 $\overline{x}=(46+61+52+48+57+54)/6=53$

$$\begin{aligned}\sum_{i=1}^{6}(x_i-\overline{x})^2 &= \sum_{i=1}^{6}x_i^2-\frac{1}{6}(\sum_{i=1}^{6}x_i)^2\\ &= 17010-\frac{1}{6}(318)^2=156\end{aligned}$$

$$s=\sqrt{\sum_{i=1}^{6}(x_i-\overline{x})^2/(n-1)}=\sqrt{156/5}=5.586$$

그리고 t 분포표에서 $t_{0.05/2}(6-1)$=$t_{0.025}(5)$=2.571이므로 철선의 인장강도에 대한 모평균 μ의 95% 신뢰구간은 다음과 같다.

$$\overline{x}\pm t_{\alpha/2}(n-1)s/\sqrt{n}$$

$$\Rightarrow 53\pm 2.5715.586/\sqrt{6}$$

$$\Rightarrow 53\pm 5.875$$

$$\Rightarrow (47.125,\ 58.875)$$

예제 10.1에서 새로운 공정에 의하여 생산된 철선의 모평균 인장강도가 50(kg/cm^2)보다 강하다고 할 수 있는가? 이것은 귀무가설 $H_0: \mu=50$에 대해 대립가설 $H_1: \mu>50$을 검정하는 것과 같다.

대표본에서는 중심극한정리에 의하여 Z는 n이 클수록 근사적으로 정규분포를 따른다.

$\alpha = 0.05$에서 단측검정을 사용하여 $z \rangle 1.645$일 때는 귀무가설 H_0를 기각할 수 있다. 이 절차는 대표본에서만 사용된다. 그러나 소표본($n < 30$)을 취하였을 때, $n = 6$인 철선의 인장강도에 대하여는 만족되지 않을 것이다. $\mu = 50$인 귀무가설에 대하여 $\mu > 50$인 대립가설을 어떻게 검정할 것인가? 소표본에서는 Z의 분포를 정규분포로 근사시키는 것은 무리가 따른다. 이때는 t 분포를 이용하는 것이 타당하므로 모집단의 분포가 정규분포일 때 T 통계량은 자유도가 $n-1$인 t 분포를 따르는 것을 이용한다. 표본분산 S^2은 편차의 제곱합을 $n-1$로 나누는데 이때 나누는 수 $n-1$을 S^2의 **자유도**(degrees of freedom: df)라고 한다. 검정통계량에 대하여 기각역과 채택역을 분리하는 **임계값**(Critical value)은 부록 [표 4]에서 자유도에 따른 T 통계량의 우측확률로 나타난다.

t의 분포는 $t = 0$에서 대칭이므로 t의 좌측 임계값은 간단히 우측 임계값에 일치하는 값의 음수이다. 예를 들면 자유도 5인 우측역 0.05 의 임계값은 $t = t_{0.05}(5) = 2.015$이므로 자유도 5인 좌측역 0.05의 임계값은 $t = -2.015$임을 확인할 수 있다.

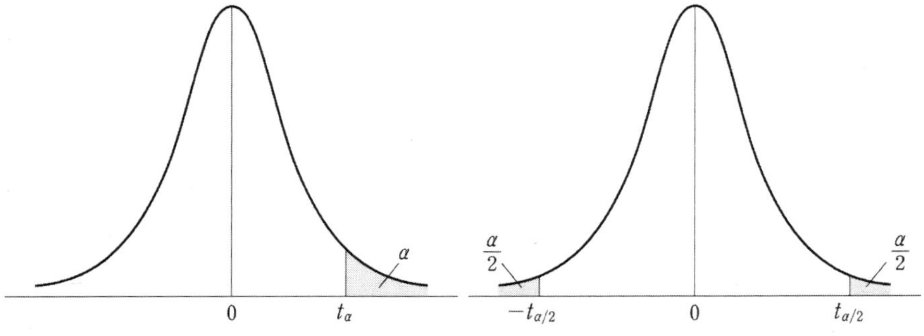

그림 10-3. t 분포의 형태

모평균 μ에 관한 가설의 통계적 검정을 정리하면 다음과 같다.

소표본에서 모평균 μ에 대한 t 검정

1. $H_0 : \mu = \mu_0$ versus $H_1 : \mu > \mu_0$ [혹은 $H_1 : \mu < \mu_0$]
   versus $H_1 : \mu \neq \mu_0$
2. 유의수준 α

3. 검정통계량: $T = \dfrac{\overline{X} - \mu_0}{s/\sqrt{n}}$

4. 기각역: $t > t_{\alpha}(n-1)$ [혹은 $t < -t_{\alpha}(n-1)$]

$t > t_{\alpha/2}(n-1)$ 혹은 $t < -t_{\alpha/2}(n-1)$

▌예제 10.2▐

예제 10.1에서 철선의 평균 인장강도가 50보다 강해야 이윤이 발생된다고 결정되어졌을 때, 철선의 평균 인장강도가 50보다 강하다고 할 수 있는지 $\alpha = 0.05$ 에서 검정하여라.

풀이 6개 철선 강도에 대한 표본평균과 표본표준편차는 각각 53과 5.586임을 알 수 있다. 철선의 평균강도가 50이라는 귀무가설에 대하여 철선의 평균강도는 50보다 강하다는 대립가설을 검정하므로 순서는 다음과 같다.

(1) 가설: $H_0 : \mu = 50$ versus $H_1 : \mu > 50$

(2) 유의수준 $\alpha = 0.05$

(3) 검정통계량 값: $t = \dfrac{\overline{x} - \mu_0}{s/\sqrt{n}} = \dfrac{53 - 50}{5.586/\sqrt{6}} = 1.316$

(4) 기각역: 자유도 $n-1 = 6-1 = 5$ 에 대한 기각역 $t > t_{0.05}(5) = 2.015$

검정통계량의 값($t = 1.316$)은 기각역($t > 2.015$) 안에 있지 않기 때문에 귀무가설 H_0를 기각할 수 없다. 그러므로 철선의 평균 인장강도는 50보다 강하다고 할 수 없다.

▌예제 10.3▐

A회사 페인트 상표에는 1갤런으로 칠할 수 있는 면적(평방피트)이 적혀 있다. 이 면적이 맞는지를 알아보기 위하여 1갤런 페인트 10개를 임의추출하여 칠한 면적자료는 다음과 같다. 페인트 1갤런으로 칠할 수 있는 모평균 μ에 대한 95% 신뢰구간을 구하여라.

310	447	303	365	412
311	376	410	350	368

풀이 자료에서 $\bar{x}=365.2$, $s=48.417$이고 $n=10$과 $\alpha=0.05$에서 $t_{\alpha/2}(n-1)=t_{0.025}(9)=2.262$ 이므로 신뢰구간 공식에 대입하여 아래의 값을 얻을 수 있다.

$$
\begin{aligned}
&\bar{x} \pm t_{\alpha/2}(n-1)\frac{s}{\sqrt{n}} \\
\Rightarrow\ &365.2 \pm (2.262)\frac{48.417}{\sqrt{10}} \\
\Rightarrow\ &365.2 \pm 34.63 \\
\Rightarrow\ &(330.57,\ 399.83)
\end{aligned}
$$

이 상표의 페인트는 평균도포 면적이 구간 330.57에서 399.83 안에 있다고 추정할 수 있다.

▌예제 10.4▐

예제 10.3에서 A회사는 1갤런으로 적어도 400평방피트를 칠할 수 있다고 강조하고 있다. 소비자 입장에서 회사주장이 맞는지 유의수준 $\alpha=0.05$ 에서 검정하여라.

풀이 단측검정이므로 $\mu=400$ 평방피트인 귀무가설에 대하여 μ가 400 평방피트보다 적은 것을 검정한다.

$$H_0 : \mu = 400 \quad \text{versus} \quad H_1 : \mu < 400$$

유의수준 $\alpha=0.05$, 자유도 $n-1=9$에서 t의 좌측 임계값은 $-t_{0.05}(9)=-1.833$이다. 검정통계량 값 t가 $t<-1.833$이면 귀무가설 H_0를 기각할 것이다.

자료에서 표본평균 $\bar{x}=365.2$, 표본표준편차 $s=48.417$이므로 검정통계량 값은 아래와 같다.

$$t=\frac{\bar{x}-\mu_0}{s/\sqrt{n}}=\frac{365.2-400}{48.417/\sqrt{10}}=-2.273$$

검정통계량 t의 값이 기각역 안에 있으므로(즉, -2.273<-1.833) 귀무가설 H_0를 기각한다. 그러므로 페인트 1갤런으로 칠하여진 평균 도포면적은 400평방피트 미만이라고 결론을 내릴 수 있다.

❙ 예제 10.5 ❙

예제 10.3에서 $p-$값은 얼마인가?

풀이 $p-$값은 대립가설이 단측검정이므로 자유도 9에서 검정통계량 $t=-2.273$을 만족하는 확률이다. 2.273은 $t_{0.025}(9)=2.262$와 $t_{0.010}(9)=2.821$ 사이에 있으므로 $p-$값은 $0.01 < p-$값< 0.025이다. **보간법**을 이용하여 $p-$값을 구하면 다음과 같다.

$$
\begin{aligned}
p &= 0.01+\frac{(0.025-0.010)(2.821-2.273)}{(2.821-2.262)} \\
&= 0.0247
\end{aligned}
$$

따라서 $t \le -2.273$인 확률은 $p=0.0247$이다.

10.3 소표본에서 두 모평균 차 추론

소표본에서 두 모평균 차 $\mu_1-\mu_2$에 대하여 신뢰구간과 가설검정에 대하여 살펴보자. 평균과 분산이 각각 μ_1, σ_1^2과 μ_2, σ_2^2인 두 모집단으로부터 독립적으로 표본크기 n_1과 n_2를 임의추출하였을 때, 9장에서 정리한 것은 표본평균의 차 $\overline{X}_1-\overline{X}_2$는 $\mu_1-\mu_2$의 비편향추정량이었다. 그리고 표본평균의 차 $\overline{X}_1-\overline{X}_2$의 표준오차는 다음과 같다.

$$
\sigma_{(\overline{X}_1-\overline{X}_2)}=\sqrt{\frac{\sigma_1^2}{n_1}+\frac{\sigma_2^2}{n_2}}
$$

이다. 이것은 대표본에서 신뢰구간과 가설검정에 사용되었다. 소표본에서 두 모평균차 $\mu_1-\mu_2$에 관한 추론은 $\overline{X_1}-\overline{X_2}$를 표준화시킨 Z통계량을 사용할 수 없으므로 t분포를 이용하여 추론 문제를 다루어야 한다.

두 정규모집단으로부터 각각 독립표본을 임의추출할 때 두 모집단의 분산이 같은 경우($\sigma_1^2=\sigma_2^2=\sigma^2$)와 두 모집단의 분산이 다른 경우($\sigma_1^2 \neq \sigma_2^2$)가 있다. 이런 경우는 검정 방법이 달라진다.

먼저 두 모집단의 분산이 같은 경우를 알아보자. 만약 X_{1i}와 X_{2i}가 표본 1과 표본 2에서

i 번째 관측값으로 표현하면 s_1^2와 s_2^2는 다음과 같다.

$$s_1^2 = \frac{1}{n_1 - 1}\sum_{i=1}^{n_1}(X_{1i} - \overline{X_1})^2$$

$$s_2^2 = \frac{1}{n_2 - 1}\sum_{i=1}^{n_2}(X_{2i} - \overline{X_2})^2$$

σ^2의 추정치로서 s_1^2과 s_2^2을 이용한 **합동추정량**(pooled estimator) s_p^2을 사용한다.

$$s_p^2 = \frac{(n_1 - 1)s_1^2 + (n_2 - 1)s_2^2}{(n_1 - 1) + (n_2 - 1)}$$

합동추정량 s_p^2의 분자는 각 표본으로부터 편차제곱합의 합이고 분모는 각 표본의 자유도 합이다. s_p^2은 σ^2의 비편향추정량임이 증명되었다. 만약 합동추정량 s_p^2이 σ^2을 추정하는 데 사용되고 표본이 공통분산으로 정규모집단으로부터 임의적이고 독립적으로 뽑혀졌다면 통계량 T는 자유도 $n_1 + n_2 - 2$인 t 분포를 따를 것이다. 통계량 T는 다음과 같다.

$$T = \frac{(\overline{X_1} - \overline{X_2}) - (\mu_1 - \mu_2)}{s_p\sqrt{\frac{1}{n_1} + \frac{1}{n_2}}}$$

소표본에서 T 통계량을 이용하여 신뢰계수 $(1 - \alpha)$에서 두 모평균의 차 $\mu_1 - \mu_2$에 대한 신뢰구간은 다음과 같다.

소표본에서 $\mu_1 - \mu_2$에 대한 $100(1-\alpha)$%신뢰구간 (분산이 동일한 경우)

$$\left((\overline{x_1} - \overline{x_2}) - t_{\alpha/2}(n_1 + n_2 - 2)s_p\sqrt{\frac{1}{n_1} + \frac{1}{n_2}},\ (\overline{x_1} - \overline{x_2}) + t_{\alpha/2}(n_1 + n_2 - 2)s_p\sqrt{\frac{1}{n_1} + \frac{1}{n_2}}\right)$$

단, $s_p{}^2 = \dfrac{(n_1 - 1)\,s_1{}^2 + (n_2 - 1)\,s_2{}^2}{n_1 + n_2 - 2}$

| 예제 10.6 |

어떤 조립공장에서 기존의 훈련방법과 새로운 훈련방법을 비교하기 위하여 신입사원 18명을 두 집단으로 분리하여 각각 3주 동안 훈련을 시켰다. 한 집단은 기존의 훈련방법을 따랐고 다른 집단은 새로운 훈련방법을 따랐다. 3주 훈련 후 각 신입사원에 대하여 제품의 조립시간을 기록하여 다음 자료를 얻었다.

기존 훈련	32	37	35	28	41	44	35	31	34
새로운 훈련	35	31	29	25	34	40	27	32	31

기존 훈련방법의 평균 조립시간과 새로운 훈련방법의 평균 조립시간의 차에 대한 95 % 신뢰구간을 구하여라. 표본의 모집단은 정규분포라 가정하고 표본의 두 모집단에 대한 분산은 같다고 한다.

풀이 μ_1, μ_2를 기존 훈련방법과 새로운 훈련방법으로 제품을 조립할 때 평균 조립시간이라고 하자.

기존 훈련의 통계량: $n_1 = 9$, $\bar{x}_1 = 35.22$

새로운 훈련의 통계량: $n_2 = 9$, $\bar{x}_2 = 31.56$

$$t_{\alpha/2}(n_1 + n_2 - 2) = t_{0.025}(16) = 2.120$$

$$\sum_{i=1}^{9}(x_{1i} - \bar{x}1)^2 = 195.56, \quad \sum_{i=1}^{9}(x_{2i} - \bar{x}_2)^2 = 160.22$$

$$s_p^2 = \frac{\sum_{i=1}^{9}(x_{1i} - \bar{x}_1)^2 + \sum_{i=1}^{9}(x_{2i} - \bar{x}_2)^2}{n_1 + n_2 - 2}$$

$$= \frac{195.56 + 160.22}{9 + 9 - 2} = 22.236$$

$$s_p = \sqrt{22.236} = 4.716$$

통계량을 추정공식에 대입하면 95 % 신뢰구간을 구할 수 있다.

$$(\overline{x}_1 - \overline{x}_2) \pm t_{\alpha/2}(n_1+n_2-2)\ s_p\sqrt{\frac{1}{n_1}+\frac{1}{n_2}}$$

$$\Rightarrow (35.22-31.56) \pm (2.120)(4.716)\sqrt{\frac{1}{9}+\frac{1}{9}}$$

$$\Rightarrow 3.66\ \pm\ 4.71$$

$$\Rightarrow (-1.05, 8.37)$$

소표본에서 두 모평균의 차 $\mu_1 - \mu_2$에 대한 가설검정은 다음과 같다. 대표본에서 귀무가설 $H_0 : \mu_1 - \mu_2 = D_0$의 검정은 Z 통계량에 기초되어졌다.

$$Z = \frac{(\overline{X_1} - \overline{X_2}) - D_0}{\sqrt{\frac{\sigma_1^2}{n_1}+\frac{\sigma_2^2}{n_2}}}$$

D_0는 두 모평균의 차이고 모분산이 같은 두 정규모집단으로부터 임의표본을 추출하였을 때 Z 통계량은 아래와 같이 표시할 수 있다.

$$Z = \frac{(\overline{X_1} - \overline{X_2}) - D_0}{\sqrt{\frac{\sigma_1^2}{n_1}+\frac{\sigma_2^2}{n_2}}} = \frac{(\overline{X_1} - \overline{X_2}) - D_0}{\sigma\sqrt{\frac{1}{n_1}+\frac{1}{n_2}}}$$

소표본에서 두 정규모집단의 모분산이 같으면 공통분산 σ^2을 합동추정량 s_p^2으로 대신하고 가설 $\mu_1 - \mu_2 = D_0$이 만족될 때 두 평균 차에 대한 검정통계량 T는 자유도가 (n_1+n_2-2)인 t 분포를 따른다.

$$T = \frac{(\overline{X_1} - \overline{X_2}) - D_0}{s_p\sqrt{\frac{1}{n_1}+\frac{1}{n_2}}}$$

모평균 차 $\mu_1 - \mu_2$에 관한 가설검정을 정리하면 다음과 같다.

모평균 차 $\mu_1 - \mu_2$에 대한 가설검정 (분산이 동일한 경우)

1. $H_0 : (\mu_1 - \mu_2) = D_0$ versus $H_1 : (\mu_1 - \mu_2) > D_0$ [혹은 $H_1 : (\mu_1 - \mu_2) < D_0$]
   versus $H_1 : (\mu_1 - \mu_2) \neq D_0$
2. 유의수준 α
3. 검정통계량: $T = \dfrac{(\overline{X_1} - \overline{X_2}) - D_0}{s_p\sqrt{\dfrac{1}{n_1} + \dfrac{1}{n_2}}}$

   여기서 $s_p^2 = \dfrac{\sum_{i=1}^{n_1}(X_{1i} - \overline{X_1})^2 + \sum_{i=1}^{n_2}(X_{2i} - \overline{X_2})^2}{(n_1 - 1) + (n_2 - 1)}$
4. 기각역: $t > t_\alpha(n_1 + n_2 - 2)$ [혹은 $t < -t_\alpha(n_1 + n_2 - 2)$]
   $t > t_{\alpha/2}(n_1 + n_2 - 2)$ 혹은 $t < -t_{\alpha/2}(n_1 + n_2 - 2)$

예제 10.7

예제 10.6에서 새로운 훈련방법이 기존 훈련방법보다 우수하다고 할 수 있는가? $\alpha = 0.05$에서 검정하여라.

풀이 검정하려는 가설은 다음과 같다.

$$H_0 : \mu_1 = \mu_2 \text{ versus } H_1 : \mu_1 > \mu_2$$

단측검정이므로 기각역은 t 분포의 우측에 있다. 표본평균과 공통분산의 합동추정량 값과 검정통계량 값 t를 계산하면 아래와 같다.

$$\overline{x}_1 = 35.22,\ \overline{x}_2 = 31.56,\ s_p = \sqrt{22.2361} = 4.716$$

$$t = \frac{\overline{x}_1 - \overline{x}_2}{s_p\sqrt{\dfrac{1}{n_1} + \dfrac{1}{n_2}}} = \frac{35.22 - 31.56}{4.716\sqrt{\dfrac{1}{9} + \dfrac{1}{9}}} = 1.65$$

검정통계량의 값 $t = 1.65$와 임계값 $t_\alpha(n_1 + n_2 - 2) = t_{0.05}(16) = 1.746$과 비교하면 기각역에 속하지 않으므로 귀무가설을 기각할 수 없다. 따라서 유의수준 0.05 에서 새로운 훈련방법의 평균조립시간이 기존 훈련방법의 평균 조립시간보다 우수하다고 할 수 없다.

| 예제 10.8 |

예제 10.7에서 $p-$값을 구하여라.

풀이 단측검정에 대하여 검정통계량 t의 값은 $t=1.65$이므로 검정에 대한 $p-$값은 $t>1.65$인 확률이다. 부록 [표 4]에서 자유도 16에서 $t=1.65$은 $t_{0.10}(16)=1.337$과 $t_{0.05}(16)=1.746$ 사이에 있음을 알 수 있으므로 $p-$값은 $0.05<p-$값<0.10와 같이 표시될 수 있다. 예제 10.5와 같은 방법으로 계산하면 $p-$값은 0.059가 된다.

다음으로 두 모집단의 분산이 다른 경우($\sigma_1^2 \neq \sigma_2^2$)에 대한 모평균 차에 대한 95% 신뢰구간 및 통계적 가설검정은 요약하면 다음과 같다(분산의 동질성을 검정하는 방법에 대해서는 본 교재에서는 다루지 않으며 수리통계학 등의 관련 책자를 참고하기 바란다).

소표본에서 $\mu_1-\mu_2$에 대한 $100(1-\alpha)$%신뢰구간 (분산이 다른 경우)

$$((\overline{x_1}-\overline{x_2})-t_{\alpha/2}(df)\sqrt{\frac{s_1^2}{n_1}+\frac{s_2^2}{n_2}},\ (\overline{x_1}-\overline{x_2})+t_{\alpha/2}(df)\sqrt{\frac{s_1^2}{n_1}+\frac{s_2^2}{n_2}})$$

단, $df=\dfrac{(s_1^2/n_1+s_2^2/n_2)^2}{\dfrac{(s_1^2/n_1)^2}{n_1-1}+\dfrac{(s_2^2/n_2)^2}{n_2-1}}$

모평균 차 $\mu_1-\mu_2$에 대한 가설검정 (분산이 다른 경우)

1. $H_0:(\mu_1-\mu_2)=D_0$ versus $H_1:(\mu_1-\mu_2)>D_0$ [혹은 $H_1:(\mu_1-\mu_2)<D_0$]
   versus $H_1:(\mu_1-\mu_2)\neq D_0$
2. 유의수준 α
3. 검정통계량: $T=\dfrac{(\overline{X_1}-\overline{X_2})-D_0}{\sqrt{\dfrac{s_1^2}{n_1}+\dfrac{s_2^2}{n_2}}}$
4. 기각역: $t>t_\alpha(df)$ [혹은 $t<-t_\alpha(df)$]
   $t>t_{\alpha/2}(df)$ 혹은 $t<-t_{\alpha/2}(df)$

$$df=\frac{(s_1^2/n_1+s_2^2/n_2)^2}{\dfrac{(s_1^2/n_1)^2}{n_1-1}+\dfrac{(s_2^2/n_2)^2}{n_2-1}}$$

10.4 대응비교 검정

지금까지 두 모평균 차에 대한 통계적 추론은 두 표본이 서로 독립이라는 가정에서 이루어졌다. 그러나 많은 경우에는 두 표본이 서로 독립이 아닌 경우로 두 모평균 차에 대하여 추론을 하는 경우가 있다. 이와 같은 자료를 검정할 때는 동일한 실험단위 혹은 동질적인 자료를 쌍으로 묶은 다음, 실험단위 혹은 동질적인 자료의 쌍을 랜덤으로 추출하여 각 실험단위나 쌍에서 관측된 관측값의 차이를 이용하여 두 모평균을 비교하는 방법을 **대응비교(paired comparison)**라고 한다.

두 표본이 서로 독립적인 두 모평균 차에 대한 통계적 추론은 9.3절에서 정리되었으므로 두 표본이 서로 독립이 아닌 두 모평균 차에 대하여 추론하자.

대응비교에서 얻어지는 표본은 다음과 같이 표시할 수 있다.

표 10-1. 대응비교 표본

쌍	1	2	$\cdots$	n
표본 1	X_1	X_2	...	X_n
표본 2	Y_1	Y_2	$\cdots$	Y_n
차($D_i = X_i - Y_i$)	D_1	D_2	$\cdots$	D_n

쌍으로 된 표본 $(X_i,\ Y_i)$와 $(X_j,\ Y_j)$는 서로 독립이지만 쌍 안의 X_i와 Y_i은 서로 종속이 된다. 추출된 X_i와 Y_i의 차이로 만들어진 $D_i = X_i - Y_i$들은 정규분포 $N(\mu_D,\ \sigma_D^2)$을 따른다고 할 때, 표본의 차 D_i의 표본평균과 표본분산을 $\overline{D}$, $s_D{}^2$ 라고 하면 통계량 T는 자유도 $n-1$인 t 분포를 따른다.

$$T = \frac{\overline{D} - (\mu_1 - \mu_2)}{s_D / \sqrt{n}}$$

여기서 $\overline{D} = \frac{1}{n}\sum_{i=1}^{n} D_i,\ s_D^2 = \frac{1}{n-1}\sum_{i=1}^{n}(D_i - \overline{D})^2$

모평균 μ에 대한 추론방법을 이용하면 대응비교에 따른 추론을 할 수 있으므로 두 모평균의 차 $\mu_1 - \mu_2 = \mu_d$의 $100(1-\alpha)\%$ 신뢰구간은 다음과 같다.

대응비교 실험에서 $\mu_1 - \mu_2 = \mu_d$에 대한 $100(1-\alpha)\%$ 신뢰구간

$$\left(\overline{D} - t_{\alpha/2}(n-1)\frac{s_D}{\sqrt{n}},\ \overline{D} + t_{\alpha/2}(n-1)\frac{s_D}{\sqrt{n}}\right)$$

여기서 쌍 n은 정규모집단으로부터 임의추출되었고, $s_D = \sqrt{\frac{\sum_{i-1}^{n}(D_i - \overline{D})^2}{n-1}}$

그리고 $\mu_1 - \mu_2 = \mu_d$에 대한 **대응비교 검정**을 위하여 검정통계량 값 t와 t_α, $\pm t_{\alpha/2}$의 임계값은 자유도 $n-1$인 t분포에서 결정된다. 이들의 값은 부록 [표 4]에서 주어진다. 이것을 정리하면 다음과 같다. 단, 쌍 n은 정규적으로 분포되어진 모집단으로부터 임의추출되었다.

$\mu_1 - \mu_2 = \mu_d$에 대한 대응비교 검정

1. $H_0 : \mu_d = 0$ versus $H_1 : \mu_d > 0$ [혹은 $H_1 : \mu_d < 0$]
   $H_1 : \mu_d \neq 0$
2. 유의수준 α
3. 검정통계량: $T = \dfrac{\overline{D} - 0}{s_D/\sqrt{n}} = \dfrac{\overline{D}}{s_D/\sqrt{n}}$, $s_D = \sqrt{\dfrac{\sum_{i=1}^{n}(D_i - \overline{D})^2}{n-1}}$
4. 기각역: $t > t_\alpha(n-1)$ [혹은 $t < -t_\alpha(n-1)$]
   $t > t_{\alpha/2}(n-1)$ 혹은 $t < -t_{\alpha/2}(n-1)$

▌예제 10.9▐

타이어 제조업자는 타이어종류 A와 B의 품질비교를 원한다. 임의로 선정된 5대 자동차 뒷바퀴에 한쪽에는 A, 다른 쪽에는 B 타이어를 각각 1개씩 장착하였다. 5대 자동차는 일정한 거리를 운행한 다음 각각 타이어 마모를 측정하였다. A 타이어 마모측정값과 B 타이어 마모측정값 차이를 $d = A - B$로 표시한 결과 다음과 같은 자료를 얻었다. 두 타이어의 마모측정값 차에 대한 95 % 신뢰구간을 구하여라.

자동차	1	2	3	4	5
타이어 A	10.6	9.8	12.3	9.7	8.8
타이어 B	10.2	9.4	11.8	9.1	8.3
$d=A-B$	0.4	0.4	0.5	0.6	0.5

풀이 $\bar{d} = 0.48$, $s_d = 0.0837$, $t_{0.025}(4) = 2.776$

타이어 평균마모에 대한 차 95 % 신뢰구간은 다음과 같다.

$$\bar{d} \pm t_{\alpha/2}(n-1)\frac{s_d}{\sqrt{n}}$$

$$\Rightarrow 0.48 \pm (2.776)\frac{0.0837}{\sqrt{5}}$$

$$\Rightarrow 0.48 \pm 0.10$$

$$\Rightarrow (0.38, 0.58)$$

| 예제 10.10 |

예제 10.9의 자료에서 타이어 A와 타이어 B는 평균마모가 다르다고 할 수 있는지 $\alpha = 0.05$에서 검정하여라.

풀이 A 타이어의 평균마모를 μ_1, B 타이어의 평균마모를 μ_2라고 하면 $\mu_1 - \mu_2 = \mu_d$에 대한 가설검정은 다음과 같다.

1. $H_0 : \mu_d = 0$ versus $H_1 : \mu_d \neq 0$
2. $\alpha = 0.05$
3. 검정통계량

$$t = \frac{\bar{d} - 0}{s_d / \sqrt{n}} = \frac{0.48}{0.0837/\sqrt{5}} = 12.8$$

4. 기각역: 유의수준 $\alpha = 0.05$, 자유도 4에서 양측검정에 대한 t 의 임계값은 $\pm t_{\alpha/2}(4) = \pm t_{0.025}(4) = \pm 2.776$이다. 검정통계량 값은 기각역보다 크므로 귀무가설 $H_0 : \mu_d = 0$를 기각한다. 즉, 두 타이어의 평균마모는 다르다고 할 수 있다.

대응비교에서는 t 분포의 자유도가 $2n-2$에서 $n-1$로 줄어들기 때문에 t_α값이 증가한다. 그러나 s_D의 값이 s_P의 값보다 훨씬 작아지면 검정통계량의 값은 커진다. 즉 t_α값의 증가에 비하여 s_D값의 감소가 훨씬 크면 대응비교가 독립표본비교보다 더 효과적이라고 할 수 있다.

일반적으로, 이질적인 두 집단을 비교할 때 비교의 효과를 높이고자 동질적인 자료를 쌍으로 이룬 두 집단을 비교하는 것이 대응비교의 목적이다. 이것은 동일집단에서 나타나는 전과 후의 두 자료는 독립이라고 할 수 없으므로 대응비교를 하는 것이 타당하다. 예를 들면, 장애인들의 건강을 조사하기 위하여 운동 전과 운동 후의 자료는 대응비교가 보다 타당하다.

엑셀을 활용한 가설검정

☒ 소표본에서 모평균 추론

예제 10.3의 데이터를 엑셀에 입력한 후 상단에 있는 메뉴의 [데이터] 탭을 누르고 오른쪽 끝에 있는 [데이터 분석]을 클릭하면, [그림 10-4]와 같이 통계 데이터 분석 화면이 나타난다.

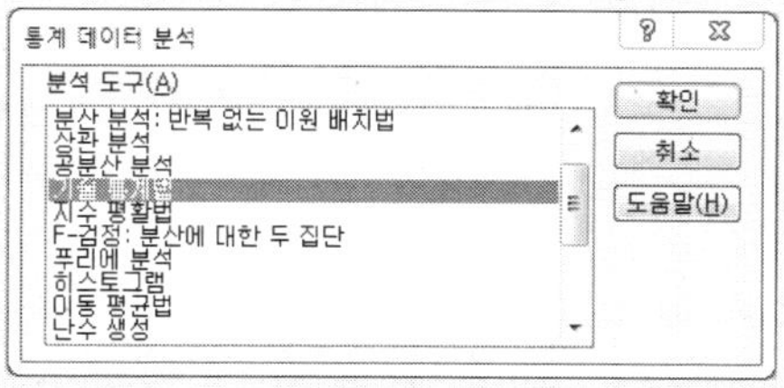

그림 10-4. 통계 데이터 분석

통계 데이터 분석의 화면에서 분석 도구에서 [기술 통계법]을 선택하고 확인을 누르면 [그림 10-5]와 같은 화면이 나타난다. 입력 범위에는 데이터 부분을 마우스 드래그로 지정하고 출력 옵션에서는 '새로운 워크시트'와 '요약 통계량', '평균에 대한 신뢰 수준'을 선택 후 확인을 누르면 [그림 10-6]의 Column1과 같은 결과물이 나타난다.

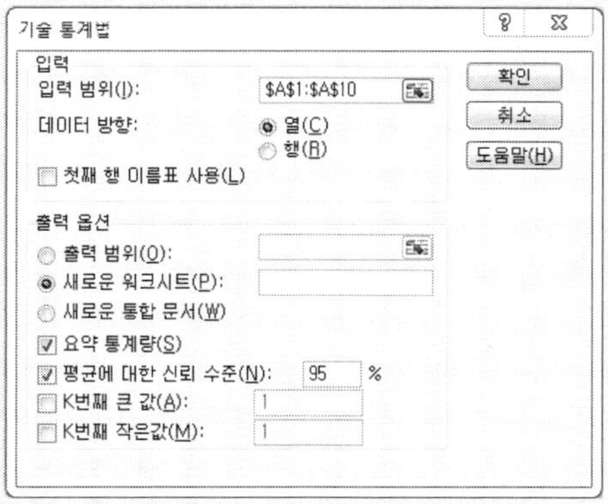

그림 10-5. 기술 통계법

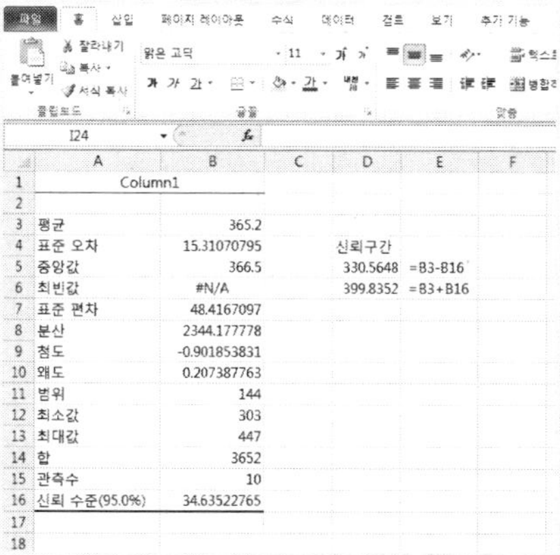

그림 10-6. 기술 통계법 결과

검정통계량 t 의 값은 공식에 대입하면 -2.273이다. 다음으로 $p-$값을 구하기 위해서 상단에 있는 메뉴의 [수식] 탭을 누르고 [함수삽입]을 클릭하면, [그림 10-7]과 같이 함수 마법사 화면이 나타난다. 함수 검색에서 TDIST를 검색하고 선택하면 [그림 10-8]과 같은 화면이 나타난다. X에는 검정통계량을 입력하고 Deg_freedom에는 자유도인 9, Tails에는 단측검정이므로 1을 입력한 후 확인을 누르면 [그림 10-9]와 같이 p−값이 산출된다.

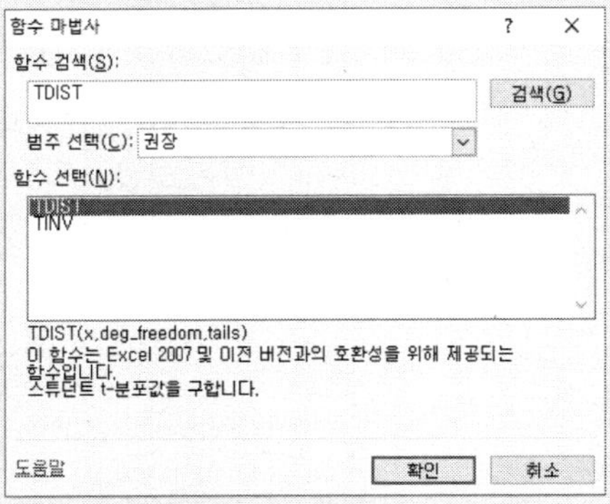

그림 10-7. 함수 마법사

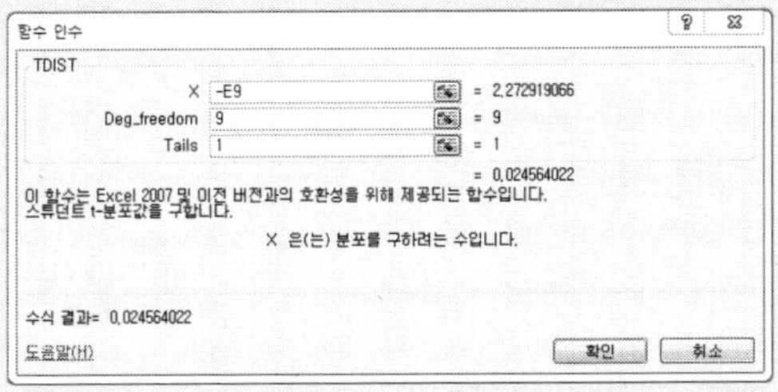

그림 10-8. TDIST 함수

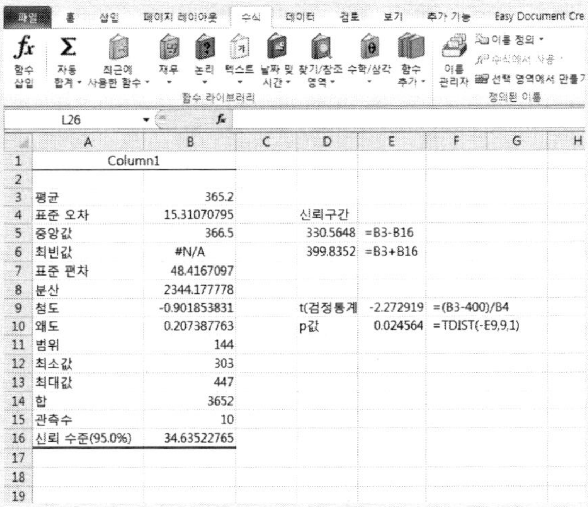

그림 10-9. 기술 통계법 및 함수 결과

☒ 소표본에서 두 모평균 차 가설검정

예제 10.6의 자료를 [그림 9-4]와 같이 입력한 후 상단에 있는 메뉴의 [데이터] 탭을 누르고 오른쪽 끝에 있는 [데이터 분석]을 클릭하면, [그림 10-10]과 같이 통계 데이터 분석 화면이 나타난다. 통계 데이터 분석의 화면이 나타나면 [t-검정: 등분산 가정 두집단]을 선택하면 나타나는 [그림 10-11]의 변수 1 입력 범위에는 기존 훈련, 변수 2 입력 범위에는 새로운 훈련을 지정하고 '이름표'를 선택한다. 출력 옵션에서는 '새로운 워크시트'를 선택 후 확인을 누르면 [그림 10-12]와 같은 결과물이 나타난다.

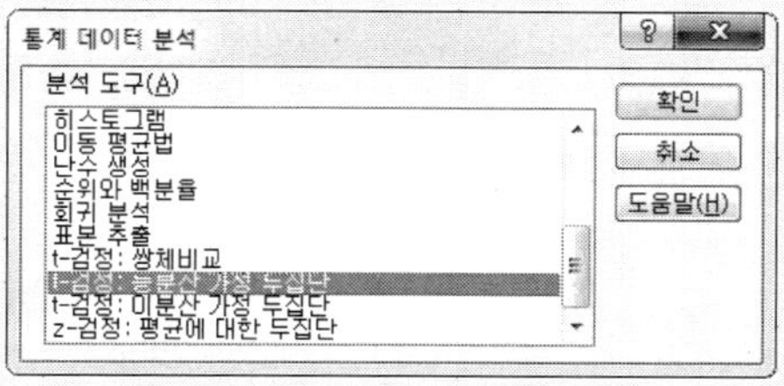

그림 10-10. 통계 데이터 분석

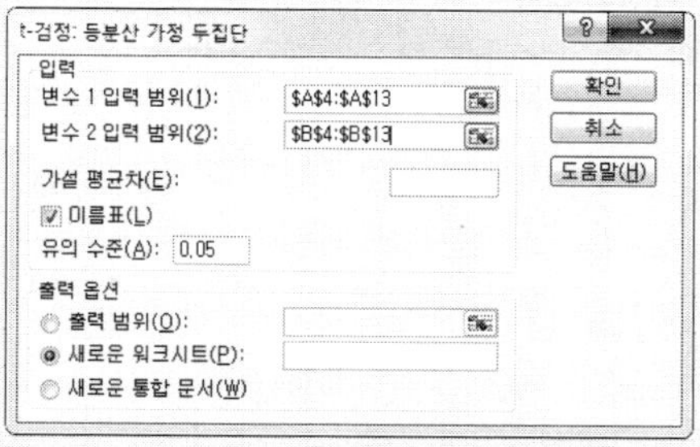

그림 10-11. t-검정: 등분산 가정

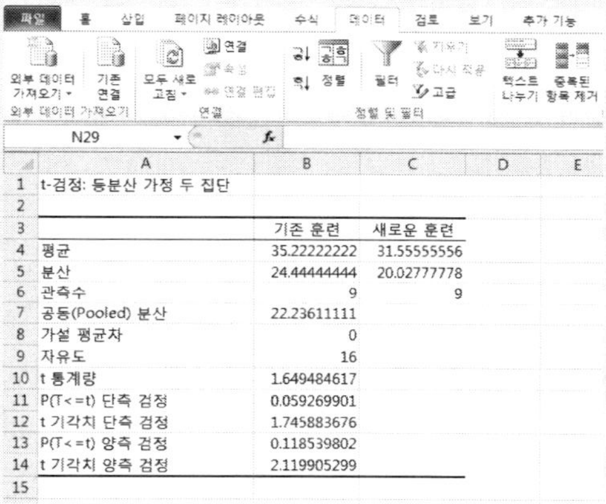

	A	B	C
1	t-검정: 등분산 가정 두 집단		
2			
3		기존 훈련	새로운 훈련
4	평균	35.22222222	31.55555556
5	분산	24.44444444	20.02777778
6	관측수	9	9
7	공동(Pooled) 분산	22.23611111	
8	가설 평균차	0	
9	자유도	16	
10	t 통계량	1.649484617	
11	P(T<=t) 단측 검정	0.059269901	
12	t 기각치 단측 검정	1.745883676	
13	P(T<=t) 양측 검정	0.118539802	
14	t 기각치 양측 검정	2.119905299	
15			

그림 10-12. t-검정 결과: 등분산 가정

다음으로 두 모집단의 분산이 다른 경우($\sigma_1^2 \neq \sigma_2^2$)를 위해 아래의 자료를 엑셀에 입력한다. 자료는 A회사 제품 11개와 B회사 제품 11개에 대해서 열처리 후 늘어난 길이(mm)를 측정한 것이다.

A사 제품	28	19	22	18	22	16	13	19	18	24	26
B사 제품	28	22	19	25	21	23	24	23	23	29	23

이 자료를 이용하여 두 집단의 모평균 차이에 대한 통계적 가설검정을 위해 상단에 있는 메뉴의 [데이터] 탭을 누르고 [데이터 분석]을 클릭한다. 통계 데이터 분석 화면에서 [t-검정: 이분산 가정 두집단]을 선택하면 [그림 10-13]과 같은 화면이 나타나고 변수 1 입력 범위에는 A사 제품, 변수 2 입력 범위에는 B사 제품을 지정하고 '이름표'와 '새로운 워크시트'를 선택 후 확인 클릭하면 [그림 10-14]과 같은 결과물이 나타난다.

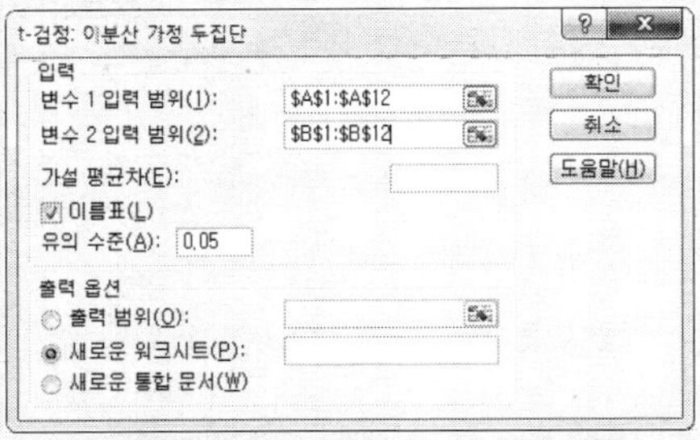

그림 10-13. t-검정: 이분산 가정 두집단

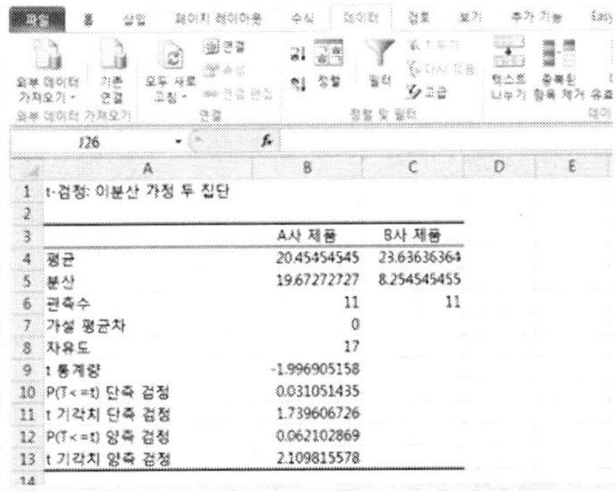

그림 10-14. t-검정: 이분산 가정 두집단 결과

☒ 대응비교 검정

예제 10.9의 자료를 [그림 10-15]와 같이 엑셀에 데이터를 입력한다. 입력 후 상단에 있는 메뉴의 **[데이터]** 탭을 누르고 오른쪽 끝에 있는 **[데이터 분석]**을 클릭하면, [그림 10-16]과 같이 통계 데이터 분석 화면이 나타나며, **[t-검정: 쌍체비교]**를 선택하면 [그림 10-17]과 같은 화면이 나타난다.

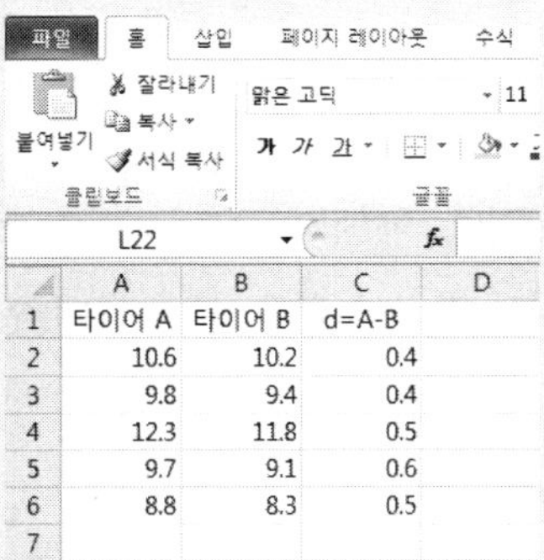

그림 10-15. 데이터 입력

그림 10-16. 통계 데이터 분석

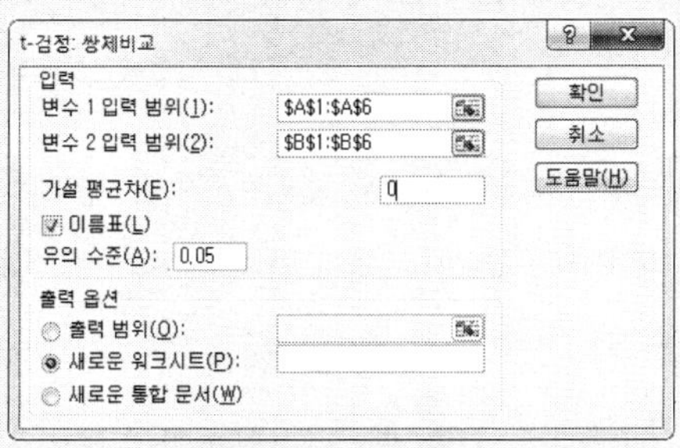

그림 10-17. t-검정: 쌍체비교

변수 1 입력 범위에는 타이어 A, 변수 2 입력 범위에는 타이어 B를 가설 평균차는 0을 입력하고 '이름표'를 선택한다. 출력 옵션에서는 '새로운 워크시트'를 선택 후 확인을 누르면 [그림 10-18]과 같은 결과물이 나타난다.

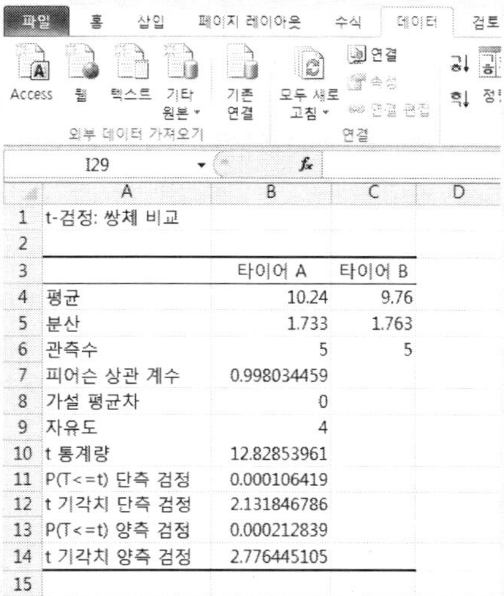

	타이어 A	타이어 B
평균	10.24	9.76
분산	1.733	1.763
관측수	5	5
피어슨 상관 계수	0.998034459	
가설 평균차	0	
자유도	4	
t 통계량	12.82853961	
P(T<=t) 단측 검정	0.000106419	
t 기각치 단측 검정	2.131846786	
P(T<=t) 양측 검정	0.000212839	
t 기각치 양측 검정	2.776445105	

그림 10-18. t-검정: 쌍체비교 결과

연습문제

01 정규모집단으로부터 표본 $n=12$를 임의추출한 자료는 $\overline{x}=47.1$이고 $s^2=4.7$이었다.

(1) 모평균 μ에 대한 90% 신뢰구간을 구하여라.

(2) $H_0: \mu=48,\ H_1: \mu \neq 48$에 대해 검정하여라.
단, $\alpha=0.10$을 이용하여라.

02 두 정규모집단으로부터 독립적으로 크기 $n_1=4$와 $n_2=5$인 임의추출한 자료는 아래와 같다.

모집단 1	12	3	8	5	
모집단 2	14	7	7	9	6

(1) $\mu_1-\mu_2$에 대한 95% 신뢰구간을 구하여라.

(2) $H_0: \mu_1-\mu_2=0$ versus $H_1: \mu_1-\mu_2>0$을 유의수준 0.05를 기준으로 검정하여라.

03 정규모집단으로부터 표본 $n=25$를 임의추출한 결과 표본분산 14를 얻었다. 이 자료는 $\sigma^2>15$를 설명하기에 충분한 증거를 제시하는지 유의수준 0.05에서 검정하여라.

04 담배연기는 폐 기능에 해로운 영향을 미친다고 인정되었다. 흡연자 $n=20$을 임의로 추출하여 일산화탄소의 확산용량(DL)을 조사한 결과 다음과 같다.

104	89	73	123	91	92	62	91	84	76
101	88	71	82	89	103	109	73	107	90

(1) 흡연자에 대해서 평균 DL에 대한 95% 신뢰구간을 구하여라.

(2) 흡연자에 대한 평균 DL은 비흡연자에 대한 평균 $100\,DL$보다 더 낮다고 설명할 수 있는가? 유의수준 0.01을 기준으로 검정하여라.

05 대응비교 실험에서 쌍 $n = 18$로 구성된 측정값이 $\overline{d} = 5.7$이고 $s_d^2 = 256$일 때 $\mu_d > 0$인지 알기를 원한다. 유의수준 0.05를 기준으로 통계적 가설검정을 수행하고 결과를 설명하여라.

06 쟌 린드히(1984)는 안티프라그 구강린스가 치아에 있는 프라그 증가에 미치는 영향을 연구하였다. 14명의 지원자 중에서 각각 7명씩 임의로 분류하였다. 그룹 1은 안티프라그 약을 포함한 린스를 사용하였고 그룹 2(통제 그룹)는 안티프라그가 아닌 약이 포함된 비슷한 린스를 사용하였다. 프라그양을 3일 동안 조사한 결과 평균과 표준편차는 다음과 같다.

	표본크기	평균	표준편차
통제 그룹	7	1.26	0.32
안티프라그 그룹	7	0.78	0.32

(1) 통제그룹과 안티프라그 구강린스 그룹에 대하여 두 모평균 차에 대한 $95\,\%$ 신뢰구간을 구하고 설명하여라.

(2) 안티프라그 구강린스가 효과가 있다고 할 수 있는지 유의수준 0.05를 기준으로 검정하여라.

07 두 가지 형태의 교통표시를 실험하였다. 금지하는 것(좌회전 금지)과 허락하는 것(좌회전만 실행)에 평균반응시간을 비교하고자 하였다. 운전자 10명을 임의로 선발하여 각 운전자를 대상으로 20개는 금지하는 것과 20개는 허락하는 것으로 임의 분류하여 평균반응시간을 각각 기록하였다. 10명에 대한 각 평균반응시간은 아래와 같다. (단위는 1/100초)

운전자	1	2	3	4	5	6	7	8	9	10
금지	82	87	84	77	83	76	86	83	85	76
허락	70	73	74	66	79	71	75	69	74	61

(1) 금지하는 것과 허락하는 교통표시에 평균반응시간 차에 대한 $95\,\%$ 신뢰구간을 구하여라.

(2) 자료는 금지하는 것과 허락하는 교통표시에 평균반응시간이 다르다는 충분한 증거를 제공하는지 유의수준 0.05를 기준으로 검정하여라.

11장

분산분석

9장과 10장에서는 두 모집단의 평균을 비교하는 방법을 다루었다. 여기서는 3개 이상의 모집단이 동일한 평균을 갖는지 검정하는 방법을 알아보고자 한다. 3개 이상의 변수들 간에 관계를 조사하기 위하여 영국의 통계학자 R. A. Fisher(1890~1962)에 의하여 고안된 **분산분석**(analysis of variance, ANOVA)이라는 분석방법을 다루고자 한다. 분산분석은 여러 모집단에서 관측된 자료를 효과적으로 분석하고 해석하게 해주는 아주 유용한 분석방법이다. 실제로 부딪히게 되는 통계자료의 많은 부분이 이와 같은 분산분석 기법을 필요로 하고 있다.

11.1 분산분석 개념

두 평균 차에 대한 검정을 확장하여 3개 이상의 모집단 평균이 동시에 동일하다는 것을 비교하여 보자. 이때 표본은 각 모집단으로부터 독립적이고 임의추출된다. 각각의 모집단은 평균이 $\mu_1, \mu_2, \cdots, \mu_k$이고 분산이 동질한 정규분포로 되어졌다고 가정한다(분산의 동질성에 대한 검정은 실험계획법 등의 관련 책자를 참고하기 바란다).

예를 들면, 자동차보험 계약자들이 5개 보험회사에 청구한 보험금을 각각 10개씩 임의추출한 자료가 [표 11-1]이다. 이때 각 회사 간의 평균차를 비교하고자 한다. 3개 이상의 평균차를 비교할 때는 t 검정이 효과적으로 사용될 수 없다는 것을 알 수 있다. 두 회사의 보험청구금액에 대한 평균차를 비교하는 검정은 다음과 같이 $C_2^5 = 10$번의 t 검정을 시행해야 한다. 각 회사의 평균이 모두가 동일할지라도 10개 중 1개를 선택하였을 때 두 평균이 동등하다는 귀무가설을 기각하는 확률은 α이다. 이 검정을 10번 반복하였을 때, 적어도 하나는 두 평균이 다르다고 잘못 결정할 확률은 매우 높아진다. 그러므로 5개 보험회사의 모평균 $\mu_1, \mu_2, \cdots, \mu_5$는 동일하다는 귀무가설에 대하여 적어도 하나는 두 평균이 다르다는 대립가설의 검정에 대하여 다른 통계적 분석방법을 생각할 수 있다. 이와 같이 k개 모평균의 동일성을 비교하는 방법을 **분산분석**이라고 한다.

표 11-1. 5개 보험회사의 청구금액 (단위: 백만 원)

회사 1	회사 2	회사 3	회사 4	회사 5
76	133	59	373	163
436	126	144	183	502
214	21	118	37	301
199	408	320	201	67
536	294	63	74	214
95	321	94	86	406
128	86	128	123	123
31	374	12	107	145
86	163	84	310	273
149	64	168	176	76

11.2 일원배치법과 분산분석

실험환경이나 실험조건이 변하여 반응변화가 있는지를 볼 때, 실험환경이나 실험조건을 나타내는 변수를 **인자**(factor), 실험환경이나 실험조건과 같이 실험단위에 적용되어 특성치를 결정지어주는 것을 **인자수준**(factor level) 또는 **처리**(treatment), 비교대상인 특성치를 **처리효과**(treatment effect)라고 한다. 그리고 단 하나의 인자가 관측값에 미치는 영향을 조사하는 분산분석법을 **일원배치법**(one way ANOVA)이라고 한다. [표 11-1]에서 각 회사에서의 표본평균을 비교해보면 크기가 $\overline{x_3} < \overline{x_4} < \overline{x_1} < \overline{x_2} < \overline{x_5}$의 순서이며 $\overline{x}_3$의 값은 다른 값들에 비하여 작다고 할 수 있다. 그러므로 μ_3와 μ_5는 차이가 있을 것이라 예상된다. 그러나 표본에서 나타나는 차이가 통계학적으로 유의한 것인지 판단할 수 있는 객관적 검정방법이 필요하게 된다. 간단한 모형으로 10장에서 2개의 처리효과(모평균)을 비교할 때에는 t 검정이 효과적으로 사용되었으나 3개 이상의 처리효과(모평균)을 비교할 때는 t 검정이 효과적으로 사용될 수 없다. k개의 처리효과(모평균)을 비교검정하기 위하여 처리에 대한 다음과 같은 통계모형이 필요하다.

$$X_{ij} = \mu_i + \epsilon_{ij}, \quad i = 1, 2, \cdots, k, \; j = 1, 2, \cdots, n_i$$

여기서 i번째 회사의 j번째 관측값을 나타내는 확률변수 X_{ij}는 i번째 회사의 모평균 μ_i와

오차 ϵ_{ij}의 합으로 나타난다. 이때 μ_i는 i번째 인자수준에서 관측값의 기댓값이고 ϵ_{ij}는 오차로 서로 독립인 $N(0,\sigma^2)$를 따르는 확률변수이다. 그러므로 가설검정은 아래와 같이 주어진다. 여기에서는 $k=5$, $n_i=10$이다.

$$H_0 : \mu_1 = \mu_2 = \mu_3 = \mu_4 = \mu_5 \text{ versus } H_1 : \text{ 적어도 하나 이상 } \mu_i \neq \mu_j$$

지금 x_{ij}를 i번째 보험회사에서 j번째 관측값으로 두자. 그러면 관측값 x_{ij}와 총평균 $\overline{x}$와의 차이 총편차(total deviation)는 아래와 같이 분해할 수 있다.

$$(x_{ij} - \overline{x}) = (x_{ij} - \overline{x_i}) + (\overline{x_i} - \overline{x})$$

여기서 편차 $(x_{ij} - \overline{x_i})$를 **오차(error)**라 하고 $(\overline{x_i} - \overline{x})$는 i번째 처리의 평균과 총평균의 편차로서 **처리효과의 편차**라고 한다.

분해된 총편차의 양변을 제곱하여 더하면 다음과 같다.

$$\sum_{i=1}^{k}\sum_{j=1}^{n_i}(x_{ij} - \overline{x})^2 = \sum_{i=1}^{k} n_i(\overline{x_i} - \overline{x})^2 + \sum_{i=1}^{k}\sum_{j=1}^{n_i}(x_{ij} - \overline{x_i})^2$$

이때 $\sum_{i=1}^{k}\sum_{j=1}^{n_i}(x_{ij} - \overline{x})^2$을 **총제곱합(Total sum of square)**이라고 하며 SST로 나타내고 $\sum_{i=1}^{k} n_i(\overline{x_i} - \overline{x})^2$은 표본평균 사이에서 변동의 정도를 계산하기 위해 사용되는 **처리제곱합(sum of squares treatment)**이라고 하며 SS_{TR}로 나타낸다. 예를 들면, 처리는 5개 보험회사이다. 그리고 $\sum_{i=1}^{k}\sum_{j=1}^{n_i}(x_{ij} - \overline{x_i})^2$은 표본 내에서 변동의 정도를 사용하기 위한 **오차제곱합(sum of squares for error)**이라고 하며 SSE로 나타낸다. 즉,

$$SST = \sum_{i=1}^{k}\sum_{j=1}^{n_i}(x_{ij} - \overline{x})^2,\ SS_{TR} = \sum_{i=1}^{k} n_i(\overline{x_i} - \overline{x})^2,\ SSE = \sum_{i=1}^{k}\sum_{j=1}^{n_i}(x_{ij} - \overline{x_i})^2$$

그러므로 아래와 같은 식으로 표시할 수 있다.

$$SST = SS_{TR} + SSE$$

| 예제 11.1 |

[표 11-1]에서 5개회사의 평균 보험청구금액에 대한 분산분석 결과는 다음과 같다.

Source	DF	SS	DF	MS	F	P
Factor	66752	4	66752	16688	0.979	0.429
Error	767188	45	767188	17049		
Total	833940	49	833940			

1. 위의 분산분석 결과를 분산분석표 혹은 ANOVA표라고 한다.
2. 2열에는 자유도(degrees of freedom: df)를 나타낸다.
   (1) 모형(혹은 보험회사)에 대한 자유도는 모집단의 수 k보다 언제나 1개 적으므로 $k-1=5-1=4$.
   (2) 잔차에 대한 자유도는 $n_1+n_2+\cdots+n_k-k=n-k$이므로 $50-5=45$.
   (3) SST의 자유도는 언제나 $n-1$이므로 $50-1=49$이며 모형과 잔차에 대한 자유도 총합은 언제나 SST의 자유도와 같음.
3. 3열에는 제곱합(sum of square: SS)을 보여 주고 있으며, 처리제곱합 SS_{TR}, 오차제곱합 SSE, 총제곱합 SST의 값은 아래와 같다.

$$SS_{TR}=\sum_{i=1}^{5} n_i(\overline{x}_i-\overline{x})^2=66,752,\quad SSE=\sum_{i=1}^{5}\sum_{j=1}^{10}(x_{ij}-\overline{x}_i)^2=767,188$$

$$SST=\sum_{i=1}^{5}\sum_{j=1}^{10}(x_{ij}-\overline{x})^2=833,940$$

$$SS_{TR}+SSE=SST;\ 66,752+767,188=833,940$$

4. 4열에는 평균제곱(Mean Square: MS)을 보여 준다. 추정량 MS는 제곱합 SS에 일치하는 자유도를 나누므로써 계산된다. **처리평균제곱**은 MS_{TR}(Mean square for treatment)로 표시하며 다음과 같이 구할 수 있다.

$$MS_{TR} = \frac{1}{k-1} SS_{TR} = \frac{66,752}{4} = 16,688$$

비슷한 방법으로, **오차평균제곱**은 MSE(Mean square for error) 혹은 s^2으로 나타내며 다음과 같이 구할 수 있다.

$$MSE = s^2 = \frac{1}{n-k} SSE = \frac{767,188}{45} = 17,049$$

5. 5열에는 다음과 같은 처리효과의 유의성 가설검정에 대한 검정통계량 F값을 나타낸다.

$$H_0 : \mu_1 = \mu_2 = \cdots = \mu_k \text{ versus } H_1 : \text{ 적어도 하나 이상 } \mu_i \neq \mu_j$$

처리제곱합 SS_{TR}이 차지하는 비중이 커지고 오차제곱합 SSE가 차지하는 비중은 작아질수록 처리효과는 유의하다. 즉, 검정통계량 F의 값이 커질수록 처리효과는 유의할 것이다. 두 추정량 MS_{TR}과 MSE를 비교한 통계량이 F 검정통계량이다.

$$F = \frac{MS_{TR}}{MSE} \left(= \frac{SS_{TR}/(k-1)}{SSE/(n-k)}\right)$$

$H_0 : \mu_1 = \mu_2 = \mu_3 = \mu_4 = \mu_5$가 참일 때, 검정통계량 F는 분자자유도 $v_1 = k-1 = 4$, 분모자유도 $v_2 = n-k = 45$인 F 분포이다. 검정통계량 값 f는 5열에서 보여 준다.

$$f = \frac{MS_{TR}}{MSE} = 0.98$$

유의수준 α에서 임계값은 $F_\alpha(v_1, v_2)$이므로 기각역은 아래와 같다.

$$f > F_\alpha(v_1, v_2) \qquad \text{단, } v_1 = k-1,\ v_2 = n-k$$

$\alpha = 0.05$에서 임계값 $F_{0.05}(4,45)$은 F분포표에서는 없으므로 $F_{0.05}(4, 60) = 2.53$과 $F_{0.05}(4, 40) = 2.61$ 사이가 된다([그림 11-1] 참조). $f = 0.98$은 임계값을 넘지 않으므로 기각역에 속하지 않는다. 즉, 귀무가설 H_0는 유의수준 0.05에서 기각할 수 없다. 그러

므로 5개 보험회사의 보험청구 평균금액은 다르다고 할 수 없다.

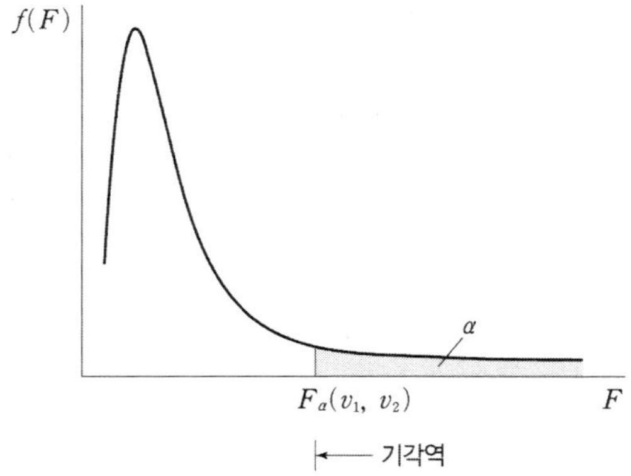

그림 11-1. 분산분석에서 F검정의 기각역

$F_\alpha(v_1, v_2)$값은 자유도가 $v_1 = k-1$과 $v_2 = n-k$에서 우측 확률이 α가 되는 수평축의 값이므로 $P(F > F_\alpha(v_1, v_2)) = \alpha$을 만족한다.

6. 6열에는 관측된 유의수준을 보여 준다. 검정통계량 값 $f = 0.98$에 의한 $p-$값은 0.429이다. $p-$값이 유의수준 $\alpha = 0.05$보다 적거나 같을 때 귀무가설 H_0를 기각하므로 $p-$값 0.429는 유의수준 $\alpha = 0.05$보다 크므로 귀무가설 H_0를 기각할 수 없다.

   이러한 검정과정을 분산분석표로 요약하면 [표 11-2]와 같다.

표 11-2. 분산분석표

요인	제곱합	자유도	평균제곱	F
처리	SS_{TR}	$k-1$	$MS_{TR} = SS_{TR}/(k-1)$	$MS_{TR/MSE}$
오차	SSE	$n-k$	$MSE = SSE/(n-k)$	
계	SST	$n-1$		

그리고 k 모평균 비교에 대한 F검정을 정리하면 다음과 같다.

k 모평균 비교에 대한 F검정

1. $H_0 : \mu_1 = \mu_2 = \cdots = \mu_k$ versus H_1 : 적어도 하나 이상 $\mu_i \neq \mu_j, (i \neq j)$
2. 유의수준 α
3. 검정통계량 : $F = \dfrac{MS_{TR}}{MSE}$ (자유도: $v_1 = k-1,\ v_2 = n-k$)
4. 기각역 : $F > F_\alpha(v_1, v_2)$ 이면 H_0기각

분산분석 수행 시 귀무가설이 기각되는 경우 그룹 간의 비교를 위한 **사후검정**(post hoc test)을 수행하게 되며, 앞서 다룬 독립인 두 모평균 차 검정을 사용하는 경우 **다중비교**(multiple comparison)로 인해 전체 유의수준이 커지는 문제가 발생할 수 있다. 이를 해결하기 위해 여러 가지 사후검정 방법들(Bonferroni, Scheffe, Tukey 등)이 있으며, 이에 대한 상세한 내용은 실험계획법 등 관련 문헌을 참고하기 바란다.

[표 11-1]의 데이터를 [그림 11-2]와 같이 입력하고 상단에 있는 메뉴의 [데이터] 탭을 누르고 오른쪽 끝에 있는 [데이터 분석]을 클릭하면, [그림 11-3]과 같이 통계 데이터 분석 화면이 나타난다. [분산 분석: 일원 배치법]을 선택하고 확인을 누르면 [그림 11-4]와 같은 화면이 나타난다.

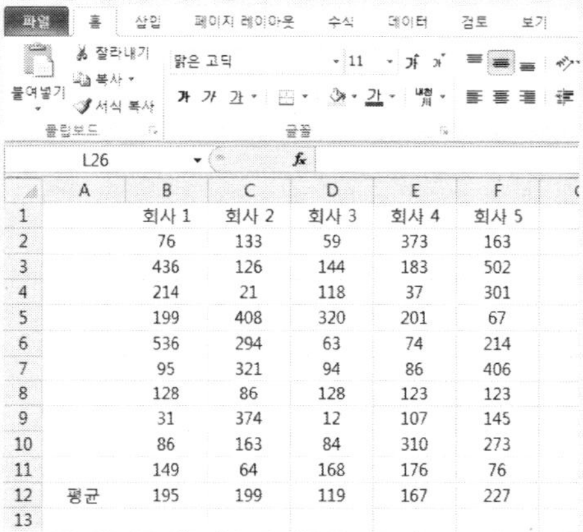

	A	B	C	D	E	F
1		회사 1	회사 2	회사 3	회사 4	회사 5
2		76	133	59	373	163
3		436	126	144	183	502
4		214	21	118	37	301
5		199	408	320	201	67
6		536	294	63	74	214
7		95	321	94	86	406
8		128	86	128	123	123
9		31	374	12	107	145
10		86	163	84	310	273
11		149	64	168	176	76
12	평균	195	199	119	167	227
13						

그림 11-2. 데이터

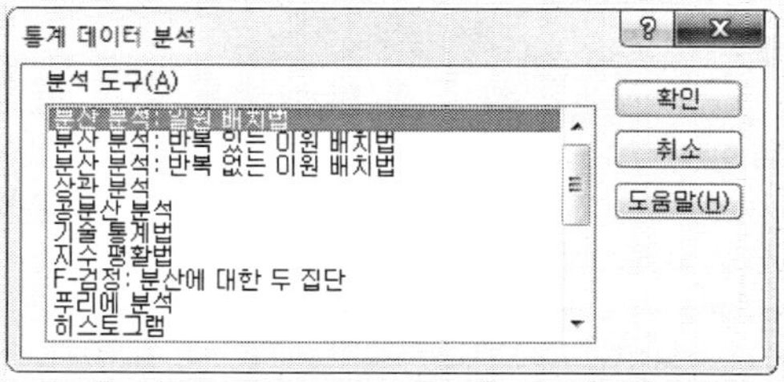

그림 11-3. 통계 데이터 분석

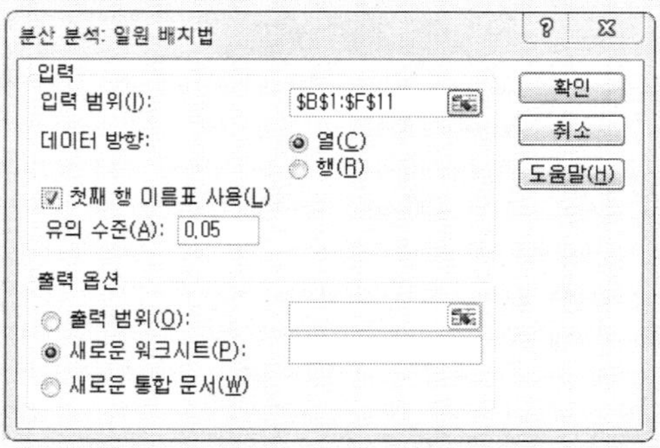

그림 11-4. 분산 분석: 일원 배치법

입력 범위에는 평균을 제외한 데이터를 지정하고, '첫째 행 이름표 사용' 출력 옵션에서는 '새로운 워크시트'를 선택 후 확인을 누르면 [그림 11-5]와 같은 분산분석 결과표가 나타난다.

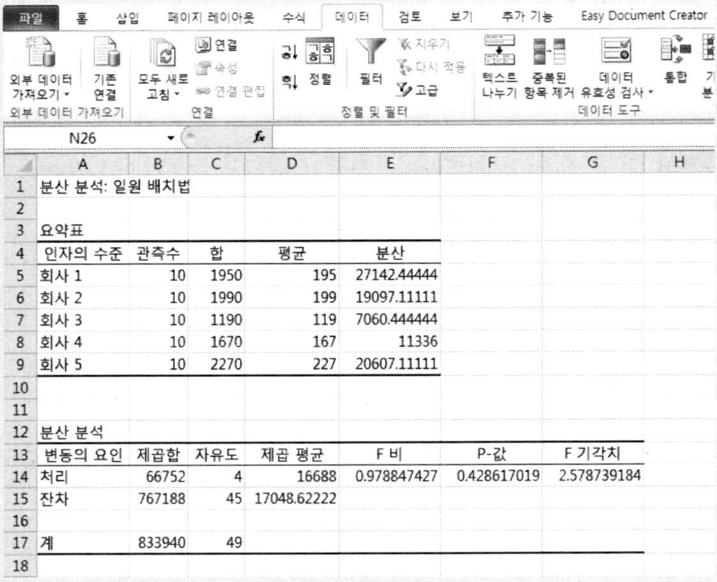

분산 분석: 일원 배치법

요약표

인자의 수준	관측수	합	평균	분산
회사 1	10	1950	195	27142.44444
회사 2	10	1990	199	19097.11111
회사 3	10	1190	119	7060.444444
회사 4	10	1670	167	11336
회사 5	10	2270	227	20607.11111

분산 분석

변동의 요인	제곱합	자유도	제곱 평균	F 비	P-값	F 기각치
처리	66752	4	16688	0.978847427	0.428617019	2.578739184
잔차	767188	45	17048.62222			
계	833940	49				

그림 11-5. 분산 분석: 일원 배치법 결과

연습문제

01 임의표본으로부터 6개 모집단의 평균에 대해 비교하기를 원한다고 하자. 각각의 표본 집단에는 10개의 관측값을 포함하고 있다. 분산분석표에서 변동요인과 그들 각각에 대한 자유도를 설명하여라.

02 11장 연습문제 1에서 $SST = 21.4$, $SSE = 16.2$라고 하자. (1) 분산분석표를 완성하고 (2)유의수준 0.05를 기준으로 가설 $H_0 : \mu_1 = \mu_2 = \cdots = \mu_6$에 대한 가설검정을 수행하고 결과를 해석하여라.

03 아래의 표는 일원배치법을 통해 표본에 따른 자료를 나타낸다.

표본 1	3	2	4	3	2
표본 2	4	3	5	2	5
표본 3	2	0	2	1	

(1) 위 자료에 대한 분산분석표를 작성하여라.

(2) 분산분석에서 F검정에 대한 귀무가설과 대립가설을 세우고 유의수준 5%를 기준으로 가설검정을 수행하고 결과를 해석하여라.

04 아래 분산분석표의 빈칸을 채우고 각 물음에 답하여라.

Source	DF	SS	MS	F
Treat	( )	( )	1,641	( )
Error	126	45,440	( )	
Total	129	50,364		

(1) 몇 개의 처리가 비교되었는가?

(2) 처리효과가 다르다고 할 수 있는가? 유의수준 5%에서 검정하여라.

12장

상관관계와 회귀분석

12.1 서론

변수들 사이에서 서로 간의 연관성을 알아보는 일은 흥미로운 일일 것이다. 이 장에서는 우선적으로 변수들의 선형적 연관성을 나타내는 통계량인 **상관계수**(correlation coefficient)와, 적절한 모형을 이용하여 흥미 있는 변수들이 다른 변수들에 의하여 어떻게 설명 또는 예측되는지를 알아보는 통계적 방법인 **회귀분석**(regression analysis)에 대해 알아보고자 한다.

12.2 상관계수

상관계수란 두 변수 간의 선형관계가 어느 정도인지를 알아보는 통계량으로 두 변수 X와 Y 모상관계수를 다음과 같이 정의할 수 있다.

$$\rho = Corr(X, Y) = \frac{Cov(X, Y)}{\sigma_X \sigma_Y}$$

상관계수의 값은 -1에서 1 사이에 있으며 1이나 -1의 값에 가까이 가면 두 변수가 강한 선형관계를 가지고 있으며, 0의 값에 가까이 가면 두 변수는 선형관계가 없다고 볼 수 있다. 이러한 모상관계수를 표본으로부터 추정하기 위한 한 가지 방법으로 **피어슨**(Pearson) 상관계수가 있다.

Pearson 상관계수

$$r = \frac{\sum_{i=1}^{n}(x_i - \bar{x})(y_i - \bar{y})}{\sqrt{\sum_{i=1}^{n}(x_i - \bar{x})^2}\sqrt{\sum_{i=1}^{n}(y_i - \bar{y})^2}}$$

12.3 회귀분석

영국의 생물학자 갈톤(F. Galton,1822~1911)은 '종의 기원'을 정립한 다윈의 이종사촌으로 사향완두(sweet pea)의 1세대와 2세대의 키에 관한 연구를 1877년 왕립학회에 발표하였다. 연구 결과 2세대 사향완두의 키는 1세대 키가 클수록 크게 나타나는데 그 키가 1세대 만큼 크지 않고, 1세대 키가 작으면 작을수록 2세대 키는 작게 나타나게 되는데 그 키가 1세대의 작은 키보다는 작게 나타나지 않는다는 것을 알 수 있었다. 1세대에 의해 유전되는 2세대의 키는 사향완두 전체의 평균 키에 접근한다는 사실을 발견하였다. 이러한 성향을 갈톤은 **회귀**(regression)라고 하였고 회귀의 어원이 되었다. 또한 피어슨(K. Pearson)은 1,078 가족의 인간을 대상으로 아들의 키를 y(단위는 인치), 아버지의 키를 x라 할 때

$$\hat{y} = 33.73 + 0.516x$$

와 같은 선형방정식을 찾아내었다. 이와 같이 회귀분석이라 함은 변수들 간의 함수관계를 알아보려는 통계적 방법이다. 본 교재에서는 많은 함수들 중에 일차함수(선형함수)인 경우만 다루기로 한다. 위의 예제의 경우 아들의 키(x)가 아버지의 키(y)에 영향을 받는다고 생각할 때, 아들의 키를 **반응변수**(response variable) 그리고 아버지 키를 **설명변수**(explanatory variable)라고 한다. 때에 따라서는 반응변수와 설명변수를 **종속변수**(dependent variable)와 **독립변수**(independent variable)로 칭하는 경우도 있다. 반응변수와 설명변수의 설정은 관심이 있는 변수를 반응변수로 설정하는 것이 좋을 것이다.

12.4 단순회귀모형

단순회귀모형(simple regression model)이란 한 개의 반응변수가 하나의 설명변수에 의하여 선형으로 설명되는 가장 단순한 회귀모형이라고 할 수 있다.

단순회귀모형

$$y_i = \beta_0 + \beta_1 x_i + \epsilon_i,\ i = 1, 2, \cdots, n$$

β_0: 절편(intercept), β_1: 직선의 기울기(slope), x: 설명변수, y: 반응변수

ϵ: 평균이 0, 분산이 σ^2인 정규분포를 따르는 오차항

여기에서 반응변수는 확률변수이지만 설명변수는 하나의 수학적 변수로 간주되어 상수와 같은 개념을 지니고 있다. 또한 오차항은 측정상의 오차, 기타 우리가 잘 모르는 우주의 섭리

에 의하여 이루어지는 모형의 오차 모두를 포함하는 오차라 볼 수 있다. 위 회귀모형은 설명변수의 값이 주어졌을 때, 반응변수의 값들이 설명변수의 선형방정식으로 표현된다는 것을 의미한다.

아래의 자료는 학생 10명에 대한 수학점수와 통계학점수이다. 통계학점수가 수학점수에 영향을 받는다고 생각하는 것이다. 이때 영향을 받는 통계학점수가 반응변수이고 영향을 주는 수학점수가 설명변수가 된다. 이러한 두 변수에 대한 자료를 이변량 자료라고 한다.

학생	수학점수(MATH)	통계학점수(STAT)
1	39	65
2	43	78
3	21	52
4	64	82
5	57	92
6	47	89
7	28	73
8	75	98
9	34	56
10	52	75

통계학점수와 수학점수와의 관계를 [그림 12-1]과 같이 나타낼 수 있는데 이를 **산점도** (scatter diagram)라고 한다. 이 그림에서 우리는 수학점수가 높을수록 통계학점수가 높게 나타남을 알 수 있다. 이러한 관계를 양의 상관관계가 있다고 표현한다.

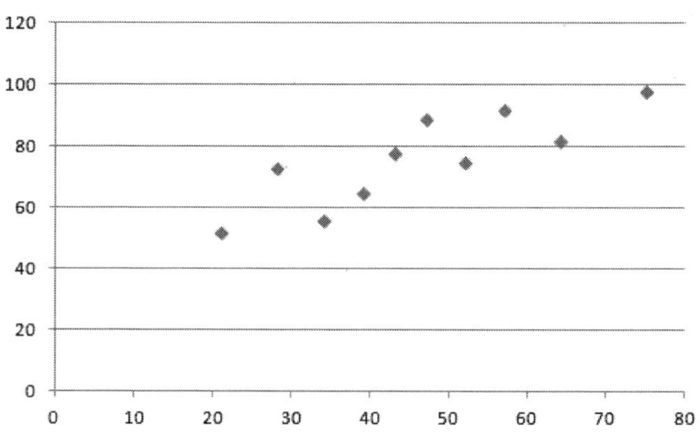

그림 12-1. 수학과 통계학점수의 산점도

12.5 최소제곱법과 분산분석

단순회귀모형에서 설명변수에 따른 반응변수의 평균값의 변화를 나타내는 직선인 $y=\beta_0+\beta_1 x$을 **모회귀직선**(population regression line)이라고 하고, 그 절편과 기울기인 β_0, β_1을 **모회귀계수**(population regression coefficient)라고 하며, 오차항의 분산인 σ^2를 **오차분산**(error variance)이라고 한다. 이러한 단순회귀모형에서 모회귀계수에 대한 추정방법은 여러 가지가 있는데, 이 책에서는 **최소제곱법**(method of least squares)을 소개하고자 한다.

최소제곱법

단순회귀모형 $y_i=\beta_0+\beta_1 x_i+\epsilon_i\,(i=1,2,\cdots,n)$에서 다음의 오차제곱합을 최소로 하는 모회귀계수 추정 방법

$$\sum_{i=1}^{n}(y_i-\beta_0-\beta_1 x_i)^2$$

최소제곱법에 의한 β_0, β_1의 추정량 $\widehat{\beta_0}$, $\widehat{\beta_1}$을 구하기 위하여 오차의 제곱합을 β_0, β_1에 대하여 각각 편미분하여 얻은 식을 0으로 두고 연립방정식을 풀면 된다. 이러한 연립방정식을 **정규방정식**(normal equations)이라고 한다.

$$-2\sum_{i=1}^{n}(y_i-\widehat{\beta_0}-\widehat{\beta_1}x_i)=0,\ -2\sum_{i=1}^{n}x_i(y_i-\widehat{\beta_0}-\widehat{\beta_1}x_i)=0$$

최소제곱추정량

$$\widehat{\beta_0}=\overline{y}-\widehat{\beta_1}\overline{x},\ \widehat{\beta_1}=\frac{\sum_{i=1}^{n}(x_i-\overline{x})(y_i-\overline{y})}{\sum_{i=1}^{n}(x_i-\overline{x})^2}$$

회귀직선에 의해 얻어진 추측값 $\widehat{y_i}$와 실제 반응변수의 관측값 y_i 와는 차이가 있게 된다. 이러한 차이를 **잔차**(residual)라고 하고 모형의 적합성을 판단하는 도구가 되기도 한다.

$$\hat{e_i} = y_i - \hat{y_i} (i = 1, 2, \cdots, n)$$

모형의 적합성을 판단하기 위하여 분산분석방법을 이용할 수 있으며, 반응변수와 반응변수의 총평균의 차이 제곱합을 다음과 같은 식으로 표현할 수 있다.

$$\sum_{i=1}^{n} (y_i - \overline{y})^2 = \sum_{i=1}^{n} (y_i - \hat{y_i})^2 + \sum_{i=1}^{n} (\hat{y_i} - \overline{y})^2$$

이 식은 **총제곱합**(total sum of squares)은 **잔차제곱합**(error sum of squares)과 **회귀제곱합**(regression sum of squares)으로 분해됨을 의미한다. 총제곱합을 SST, 잔차제곱합을 SSE, 회귀제곱합을 SSR이라 표현한다. 또한 SSE를 자유도로 나눈 것을 **평균제곱오차**(mean squared error)라고 하고 MSE라 표기한다. 이는 오차분산 σ^2의 추정량으로 이용되기도 한다. 또한 SSR을 자유도로 나눈 것을 MSR로 표기한다.

총제곱합 중에서 회귀제곱합이 차지하는 비율을 **회귀직선의 기여율** 혹은 **결정계수**(coefficient of determination) R^2이라고 하며, 이는 회귀직선이 주어진 자료와 얼마만큼 잘 적합되어 있는지를 나타내는 통계량이다.

$$R^2 = \frac{SSR}{SST} = \frac{\sum_{i=1}^{n} (\hat{y_i} - \overline{y})^2}{\sum_{i=1}^{n} (y_i - \overline{y})^2}$$

분산분석(ANOVA)

$$\underbrace{\sum_{i=1}^{n} (y_i - \overline{y})^2}_{\text{SST}} = \underbrace{\sum_{i=1}^{n} (y_i - \hat{y_i})^2}_{\text{SSE}} + \underbrace{\sum_{i=1}^{n} (\hat{y_i} - \overline{y})^2}_{\text{SSR}}$$

평균제곱오차: $\hat{\sigma^2} = MSE = \frac{SSE}{(n-2)}$, 결정계수: $R^2 = \frac{SSR}{SST} = \frac{\sum_{i=1}^{n} (\hat{y_i} - \overline{y})^2}{\sum_{i=1}^{n} (y_i - \overline{y})^2}$

또한 분산분석의 결과를 [표 12-1]과 같이 정리할 수 있으며 이를 회귀분석에서의 **분산분석표**라고 한다.

표 12-1. 회귀분석에서의 분산분석표

요인(source)	자유도(DF)	제곱합(SS)	평균제곱(MS)	F
회귀	1	SSR	MSR	MSR/MSE
잔차	n-2	SSE	MSE	
계	n-1	SST		

통계량 $F=\dfrac{MSR}{MSE}$는 이론적으로 자유도 (1, n-1)의 F분포를 따르게 된다.

12.6 단순회귀모형에서의 추론

단순회귀모형에서 모형적합도 및 회귀계수에 대한 검정방법, 신뢰구간을 산출하는 방법에 대하여 살펴보자.

$$y_i = \beta_0 + \beta_1 x_i + \epsilon_i$$

위의 단순회귀모형에서 모형적합도 가설검정은 설명변수의 회귀계수 β_1이 의미가 있는지에 대한 가설검정과 동일하며, 귀무가설과 대립가설은 다음과 같이 표현할 수 있다.

$$H_0 : \beta_1 = 0 \text{ versus } H_1 : \beta_1 \neq 0$$

총제곱합 중 회귀제곱합의 비중이 커지면 회귀하려는 경향이 많다고 할 수 있다. 즉, SSR/SSE의 값이 커질수록 회귀직선이 유의하게 된다. 이를 다음과 같은 자유도를 가지는 F통계량으로 표현할 수 있으며, 분산분석표에서 F통계량 값이 커질수록 p-값이 작게 나타나게 되는데 이는 귀무가설을 기각시킬 수 있다는 증거가 된다.

$$F = \frac{SSR/1}{SSE/(n-2)} \sim F(1,\, n-2)$$

또한 다음과 같이 t 검정을 이용하여 회귀계수에 대한 유의성도 검정할 수 있다.

기울기 β_1에 대한 검정

1. $H_0 : \beta_1 = \beta_{10}$ versus $H_1 : \beta_1 > \beta_{10}$ (혹은 $\beta_1 < \beta_{10}$)

   versus $H_1 : \beta_1 \neq \beta_{10}$

2. 유의수준 α

3. 검정통계량: $t = \dfrac{\hat{\beta}_1 - \beta_{10}}{\sqrt{MSE} / \sqrt{\sum_{i=1}^{n}(x_i - \bar{x})^2}} \sim t(n-2)$

4. 기각역: $t > t_\alpha(n-2)$(혹은 $t < -t_\alpha(n-2)$)

   $|t| > t_{\alpha/2}(n-2)$

단순회귀모형에서는 $\beta_{10} = 0$으로 가설을 세우는 경우 F검정과 t 검정은 동일한 결과를 제공하지만, 뒤에서 다룰 다중선형회귀모형에서는 서로 다른 가설에 대한 검정임을 주의하기 바란다.

다음으로 기울기 β_1에 대한 신뢰구간 역시 t 분포를 이용하여 다음과 같이 유도할 수 있다.

기울기 β_1에 대한 $100(1-\alpha)\%$ 신뢰구간

$$\hat{\beta}_1 \pm t_{\alpha/2}(n-2)\frac{\sqrt{MSE}}{\sqrt{\sum_{i=1}^{n}(x_i - \bar{x})^2}}$$

12.7 다중회귀분석

12.7.1 다중회귀분석의 목적

지금까지는 반응변수에 영향을 주는 설명변수가 하나만 있는 경우에 직선 회귀모형을 적합시키는 단순회귀분석에 관하여 자세히 살펴보았다. 일반적으로 자연현상이나 사회현상을 설명하는 데 있어서 반응변수에 영향을 주는 설명변수는 두 개 이상인 경우가 대부분이다. 이처럼 설명변수가 둘 이상, 한 개의 반응변수와의 관계를 나타내는 선형회귀모형을 **다중선형회귀모형(multiple linear regression model)**이라고 하며 선형을 포함한 일반적인 모형을

다중회귀모형(multiple regression model)이라고 한다. 예를 들면 홍보비용과 예금유치금액의 관계를 분석하는 문제에서, 예금유치금액을 결정하는데 홍보비용만 영향을 준다고 생각하는 회귀분석이 단순회귀분석이다. 그러나 실제로는 홍보비용뿐만 아니라 다른 요인들, 예를 들면 점포의 위치, 은행원의 수, 점포의 크기 등도 예금유치금액이 결정되는데 영향을 미칠 것이므로 이런 모든 요인들을 모두 고려하여 분석하는 것이 예금유치금액을 설명하는데 좀 더 정확한 결과를 얻을 수 있을 것이다.

다중회귀모형은 단순회귀모형에서 설명변수가 하나 이상 더 있는 모형으로 분석이 다소 복잡하기는 하지만 기본은 단순회귀모형을 분석하는 경우와 동일하다. 따라서 단순회귀모형을 좀 더 철저히 이해한다면 다중회귀모형을 이해하는 데 상당히 도움이 될 것이다.

이처럼 다중회귀모형에서 반응변수 한 개와 설명변수 여러 개와의 관계를 분석하고 회귀계수의 추정 및 검정을 하는 통계적 방법을 연구하는 것이 다중회귀분석의 목적이라 할 수 있다.

12.7.2 다중회귀분석

한 개의 반응변수가 두 개 이상의 설명변수들로부터 영향을 받게 되는 회귀모형을 다중회귀모형이라고 한다. 이 책에서는 반응변수와 설명변수와의 관계가 선형인 경우만 다루기로 한다.

다중회귀모형

$$y_i = \beta_0 + \beta_1 x_{1i} + \beta_2 x_{2i} + \cdots + \beta_k x_{ki} + \epsilon_i$$

y_i: 반응변수

$x_{1i}, x_{2i}, \cdots, x_{ki}$: k개의 설명변수

$\beta_0, \beta_1, \cdots, \beta_k$: 절편 및 각 설명변수에 대한 모회귀계수

ϵ_i: 서로 독립이고 $N(0, \sigma^2)$의 분포를 따르는 오차항

다중회귀모형에서 **회귀함수**(regression function)는 다음과 같다.

$$E(y|x_1, x_2, \cdots, x_k) = \beta_0 + \beta_1 x_1 + \cdots + \beta_k x_k$$

이를 **평균반응** 혹은 **반응곡면**(response surface)이라고 하기도 한다. 이러한 다중회귀모형에서 모회귀계수를 추정하는 방법은 단순회귀모형과 마찬가지로 최소제곱법을 이용하게 된다.

‖ 예제 12.1 ‖

임업 종사자들은 주어진 지역 내의 목재량을 추정할 필요가 있다. 따라서 어떤 나무에 대한 부피를 결정할 수 있는 쉽고 빠른 방법이 필요하다. 물론 한 나무의 부피를 직접 측정하는 것은 어렵다. 그러나 나무의 높이와 직경을 측정하는 것은 그리 어렵지 않다. 따라서 산림학자들은 방정식이나 표를 작성해서 나무의 높이와 직경으로 부피를 쉽게 추정하고자 하는 것이다. 직경과 높이가 서로 다른 나무를 표본으로 선택하여 그것의 직경, 높이, 부피를 기록하였다. 다음의 자료 미국 펜실베니아주에 있는 Allegheny 국립산림지의 검은 체리나무를 대상으로 측정한 결과는 다음과 같다.

X1: 나무직경(단위: 인치)	X2: 나무높이(단위: 피트)	Y: 부피(단위: 입방피트)
8.3	70	10.3
8.6	65	10.3
8.8	63	10.2
10.5	72	16.4
10.7	81	18.8
10.8	83	19.7
11.0	66	15.6
11.0	75	18.2
11.1	80	22.6
11.2	75	19.9
11.3	79	24.2
11.4	76	21.0
11.4	76	21.4
11.7	69	21.3
12.0	75	19.1
12.9	74	22.2
12.9	85	33.8
13.3	86	27.4

X1: 나무직경(단위: 인치)	X2: 나무높이(단위: 피트)	Y: 부피(단위: 입방피트)
13.7	71	25.7
13.8	64	24.9
14.0	78	34.5
14.2	80	31.7
14.5	74	36.3
16.0	72	38.3
16.3	77	42.6
17.3	81	55.4
17.5	82	55.7
17.9	80	58.3
18.0	80	51.5
18.0	80	51.0
20.6	87	77.0

나무의 부피에 해당하는 Y를 반응변수로 두고 각각 직경과 높이를 나타내는 X_1과 X_2를 설명변수로 하는 다중회귀분석을 분석한 결과는 다음과 같으며 이 결과로부터 도출할 수 있는 해석을 살펴보자.

	계수	표준오차	t 통계량	P-값
Y 절편	-57.988	8.638	-6.713	0.0000
DIAMETER(X1)	4.708	0.264	17.816	0.0000
HEIGHT(X2)	0.339	0.130	2.607	0.0145

s=3.882, R-sq=94.8%, R-sq(adj)=94.4%

① 추정된 회귀식을 표현하면 다음과 같다.

$$\hat{y} = -58.0 + 4.71x_1 + 0.339x_2$$

회귀계수에 대한 추정치는 $\hat{\beta}_0 = -58.0$, $\hat{\beta}_1 = 4.71$, $\hat{\beta}_2 = 0.339$이며, 추정된 회귀계수를 보면 나무의 직경과 높이가 커짐에 따라 부피가 늘어남을 알 수 있다.

② 추정된 회귀계수의 유의성을 살펴보기 위해 t 통계량 및 $p-$value를 살펴보자. 일반적으로 귀무가설 $H_0 : \beta_i = 0,\ i = 0,1,2$을 검정하기 위한 t 통계량은 다음과 같이 계산할 수 있다.

$$t = \frac{(\text{회귀계수의 추정치})}{\text{회귀계수의 표준오차}}$$

예를 들면 $H_0 : \beta_1 = 0$에 대한 t 통계량 값은 다음과 같이 계산될 수 있다.

$$t = \frac{4.7082}{0.2643} = 17.82$$

또한 회귀계수의 t 검정에 따른 $p-$값을 살펴보면, $H_0 : \beta_2 = 0$의 가설에 대해서 $p-$값은 $P(t > 2.61) = 0.014$으로 계산된다. 유의수준 $\alpha = 0.05$로 한다면 $p-$값이 유의수준보다 작으므로 귀무가설을 기각하게 된다. 다시 말하면 나무높이에 대한 회귀계수 β_2는 의미가 있는 값이 된다.

③ 오차항의 모표준편차 σ에 대한 추정치는 다음과 같이 구할 수 있으며 결과표에서는 s에 해당한다.

$$\hat{\sigma} = \sqrt{MSE} = \sqrt{\frac{SSE}{n-(k+1)}} = 3.882$$

④ 모형의 적합정도를 나타내는 통계량인 결정계수를 살펴보자. $R^2 = 0.948$이고 주어진 자료와 회귀방정식이 94.8% 정도 적합하고 있음을 의미한다. 여기에서 결정계수의 양의 제곱근 r은 반응변수 y와 예측치 $\hat{y}$와의 상관정도를 측정할 수 있는 척도로 이용되며 **다중상관계수(multiple correlation coefficient)**라고 한다. 만약 단순회귀모형에서의 결과로 본다면 다중상관계수는 두 변수 간의 표본상관계수에 해당한다.

⑤ 앞서 언급한 결정계수의 경우, 일반적으로 설명변수의 수가 증가할수록 결정계수가 크게 나타나는데 이를 보완 수정한 값인 보정된 R^2을 다음과 같이 구할 수 있다.

$$R^2(adj) = 1 - \frac{(n-1)MSE}{\sum_{i=1}^{n}(y_i - \bar{y})^2} = 0.944$$

12.7.3 질적변수가 있는 다중회귀모형

지금까지 다루어온 회귀모형에서는 모든 반응변수와 설명변수들이 양적변수(quantitative variable)일 때 회귀분석하는 방법들을 살펴보았다. 여기서 양적변수라 함은 어떤 구간의 모든 값을 취할 수 있는 변수로서 예를 들면 나이, 온도, 압력, 거리 등과 같은 변수들이며 양적으로 비교가 가능한 변수들이다. 그러나 경제, 사회, 교육문제 등에서 관심의 대상이 되는 모든 변수들이 이와 같이 양적변수만은 아니고, 질적변수(qualitative variable)인 경우가 허다하다. 예를 들면 남자, 여자라든가 오전, 오후 또는 흑인, 백인 등과 같은 변수로서 양적으로 비교가 안 되는 변수들이다.

질적변수들은 양적변수들과 마찬가지로 다중회귀모형에서 분석할 수 있으며 질적변수들은 설명변수들로도 표현될 수 있고, 반응변수로도 표현될 수 있다. 반응변수가 질적변수인 회귀분석모형은 범주형 자료분석 등의 관련 문헌을 참고하기 바란다.

다중회귀모형에서 평균반응이 $E(y \mid x_1, x_2) = \beta_0 + \beta_1 x_1 + \beta_2 x_2$와 같다고 하자. 여기에서 x_1은 양적변수이고 x_2는 수준수가 2인 질적변수라고 하자. 예를 들면, 성별을 아래와 같이 수준인 둘인 질적변소로 정의할 수 있다.

$$x_2 = \begin{cases} 0, \text{ 여성} \\ 1, \text{ 남성} \end{cases}$$

이와 같이 수준이 둘인 질적변수를 **지시변수**(indicator variable) 혹은 **가변수**(dummy variable)라고 한다.

여자인 경우의 평균반응은 $x_2 = 0$인 경우이므로 아래와 같인 평균반응을 정의할 수 있다.

$$E(y \mid x_1, x_2 = 0) = \beta_0 + \beta_1 x_1$$

그리고 남자인 경우는 $x_2 = 1$이므로 평균반응은 다음과 같이 정의할 수 있다.

$$E(y \mid x_1, x_2 = 1) = (\beta_0 + \beta_2) + \beta_1 x_1$$

위 여자와 남자의 두 평균반응은 기울기는 같으나 절편은 서로 다른 직선이 된다. 수준수가 2인 지시변수가 설명변수로 있는 다중회귀분석에서 자료의 입력과정은 지시변수값 그대로 입력하면 된다.

다음으로 수준수가 3인 경우를 설명변수로 다루기 위해 수준수가 3인 학력을 다음과 같이 고려하여 보자.

$$x_2(\text{학력}) = \begin{cases} 1, \text{중졸} \\ 2, \text{고졸} \\ 3, \text{대졸} \end{cases}$$

이 경우 회귀계수의 추정량을 얻기 위해서는 한 개의 질적변수 x_2를 (수준수 - 1)개의 새로운 지시변수로 표현해야 한다. 수준수가 3인 질적변수 x_2의 경우 다음과 같이 두 개의 지시변수로 나타낼 수 있다.

$$x_{21} = \begin{cases} 1, & \text{중졸} \\ 0, & \text{그렇지 않으면} \end{cases}$$

$$x_{22} = \begin{cases} 1, & \text{고졸} \\ 0, & \text{그렇지 않으면} \end{cases}$$

중졸인 경우 $x_{21} = 1$ & $x_{22} = 0$이 되고 고졸인 경우 $x_{21} = 0$ & $x_{22} = 1$, 대졸인 경우 $x_{21} = 0$ & $x_{22} = 0$으로 정의할 수 있다. 이에 대한 평균반응은 다음과 같이 정의할 수 있으며, 지시변수 x_{21}의 회귀계수 β_2는 중졸과 대졸 대상의 평균반응 차이라 볼 수 있으며, 지시변수 x_{22}의 회귀계수 β_3는 고졸과 대졸 대상의 평균반응 차이라고 볼 수 있다.

$$E(y \mid x_1, x_2, x_3) = \beta_0 + \beta_1 x_1 + \beta_2 x_{21} + \beta_3 x_{22}$$

다음으로 평균반응 $E(y \mid x_1, x_2) = \beta_0 + \beta_1 x_1 + \beta_2 x_2$에서 x_1은 양적변수이고 x_2는 수준수가 2인 질적변수라고 하자. 이때 x_1과 x_2의 **교호작용**(interaction)이 있는 경우의 평균반응은 다음과 같이 표현할 수 있다.

$$E(y \mid x_1, x_2) = \beta_0 + \beta_1 x_1 + \beta_2 x_2 + \beta_3 x_1 x_2$$

만약 $x_2 = 0$이라면 평균반응은 $E(y \mid x_1, x_2 = 0) = \beta_0 + \beta_1 x_1$이고, $x_2 = 1$이라면 평균반응은 $E(y \mid x_1, x_2 = 1) = (\beta_0 + \beta_2) + (\beta_1 + \beta_3) x_1$이 되어서 각각 절편과 기울기가 다른 두 직선을 나타내게 될 것이다. 양적변수와 지시변수 사이에 교호작용이 없는 경우는 두 평균반응식이 평행이 되어 만나지 않지만 교호작용이 있는 경우는 두 직선이 겹쳐서 만나게 된다.

12.8 모형진단

회귀모형에는 몇 가지 중요한 가정들을 내포하고 있으며 이를 검토하는 것을 **모형진단**이라고 한다. 중요 가정들을 정의하기 위해 다음과 같은 다중회귀모형을 고려하자.

$$y_i = \beta_0 + \beta_1 x_{1i} + \beta_2 x_{2i} + \cdots + \beta_k x_{ki} + \epsilon_i, \ \ i = 1, 2, \cdots, n$$

위의 회귀모형에 포함된 4가지 기본가정을 정리하면 다음과 같다.

회귀모형 가정

(1) 선형성: $E(\epsilon_i) = 0$, 즉 $E(y|x) = \beta_0 + \beta_1 x$
(2) 등분산성: $Var(\epsilon_i) = \sigma^2$
(3) 독립성: $\epsilon_1, \epsilon_2, \cdots, \epsilon_n$은 서로독립
(4) 정규성: $\epsilon_i \sim N(0, \sigma^2)$

회귀분석 결과를 활용하기 위해서는 이와 같은 가정들이 만족되는지를 검토해야 하며, 이러한 가정검토는 일반적으로 잔차분석을 통하여 이루어진다. 회귀분석의 가정을 검토하는 **모형진단** 방법과과 **이상치(outlier)**와 **영향력 있는 관측값(influential observation)**을 확인하는 **자료진단**에 대한 상세내용은 회귀분석 등의 관련 문헌을 참고하기 바란다.

엑셀을 활용한 상관계수 및 회귀분석

⊠ 상관계수

다음 자료는 1959~1963년 동안 미국 위스콘신 주의 Vilas와 Oneida 지방에 있는 호수들을 대상으로 측정한 결과이다.

면적(AREA)	수심(DEPTH)	산성도(PH)	유역(WSHED)	수소이온농도(HIONS)
55	19	7.1	0.8	0.0000001
26	14	6.1	0.3	0.0000008
1065	36	7.6	6.3	0
213	71	7.6	4	0
1463	35	8.2	33	0
180	24	7.1	5	0.0000001
433	56	6.8	2.5	0.0000002
437	30	7.4	2	0
207	34	7.4	1.7	0
98	17	7	1.5	0.0000001
33	32	6.6	0.2	0.0000003
30	10	6.2	1	0.0000006
176	17	7.3	1	0.0000001
55	43	6	0.5	0.000001
96	14	7.8	1	0
23	18	6.5	0.3	0.0000003
282	24	7.4	2	0
124	17	7	1.5	0.0000001
22	14	6.9	0.2	0.0000001
223	17	5.7	1.5	0.000002
107	26	6.8	0.8	0.0000002
112	33	7.2	1.2	0.0000001
161	25	6.4	1	0.0000004
301	24	8.6	88	0

위 변수들 간의 상관계수를 엑셀을 활용하여 계산하여 보자. [그림 12-2]와 같이 엑셀에 데이터를 입력하고, 상단에 있는 메뉴의 [데이터] 탭을 누르고 오른쪽 끝에 있는 [데이터 분석]을 클릭하면 [그림 12-3]과 같이 통계 데이터 분석 화면이 나타난다.

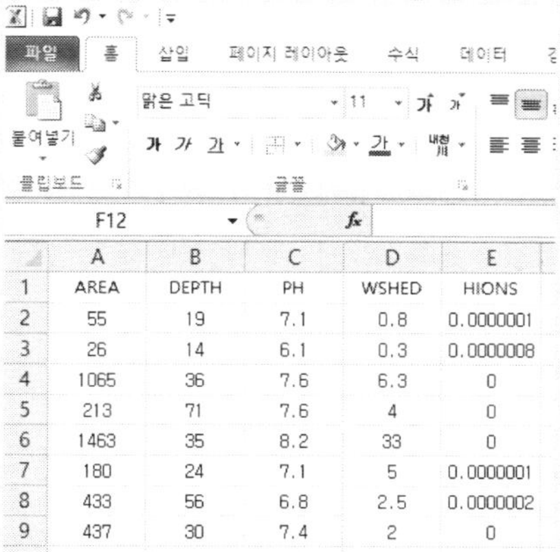

그림 12-2. 자료입력

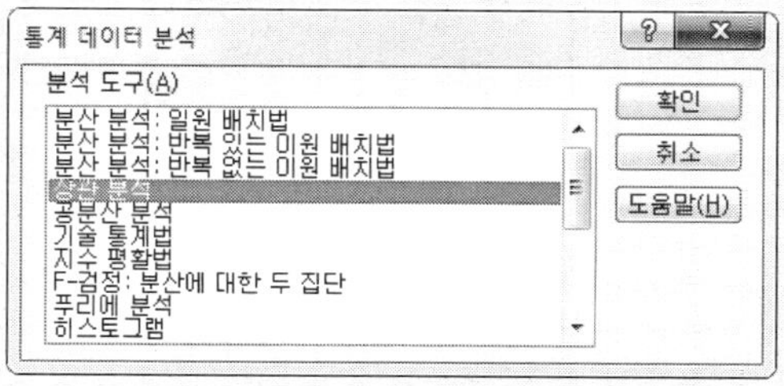

그림 12-3. 통계 데이터 분석

상관분석을 선택하고 확인을 누르면 [그림 12-4]와 같은 화면이 나타나고, 입력 범위에는 모든 변수 AREA-HION를 지정하고 '첫째 행 이름표 사용'을 선택한다. 출력 옵션에서는 '새로운 워크시트'를 선택 후 확인을 누르면 [그림 12-5]와 같은 결과물이 나타난다.

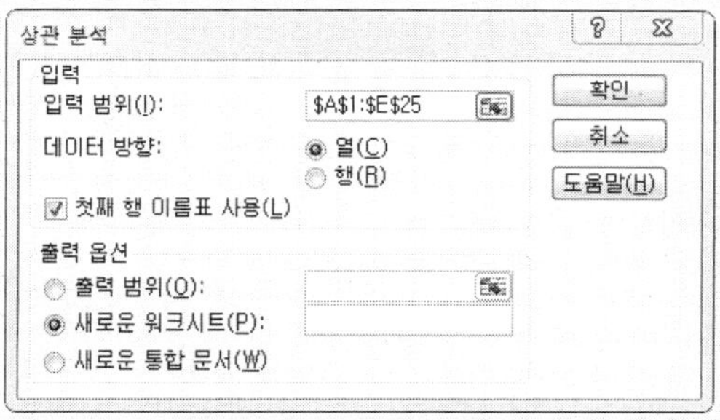

그림 12-4. 상관분석

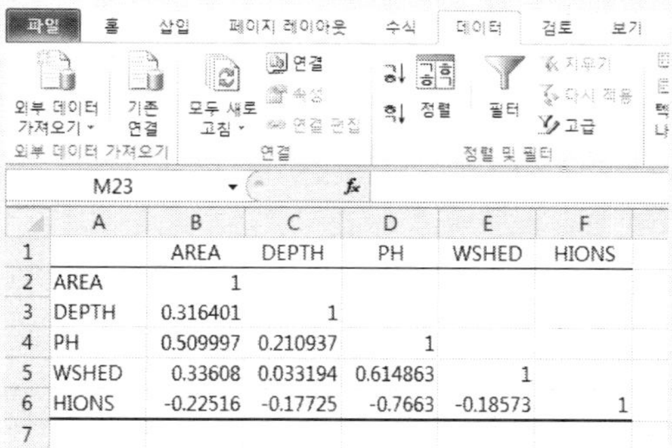

그림 12-5. 상관분석 결과

▩ 산점도

[그림 12-6]과 같이 수학점수와 통계학점수를 마우스 드래그로 지정한 다음 상단에 있는 메뉴의 [삽입] 탭을 누르고 차트의 분산형을 선택하면, [그림 12-7]과 같은 산점도를 얻을 수 있다.

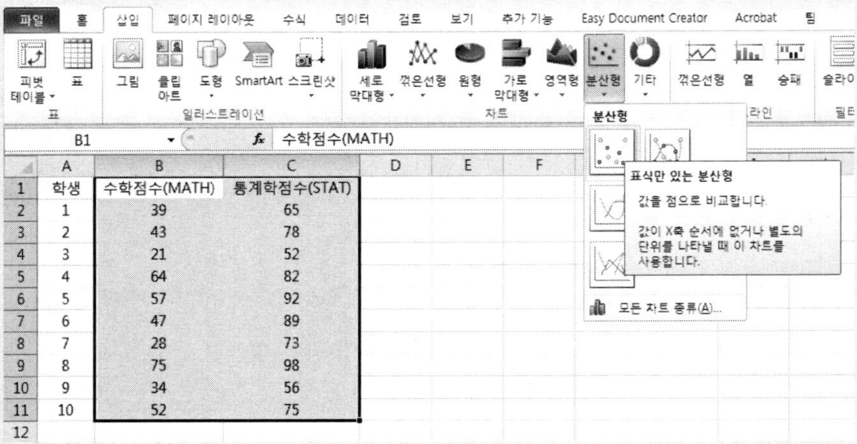

그림 12-6

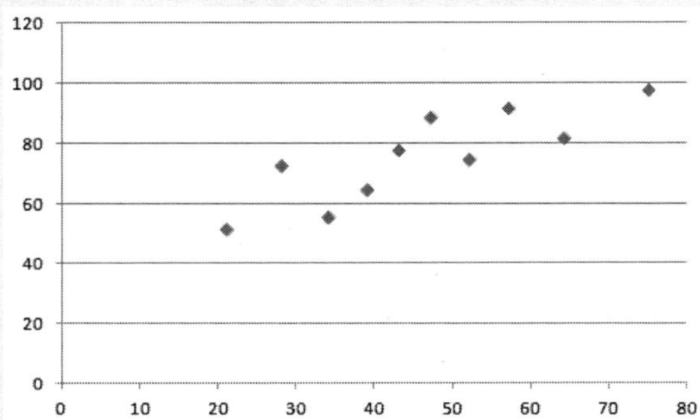

그림 12-7. 수학과 통계학점수의 산점도

☒ 단순회귀분석

[그림 12-6]과 같이 자료를 지정한 다음 상단에 있는 [메뉴]의 [차트 도구] 중 '레이아웃' 탭을 누르고 '추세선' 리본메뉴에 있는 기타 추세선 옵션을 선택하면 [그림 12-8]과 같은 추세선 서식 화면이 나타난다. 추세선 옵션에서 선형을 선택하고 '수식을 차트에 표시'와 'R-제곱 값을 차트에 표시'를 선택하면 [그림 12-9]와 같은 추정된 회귀직선식과 적합된 회귀선 그림을 얻을 수 있다.

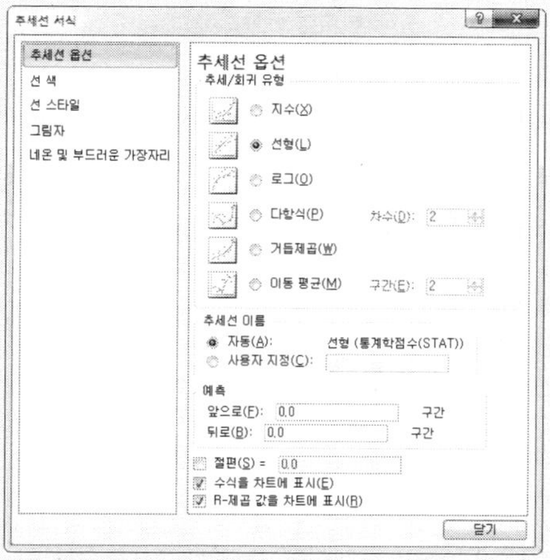

그림 12-8. 추세선 서식

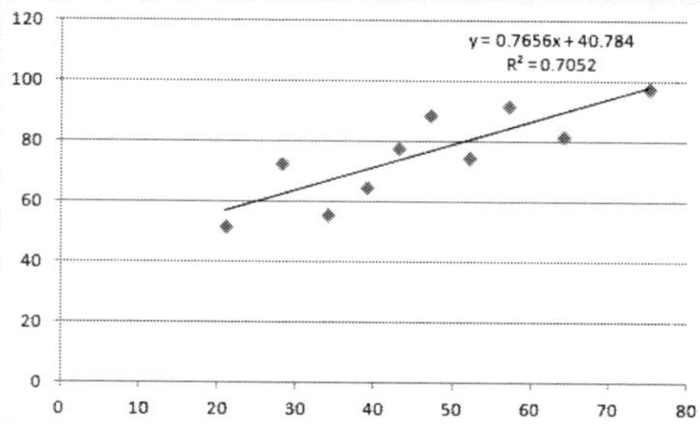

그림 12-9. 산점도와 회귀직선

다음으로 분산분석표를 작성하고 회귀직선이 주어진 자료와 어느 정도 잘 적합하고 있는지를 판정해 보자. [그림 12-6]과 같이 엑셀에 데이터를 입력한 후 상단 메뉴의 **[데이터]** 탭을 누르고 **[데이터 분석]**을 클릭한다. 통계 데이터 분석의 화면에서 분석 도구에는 '회귀 분석'을 선택하고 확인을 누르면 [그림 12-10]과 같은 화면이 나타나며, Y축 입력 범위에는 반응변수인 통계학점수를 그리고 X축 입력 범위에는 설명변수인 수학점수를 지정하고 '이름표'와 '신뢰 수준'을 선택한다. 출력 옵션에서는 '새로운 워크시트'를 선택 후 확인을 누르면 [그림 12-11]과 같은 회귀직선, 분산분석표 및 결정계수의 값이 출력된다.

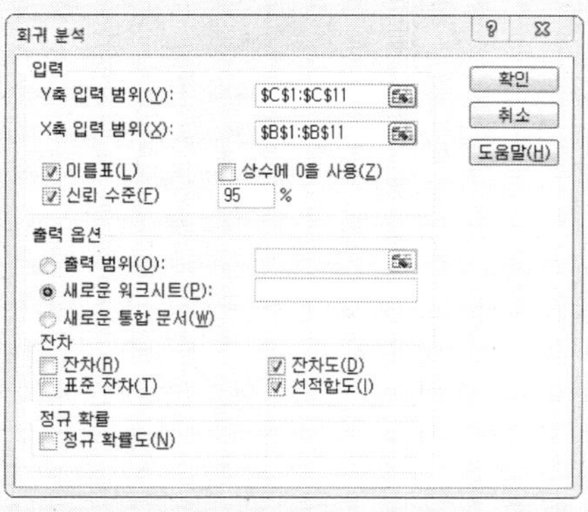

그림 12-10. 회귀분석

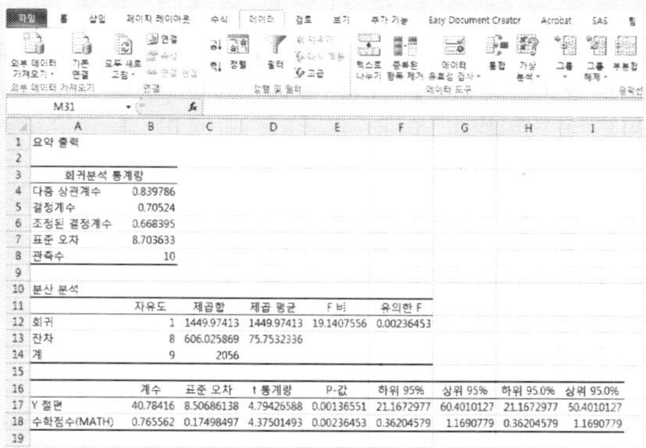

그림 12-11. 회귀분석 결과

☒ 다중회귀분석

예제 12-1에 자료를 엑셀에 입력한 후 다중회귀분석을 위하여 상단 메뉴의 [데이터] 탭을 누르고 [데이터 분석]을 클릭한다. 통계 데이터 분석의 화면에서 분석 도구에는 '회귀 분석'을 선택하고 확인을 누르면 [그림 12-12]와 같은 화면이 나타나며, Y축 입력 범위에는 반응변수인 VOLUME(부피)을 그리고 X축 입력 범위에는 설명변수인 DIAMETER(직경), HEIGHT(높이)를 지정한다. '이름표'와 '신뢰수준', 출력 옵션에는 '새로운 워크시트'를 선택하면 [그림 12-13]과 같은 다중회귀분석 결과가 나타난다.

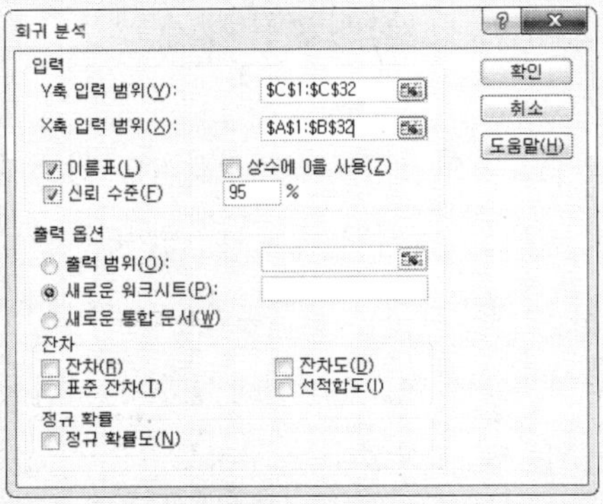

그림 12-12. 회귀분석

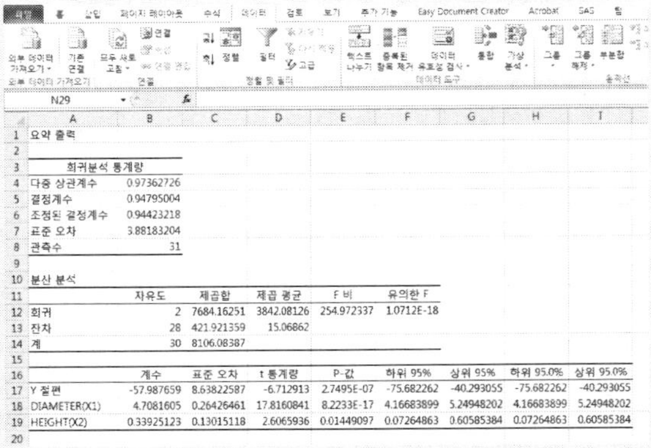

요약 출력

회귀분석 통계량	
다중 상관계수	0.97362726
결정계수	0.94795004
조정된 결정계수	0.94423218
표준 오차	3.88183204
관측수	31

분산 분석

	자유도	제곱합	제곱 평균	F 비	유의한 F
회귀	2	7684.16251	3842.08126	254.972337	1.0712E-18
잔차	28	421.921359	15.06862		
계	30	8106.08387			

	계수	표준 오차	t 통계량	P-값	하위 95%	상위 95%	하위 95.0%	상위 95.0%
Y 절편	-57.987659	8.63822587	-6.712913	2.7495E-07	-75.682262	-40.293055	-75.682262	-40.293055
DIAMETER(X1)	4.7081605	0.26426461	17.8160841	8.2233E-17	4.16683899	5.24948202	4.16683899	5.24948202
HEIGHT(X2)	0.33925123	0.13015118	2.6065936	0.01449097	0.07264863	0.60585384	0.07264863	0.60585384

그림 12-13. 다중회귀분석 결과

연습문제

01 다음 표는 1967년도부터 1981년까지 학기동안 평균학력적성검사 점수를 조사한 자료이다. 수학점수를 반응변수, 언어점수를 설명변수로 하여 다음의 각 물음에 답하여라.

연도	언어점수	수학점수
1967	466	492
1968	466	492
1969	463	493
1970	460	488
1971	455	488
1972	453	484
1973	445	481
1974	444	480
1975	434	472
1976	431	472
1977	429	470
1978	427	468
1979	424	467
1980	424	466
1981	424	466

(1) 언어점수와 수학점수의 산점도를 그리고 피어슨 상관계수를 구하여라.

(2) 두 변수 간의 단순회귀모형에 대한 분산분석표를 작성하고 유의수준 0.05를 기준으로 모형적합도에 대한 가설검정을 수행하여라.

(3) 수학점수를 예측하기 위한 추정된 회귀직선을 기술하고 회귀계수의 유의성에 대해 유의수준 0.05를 기준으로 가설검정을 수행하여라.

(4) 1970년에 적합된 수학점수를 구하여라.

(5) 모형의 적합정도를 나타내는 결정계수를 구하고 이를 해석하여라.

02 다음 자료는 1959~1963년 미국 위스콘신 주의 Vilas와 Oneida 지방에 있는 호수들을 대상으로 측정한 결과이다. 각 물음에 답하여라.

면적(AREA)	수심(DEPTH)	산성도(PH)	유역(WSHED)	수소이온농도(HIONS)
55	19	7.1	0.8	0.0000001
26	14	6.1	0.3	0.0000008
1065	36	7.6	6.3	0
213	71	7.6	4	0
1463	35	8.2	33	0
180	24	7.1	5	0.0000001
433	56	6.8	2.5	0.0000002
437	30	7.4	2	0
207	34	7.4	1.7	0
98	17	7	1.5	0.0000001
33	32	6.6	0.2	0.0000003
30	10	6.2	1	0.0000006
176	17	7.3	1	0.0000001
55	43	6	0.5	0.000001
96	14	7.8	1	0
23	18	6.5	0.3	0.0000003
282	24	7.4	2	0
124	17	7	1.5	0.0000001
22	14	6.9	0.2	0.0000001
223	17	5.7	1.5	0.000002
107	26	6.8	0.8	0.0000002
112	33	7.2	1.2	0.0000001
161	25	6.4	1	0.0000004
301	24	8.6	88	0

(1) 면적을 설명변수로, 수심을 반응변수로 할 때의 회귀직선을 추정하여라.

(2) 산성도를 반응변수로, 수소 이온농도를 설명변수로 하였을 때 결정계수를 구하여라.

03 다음의 자료는 한국소비자보호원이 시중에 유통되고 있는 6개 회사의 14개 라면제품 시험 결과이다. 즉, 열량, 지방, 단백질, 비타민 E, 소금 그리고 수분의 6개 변수를 14개 라면제품 각각에 대하여 측정한 자료이다. (동아일보, 1990년 5월 24일 게재).

번호	회사명	제품명	열량 (cal)	지방 (g)	단백질 (g)	비타민 E (mg)	소금 (g)	수분 (%)
1	농심	신라면	550	17	11	7.0	5.0	8.1
2	〃	안성탕면	580	20	13	6.7	5.8	8.0
3	빙그레	라면세대	520	18	10	10.2	4.6	9.0
4	〃	이라면	560	17	13	7.8	4.9	4.8
5	삼립식품	샤우면(건면)	340	0	10	0	3.4	10.7
6	삼양식품	이백량	520	17	11	7.6	5.2	9.5
7	〃	삼양라면골드	580	20	13	8.4	5.8	8.5
8	오뚜기 식품	라면박사(매운맛)	450	22	14	14.0	5.7	5.8
9	〃	진라면(매운맛)	530	17	12	18.5	5.2	7.6
10	한국야쿠르트	속풀이	550	19	11	9.7	5.6	7.5
11	〃	팔도라면	560	19	12	5.8	5.3	9.9
12	농심	쌀탕면(건면)	370	0	11	0	4.1	10.9
13	삼양식품	쌀라면(매운맛)	530	15	13	7.8	5.4	9.5
14	한국야쿠르트	쌀라면	520	20	13	6.0	4.9	9.3

(1) 각 변수들 간의 상관계수 행렬을 구하여라.

(2) 열량을 반응변수로, 그리고 나머지 변수들을 설명변수로 하였을 때 분산분석표를 작성하고 유의수준 0.05를 기준으로 모형적합도에 대한 가설검정을 수행하여라.

(3) 회귀계수 중 유의하지 않은 회귀계수는 무엇인지를 알아보기 위하여 각 회귀계수의 유의성에 대해 유의수준 0.05를 기준으로 가설검정을 수행하여라.

(4) 모든 설명변수가 포함된 회귀직선과 유의한 회귀계수만 포함된 회귀계수의 결정계수를 각각 구하고 이를 비교하여라.

04 다음의 자료는 남녀 간 학교를 다닌 연수에 따른 급여를 조사한 표이다. 다음의 각 물음에 답하여라.

학교 다닌 연수(년)	급여($)	
	남	여
8	18,000	11,500
10	20,500	13,000
12	25,000	16,100
14	28,100	18,300
16	34,500	22,100
19	39,700	27,6

(1) 급여를 반응변수로, 성별과 학교 다닌 연수를 설명변수로 하는 경우 설명변수를 양적변수와 질적변수로 구분하여라.

(2) (1)에 대한 다중회귀분석에 대한 분산분석표를 작성하고 모형 적합도에 대해 유의수준 0.05를 기준으로 가설검정을 수행하여라.

(3) (1)의 모형에서 교호작용이 있다고 가정하고 유의수준 0.05를 기준으로 성별과 학교 다닌 연수에 대한 교호작용 효과가 있는지를 검정하여라.

13장

범주형 자료분석

13.1 범주형 자료에 대한 실험

사회과학분야의 실험 중 대부분은 범주형 자료(셀 수 있는 혹은 집계된 자료)로 구성되어 있다. 다음의 예들은 범주형 자료에 관한 것이다.

(1) 어느 공장에서 생산되는 제품은 최상품, 불량품 등으로 범주를 분류하여 각각의 제품의 수를 집계한 자료
(2) 심리학 실험에서 3가지 자극에 대한 범주를 정하고 생쥐를 실험하여 각 반응의 범주에 반응하는 생쥐의 수를 조사하는 실험을 한 자료

그 외에도 광고활동에 따르는 매출액의 분류, 소득계층에 대한 분류 등의 많은 실험에서 각 범주들에 속하는 수를 가지는 범주형 자료를 얻는다. 위의 예들은 다음에 설명하는 **다항실험**(multinomial experiment)의 특성들을 잘 보여 준다.

다항실험의 특성

1. 실험은 n회 동일한 시행으로 구성
2. 각 시행은 k개의 범주들 중 하나에 속함
3. 단일 시행이 특정한 범주에 속할 확률은 p_i이고, 다음의 시행에서도 같은 확률을 가짐. 즉 모든 범주에 대해 $0 \leq p_i \leq 1$이며 $p_1 + p_2 + \cdots + p_k = 1$
4. 모든 시행들은 독립

다항실험은 k개의 상자들 중 하나에 공이 반드시 들어가도록 n개의 공을 던지는 실험과 유사하다. 던지기를 계속하는 동안 특정 상자에 공이 들어갈 확률이 변하지 않는 조건에서, 각 시행이 독립이 되도록 공을 던진다. 실험을 마친 후 첫 번째 상자에 공의 관찰도수 n_1, 두 번째 상자의 공의 관찰도수 n_2 등 k번째 상자의 공의 관찰도수 n_k를 조사하며, 공의 총 관찰도수는 다음과 같다.

$$\sum_{i=1}^{k} n_i = n$$

이항실험과 다항실험은 유사한 관계성을 가지고 있다. 특히 $k=2$일 때 이항실험은 다항실험의 특수한 경우임을 알 수 있다. 이항실험이 두 범주의 확률 p, $q(q=1-p)$는 다항실험의 k 범주들의 확률 p_1, $p_2, \cdots$, p_k로 대체된다. 이 장의 목적은 각 범주의 확률들 $p_1, p_2, \cdots$, p_k에 대한 추론을 하는 것이다.

영국의 통계학자 피어슨(Karl Pearson)은 p_1, $p_2, \cdots$, p_k에 대한 가설검정을 위하여 유용한 통계량인 카이제곱(chi-square)검정통계량을 제시하였다.

13.2 카이제곱검정

100개의 공을 k개의 상자에 던지는 실험에서 첫 번째 상자에 들어갈 확률이 0.1이라고 가정하자. 첫 번째 상자에는 몇 개의 공이 들어갈 것으로 기대할 수 있는가? 5장에서 설명된 이항실험 결과에서 다음과 같은 기대도수를 계산할 수 있다.

$$E(n_1)=np_1=100\times 0.1=10$$

같은 방법으로 나머지 상자에 들어갈 기대도수를 다음과 같이 계산한다.

$$E(n_i)=np_i,\ \ i=1,\ 2,\ \cdots,\ k$$

이제 p_1, p_2, $\cdots$, p_k의 값들을 가정하고 각 칸들에 대한 기대도수를 계산한다. 만약 p_i의 값들에 대한 가정이 사실이라면 각 칸에 들어간 공의 수는 np_i의 값과 크게 다르지 않을 것이다. 그러므로 다음과 같은 관찰도수 n_i와 기대도수 np_i의 차이인 다음과 같은 편차를 포함하는 검정통계량을 사용하는 것이 직관적으로 바람직하다.

$$(n_i-np_i),\ \ i=1,\ 2,\ \cdots,\ k$$

이러한 편차를 이용하여 칼 피어슨은 1900년에 다음과 같은 카이제곱검정통계량을 제안하였다.

카이제곱검정통계량

$$\chi^2 = \sum_{i=1}^{k} \frac{(n_i - E(n_i))^2}{E(n_i)}$$

$$= \sum_{i=1}^{k} \frac{(n_i - np_i)^2}{np_i}$$

실험의 횟수 n이 클 때, 검정통계량 χ^2은 근사적으로 자유도가 $k-1$인 카이제곱분포를 가진다. 카이제곱검정통계량의 값이 커지면 기대도수의 계산에 사용된 칸확률 p_i의 값이 옳지 않음을 보여준다. 그러나 χ^2의 분포가 근사적으로 카이제곱분포를 가지기 위해서는 모든 칸의 관찰도수 n_i가 너무 작아서는 안 된다. 모든 칸에서 관찰도수는 5 이상이 되는 것이 바람직하며 이를 만족하지 않은 경우 검정통계량은 카이제곱분포를 따르지 않게 되며 이러한 경우에는 **피셔의 정확검정(Fisher's exact test)**을 사용할 필요가 있다.

13.2.1 적합도검정

범주별 확률에 대한 가장 간단한 귀무가설은 각 범주에 대한 확률을 부여하는 것이다. 예를 들어 심리학자가 다음과 같은 실험을 고려한다. 한 마리 쥐가 경사로를 따라 끝에 있는 3개의 문들 중 하나를 선택하여 들어간다고 하자. 쥐가 문을 선택할 때는 아무런 선호도를 갖지 않는다고 가정하자. 이 실험을 무수히 반복한다면 쥐가 각 문을 선택하는 확률은 근사적으로 1/3이 될 것으로 기대할 수 있으며 다음과 같은 가설을 설정할 수 있다.

$$H_0 : p_1 = p_2 = p_3 = \frac{1}{3} \text{ versus } H_1 : not\, H_0 (\text{적어도 하나의 } p_i \text{는 } \frac{1}{3}\text{과 다름})$$

이때 p_i는 한 마리의 쥐가 $i(i=1,2,3)$번째 문을 선택할 확률이다. 경사로를 따라 한 마리의 쥐를 90회 내려 보낸 결과 3개의 범주에 대한 관찰도수가 각각 $n_1 = 23$, $n_2 = 36$, $n_3 = 31$이라 가정하며, 칸의 기대도수의 값은 다음과 같이 동일하다.

$$E(n_i) = np_i = 90 \times \frac{1}{3} = 30$$

관찰도수와 기대도수가 [표 13-1]에 나타나 있으며, 관찰도수와 기대도수의 차이를 조사하여 쥐가 선택한 각 문들의 확률이 동일하다는 가설을 검정할 수 있다.

표 13-1. 쥐의 실험에 대한 관찰도수와 기대도수

	문		
	1	2	3
칸의 관찰도수	$n_1 = 23$	$n_2 = 36$	$n_3 = 31$
칸의 기대도수	30	30	30

이 예제에 대한 카이제곱검정통계량은 자유도 $k-1=2$인 카이제곱분포를 따른다. 그러므로 유의수준 $\alpha = 0.05$에서,$\chi^2 > \chi^2_{0.05,2} = 5.99147$ (부록의 [표 5]를 참조)일 때 귀무가설 H_0은 기각된다. [표 13-1]에 대한 적합도검정에 대한 카이제곱검정통계량은 다음과 같다.

$$\chi^2 = \sum_{i=1}^{k} \frac{(n_i - E(n_i))^2}{E(n_i)} = \sum_{i=1}^{k} \frac{(n_i - np_i)^2}{np_i}$$

$$= \frac{(23-30)^2}{30} + \frac{(36-30)^2}{30} + \frac{(31-31)^2}{30}$$

$$= 2.87$$

$\chi^2 < \chi^2_{0.05,2} = 5.991$이므로 귀무가설을 기각하지 못한다. 즉, 이 자료는 쥐가 특정한 문에 대한 선호도를 가진다고 지적할 충분한 증거를 제시하지 못한다고 결론을 내릴 수 있다.

13.2.2 독립성검정

범주형 자료분석에서 흔히 접하는 문제는 관측된 사건을 분류하는 두 가지 방법들에 대한 독립성검정에 관한 것이다. 예를 들어, 어떤 공장에서 생산되는 가구의 결함을 두 가지 요인에 따라 분류한다고 하자. 첫 번째는 가구 결함의 유형에 따른 것이고, 두 번째는 생산 방법에 따른 분류라고 하자.

생산방법이 가구결함의 유형에 영향을 주는지를 알고자 한다. 만약 영향을 주지 않는다면, 가구 결함에 따른 유형들의 확률들은 생산 방법이 변해도 달라지지 않는다. 즉, 가구 결함의 유형에 의한 분류와 생산방법의 분류는 서로 독립이라고 말할 수 있다. 이와 반대로 영향을

받는다면, 가구 결함에 따른 유형들의 확률이 생산방법이 변함에 따라 달라지고, 생산방법과 가구 결함의 유형은 의존적인 관계를 가진다고 말한다. 이와 같이 한 분류의 방법이 다른 방법과 독립인가를 조사할 때에 **분할표**(contingency table)를 사용한다.

결함이 있는 $n=309$개에서, 가구 결함의 유형과 생산방법을 [표 13-2]의 분할표에 정리하였다(괄호 속의 값은 칸의 기대도수).

표 13-2. 분할표

생산방법	결함의 유형				
	A	B	C	D	총계
1	15(22.51)	21(20.99)	45(38.94)	13(11.56)	94
2	26(22.99)	31(21.44)	34(39.77)	5(11.81)	96
3	33(28.50)	17(26.57)	49(49.29)	20(14.63)	119
총계	74	69	128	38	309

p_A를 A형의 가구 결함이 발생할 확률이라고 하자. 이와 같이 p_B, p_C, p_D를 다른 세 가지 유형의 가구 결함이 발생할 각각의 확률이라 하자. 이러한 확률들은 [표 13-2]의 **열 확률**(column probability)로서 다음을 만족한다.

$$p_A+p_B+p_C+p_D=1$$

같은 방법을 사용하여 $p_i(i=,1,2,3)$은 생산방법에서 발생한 결함에 대한 **행 확률**(row probabilities)로서 다음과 같은 성질을 만족한다.

$$p_1+p_2+p_3=1$$

만약 두 분류가 서로 독립이라면, 각 범주별 확률은 확률의 곱셈법칙에 의해 각각의 행 확률과 열 확률을 곱한 값과 같다.

귀무가설은 "모든 범주 확률은 그 칸의 열 확률과 행 확률들의 곱과 같고, 따라서 두 분류는 독립이다."는 것이다. 이에 대한 대립가설은 적어도 "하나 이상의 범주 확률은 그 칸에 대한 열 확률과 행 확률들의 곱과 다르다."이다.

독립성검정은 분할표를 이용하여 칸의 기대도수를 추정하기 위해 열 확률과 행 확률들을 추정해야 하므로 13.2.1절에서의 적합도검정에 대한 문제와는 차이점을 가진다.

열 확률의 추정량은 각 열의 합계가 $n=309$로 나누어진 값과 같다. 만약 열 j의 총계를 c_j라면 각 확률은 다음과 같이 구할 수 있다.

$$\hat{p}_A = \frac{c_1}{n} = \frac{74}{309},\ \hat{p}_B = \frac{c_2}{n} = \frac{69}{309},\ \hat{p}_C = \frac{c_3}{n} = \frac{128}{309},\ \hat{p}_D = \frac{c_4}{n} = \frac{38}{309}$$

마찬가지로 행 확률들 p_1, p_2, p_3은 행의 값의 합계 r_1, r_2, r_3을 사용하여 다음과 같이 추정할 수 있다.

$$\hat{p}_1 = \frac{r_1}{n} = \frac{94}{309},\ \hat{p}_2 = \frac{r_2}{n} = \frac{96}{309},\ \hat{p}_3 = \frac{r_3}{n} = \frac{119}{309}$$

n_{ij}를 분할표의 행 i와 열 j에 있는 범주의 관찰도수라고 하자. 그러면 n_{11}의 추정된 기대도수는 다음과 같이 계산할 수 있다.

$$\hat{E}(n_{11}) = n\hat{p}_1\hat{p}_A = \frac{r_1c_1}{n} = \frac{94 \times 74}{309} = 22.51$$

같은 방법으로 다른 범주들의 추정된 기대도수들도 찾을 수 있다. 예를 들어 $\hat{E}(n_{23})$는 다음과 같다.

$$\hat{E}(n_{23}) = n\hat{p}_2\hat{p}_C = \frac{r_2c_3}{n} = \frac{96 \times 128}{309} = 39.77$$

그러므로 분할표에 대한 관측된 범주별 관찰도수 n_{ij}의 기대도수는 n_{ij}를 기준으로 각각의 행과 열의 합계의 곱을 총 도수로 나눈 것이다. 즉 추정된 칸의 기대도수는 다음과 같다.

$$\hat{E}(n_{ij}) = \frac{r_ic_j}{n}$$

여기서 r_i는 각 행 i의 합이고 c_j는 각 열 j의 합이다.

이 예제의 추정된 범주의 기대도수는 [표 13-2]의 ( ) 안에 나타나 있으며, 기대도수와 관찰도수를 사용하여 다음의 검정통계량 값을 계산할 수 있다.

$$\begin{aligned}\chi^2 &= \sum_{j=1}^{4}\sum_{i=1}^{3}\frac{\left(n_{ij}-\widehat{E}(n_{ij})\right)^2}{\widehat{E}(n_{ij})} \\ &= \frac{(15-22.51)^2}{22.51}+\frac{(26-22.99)^2}{22.99}+\cdots+\frac{(20-14.63)^2}{14.63} \\ &= 19.18\end{aligned}$$

검정통계량에 대한 자유도를 살펴보면, 분할표의 자유도를 구하는 방법은 다음의 법칙을 따른다. r 개의 행과 c 개의 열을 가지는 분할표의 자유도는 $(r-1)(c-1)$이다. 그러므로 이 예제에서 $(r-1)(c-1)=(3-1)(4-1)=6$인 자유도를 가지는 카이제곱분포의 임계값과 카이제곱검정통계량 값 χ^2을 비교한다.

$\alpha=0.05$일 때, 카이제곱분포의 임계값 $\chi^2_{0.05,6}=12.5916$이므로, $\chi^2>12.5916$이라면 "두 분류가 독립이다"는 귀무가설을 기각한다. 검정통계량의 값이 $\chi^2=19.18$로 카이제곱검정의 임계값 $\chi^2_{0.05,6}$보다 크기 때문에 귀무가설을 기각한다. 이 자료는 "가구결함에 따른 유형들의 확률은 생산방법이 변함에 따라 달라진다."는 충분한 증거를 제시한다. 그러므로 생산방법에 따라 가구결함의 유형의 차이가 왜 생기는지에 대한 원인을 규명해야 할 것이다.

▌예제 13.1▐

새로운 감기 백신의 효능을 평가하려고, 백신을 2주에 걸쳐 2회의 연속된 짧은 기간 동안 원하는 사람들에게 접종하였다. 어떤 사람은 2회 연속으로 두 번 접종을 받았고 다른 사람은 2회 중 한 번만 접종을 받았다. 다음 해 봄에 그 지역 거주자 중 임의추출한 1000명에 대해 조사한 자료는 다음 표와 같다. 주어진 자료는 감기 백신이 그 지역의 감기 감염자의 수를 성공적으로 감소시켰다는 충분한 증거를 제시하는가에 대한 가설검정을 수행해 보자.

	접종받지 않음	1번 접종	2번 접종	총계
감염	24(14.4)	9(5.0)	13(26.6)	46
감염되지 않음	289(298.6)	100(104.0)	565(551.4)	954
총계	313	109	578	1000

풀이 귀무가설은 "감기 백신의 접종 횟수와 감기의 감염의 유무는 독립이다"이고, 대립가설은 감기 백신의 접종 횟수와 감기의 감염의 유무는 서로 연관이 있다"이다. 범주의 기대도수는 행과 열의 합계를 사용하여 다음과 같이 추정한다.

$$\hat{E}(n_{ij}) = \frac{r_i c_j}{n}$$

$$\hat{E}(n_{11}) = \frac{r_1 c_1}{n} = \frac{46 \times 313}{1000} = 14.4$$

$$\hat{E}(n_{12}) = \frac{r_1 c_2}{n} = \frac{46 \times 109}{1000} = 5.0$$

$$\vdots$$

$$\hat{E}(n_{23}) = \frac{r_2 c_3}{n} = \frac{954 \times 578}{1000} = 551.4$$

이 값들은 위 표의 ( ) 안에 소수점 첫째 자리만 표시하였다. 검정통계량 χ^2의 값을 계산하여 자유도 $(r-1)(c-1) = 1 \times 2 = 2$를 갖는 χ^2의 임계값과 비교한다. 유의수준 $\alpha = 0.05$일 때, $\chi^2 > \chi^2_{0.05,2} = 5.99147$이면 귀무가설을 기각한다.

검정통계량의 값은 다음과 같이 계산된다.

$$\chi^2 = \frac{(24-14.4)^2}{14.4} + \frac{(9.0-5.0)^2}{5.0} + \cdots + \frac{(565-551.4)^2}{551.4}$$
$$= 17.35$$

χ^2의 값이 기각영역 안에 속하므로 접종의 횟수와 감기 감염의 유무가 독립이라는 귀무가설을 기각한다. 즉 이 자료는 백신 접종의 횟수와 감염의 유무의 관계는 서로 연관이 있다고 할 수 있다.

백신 횟수의 3가지 범주에 대해서 감기 감염의 발생 비율을 비교해 보면 2회 연속 접종을 받은 사람들이 그 병에 적게 감염되었음을 알 수 있다.

2×3 분할표에 대한 위의 결과에서 자유도 2인 카이제곱에 대한 검정통계량의 값 $\chi^2 = 17.313$에 대한 $p-$값이 0.000으로 매우 높은 유의성을 가지므로 귀무가설 H_0이 기각됨을 알 수 있다.

13.2.3 동질성검정

많은 자료 조사의 경우에서, 수집의 방법이나 결과가 다항실험의 요구조건을 명확히 만족시키는 경우도 있는 반면에 그렇지 못한 경우도 있다. 예를 들어 어떤 경우에는 어느 한 범주에 해당하는 자료의 수가 매우 적거나 하나도 얻을 수 없는 경우가 생길 수 있기 때문에 예제 13.1에서 설명된 모집단으로부터의 임의추출을 원하지 않는 경우가 있다.

이런 경우를 피하기 위하여 분할표의 열의 범주를 하나의 **부 모집단**(sub population)으로 하고, 부 모집단에 속한 각 행의 칸들을 부 모집단이 가지는 각 속성이라고 가정하자. 그리고 각 열의 범주(부 모집단)에 속하는 일정한 표본의 크기(열의 합)을 미리 결정하여, 정해진 표본의 크기만큼의 자료를 추출한다. (분석자의 편의에 따라 행을 부 모집단으로 보고 열을 부 모집단의 속성으로 두어 행의 합을 미리 정하여 표본을 추출하는 경우도 있다.)

부 모집단의 범주가 k개이고, 각 범주에 속하는 속성의 개수를 c라고 하자. 하나의 부 모집단인 열 j 중에서 행 i에 속하는 비율을 p_{ij}라고 하면 모든 부 모집단 열 j에 대하여 행 i에 속할 비율이 동일한가를 검정하는 방법을 **동질성검정**(homogeneity test)이라고 한다.

표 13-3 동질성 검사를 위한 $c \times k$ 분할표

속성 \ 부 모집단	1	2	…	k
1	n_{11}	n_{12}	…	n_{1k}
2	n_{21}	n_{22}	…	n_{2k}
⋮	⋮	⋮		⋮
c	n_{c1}	n_{c2}	…	n_{ck}
표본의 크기	$n_{.1}$	$n_{.2}$	…	$n_{.k}$

동질성검정의 귀무가설은 $H_0 : p_{i1} = p_{i2} = \cdots = p_{ic}(i = 1, \cdots, k)$이다. 동질성 검사를 위한 검정통계량으로 카이제곱검정통계량은 다음과 같이 계산할 수 있다.

$$\chi^2 = \sum_{j=1}^{k}\sum_{i=1}^{c}\frac{\left(n_{ij} - \hat{E}(n_{ij})\right)^2}{\hat{E}(n_{ij})}$$

표본의 크기가 충분히 클 때 귀무가설 H_0하에서 카이제곱검정통계량은 자유도 $(k-1)$

$(c-1)$인 χ^2분포를 따르며, 관찰도수의 기댓값의 추정량은 $\hat{E}(n_{ij}) = \dfrac{n_i \times n_j}{n}$이고, 기각영역 $\chi^2 \geq \chi^2(\alpha,(k-1)(c-1))$을 만족할 때 귀무가설 H_0를 기각하게 된다.

▌예제 13.2▐

어느 도시에 있는 4개의 선거구에서 후보 A를 지지하는 유권자의 비율을 비교하기 위해 유권자의 정서를 조사하였다. 각 선거구에서 200명을 무작위 추출하여 조사한 정보를 다음과 같이 정리했다. 주어진 자료는 후보 A를 지지하는 비율이 네 개의 선거구들에서 모두 다르다고 지적할 충분한 증거를 제시하는가를 유의수준 0.05를 기준으로 검정하여라.

여론	선거구				합계
	1	2	3	4	
A지지	76(59)	53(59)	59(59)	48(59)	236
A지지 않음	124(141)	147(141)	141(141)	152(141)	564
합계	200	200	200	200	800

풀이 각 선거구마다 A를 지지하는 비율이 동일하다는 귀무가설에 대한 추정된 기대 칸 확률들은 행과 열의 합계를 이용하여 ( ) 안에 표현되었으므로 검정통계량은 다음과 같이 계산된다.

$$\begin{aligned}\chi^2 &= \sum_{j=1}^{4}\sum_{i=1}^{2}\frac{\left(n_{ij}-\hat{E}(n_{ij})\right)^2}{\hat{E}(n_{ij})} \\ &= \frac{(76-59)^2}{59}+\frac{(124-141)^2}{141}+\cdots+\frac{(152-141)^2}{141} \\ &= 10.72\end{aligned}$$

$\alpha = 0.05$와 자유도$(r-1)(c-1) = 1\times 3 = 3$을 가지는 임계값 $\chi^2 > \chi^2_{0.05,3} = 7.81473$이며, 검정통계량 χ^2이 임계값 이상이므로 귀무가설은 기각되고 A후보를 지지하는 유권자의 비율은 모든 4개의 선거구에서 같지 않다. 2×4 분할표에 대한 위의 결과에서 자유도 3인 카이제곱에 대한 검정통계량 $\chi^2 = 10.722$에 대한 $p-$값이 0.013으로 높은 유의성을 가지므로 귀무가설 H_0가 기각됨을 알 수 있다.

☒ 독립성 검정

예제 13.1에 있는 자료를 [그림 13-1]과 같이 엑셀에 입력하고 수식을 입력하여, 기대도수 및 검정통계량, p-값 등을 산출할 수 있다.

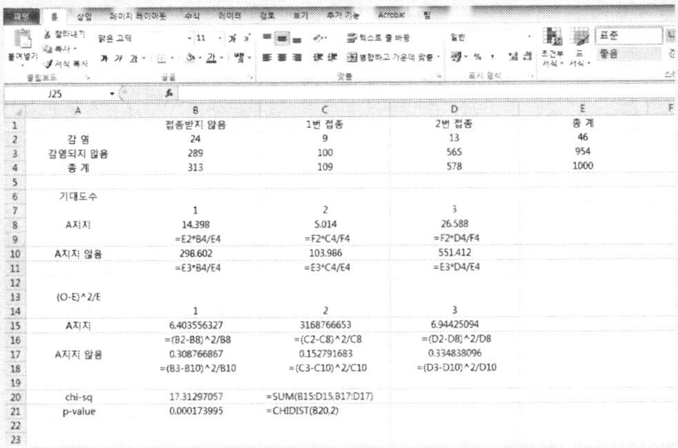

	A	B	C	D	E
1		접종받지 않음	1번 접종	2번 접종	총 계
2	감 염	24	9	13	46
3	감염되지 않음	289	100	565	954
4	총 계	313	109	578	1000
5					
6	기대도수				
7		1	2	3	
8	A지지	14.398	5.014	26.588	
9		=E2*B4/E4	=F2*C4/F4	=F2*D4/F4	
10	A지지 않음	298.602	103.986	551.412	
11		=E3*B4/E4	=E3*C4/E4	=E3*D4/E4	
12					
13	(O-E)^2/E				
14		1	2	3	
15	A지지	6.403556327	3168766653	6.94425094	
16		=(B2-B8)^2/B8	=(C2-C8)^2/C8	=(D2-D8)^2/D8	
17	A지지 않음	0.308766867	0.152791683	0.334838096	
18		=(B3-B10)^2/B10	=(C3-C10)^2/C10	=(D3-D10)^2/D10	
19					
20	chi-sq	17.31297057	=SUM(B15:D15,B17:D17)		
21	p-value	0.000173995	=CHIDIST(B20,2)		
22					
23					

그림 13-1

☒ 동질성검정

예제 13.2에 있는 자료를 [그림 13-2]와 같이 엑셀에 입력하고 수식을 입력하여, 기대도수 및 검정통계량, p-값 등을 산출할 수 있다.

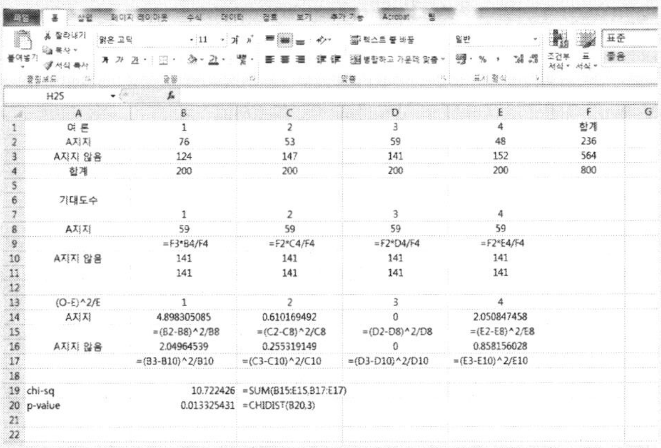

	A	B	C	D	E	F
1	여 론	1	2	3	4	합계
2	A지지	76	53	59	48	236
3	A지지 않음	124	147	141	152	564
4	합계	200	200	200	200	800
5						
6	기대도수					
7		1	2	3	4	
8	A지지	59	59	59	59	
9		=F3*B4/F4	=F2*C4/F4	=F2*D4/F4	=F2*E4/F4	
10	A지지 않음	141	141	141	141	
11		141	141	141	141	
12						
13	(O-E)^2/E	1	2	3	4	
14	A지지	4.898305085	0.610169492	0	2.050847458	
15		=(B2-B8)^2/B8	=(C2-C8)^2/C8	=(D2-D8)^2/D8	=(E2-E8)^2/E8	
16	A지지 않음	2.04964539	0.255319149	0	0.858156028	
17		=(B3-B10)^2/B10	=(C3-C10)^2/C10	=(D3-D10)^2/D10	=(E3-E10)^2/E10	
18						
19	chi-sq	10.722426	=SUM(B15:E15,B17:E17)			
20	p-value	0.013325431	=CHIDIST(B20,3)			
21						
22						

그림 13-2

연습문제

01 멘델의 이론에 의하면 둥글고 노란색, 주름지고 노란색, 둥글고 녹색, 주름지고 녹색 등 4가지 유형에 해당하는 완두콩의 비율은 9:3:3:1이 되어야 한다고 한다. 그와 같은 100개를 조사해 보니 각 계급의 수가 56, 19, 17, 8인 것으로 나타났다. 이 자료는 멘델의 유형과 일치하는가를 $\alpha = 0.05$에서 검정하여라.

02 다음의 연구는 유아와 어머니의 애정의 형태에 따른 초기유아 보육의 영향에 대한 것이다. ASSP(Ainworth Strange Situation Paradigm) 도구를 사용하여 93명의 유아들을 '안정'과 '불안정'의 두 가지로 분류하였다. 또한 유아들은 어머니들이 유아 보육시간에 보낸 한 주당 평균 시간에 따라 분류하여 다음과 같은 자료를 얻었다. 이 자료는 유아 보육에 소비된 시간의 양에 의존하는 유아들을 위한 애정의 형태가 차이가 있는가를 지적하는 충분한 근거가 있는가를 유의수준 0.05를 기준으로 검정하여라.

애정 형태	적음 (0–3시간)	보통 (4–19시간)	많음 (20–54시간)
안정	23	35	5
불안정	11	10	8

03 다음의 연구는 의심되는 심장 발작 환자들의 초기 심전도가 급성의 병원 내 합병증을 예측하는 데 사용될 수 있다고 주장한다. 의심되는 심근 경색(심장 발작)을 가진 469명의 환자에 대하여 각 환자들의 초기 심전도가 '긍정'과 '부정'의 두 가지 중 하나에 속한다고 하자. 환자들이 병원 내에서 계속해서 급성 심근 경색의 합병증에 고통 받고 있는지 없는지를 아래의 표에 나타내었다. 이 자료는 생명을 위협하는 심근경색의 확률이 심전도 결과들에 의존하는가에 대한 충분한 증거를 제시하는가를 유의수준 0.05를 기준으로 검정하여라.

심전도	생명을 위협하는 합병증		합계
	없음	있음	
부정	166	1	167
긍정	260	42	302
합계	426	43	469

04 공기 오염과 폐질환과의 관계가 있는가 알아보기 위해 조사하였다. 스모그로 자주 괴로움을 겪는 2개 도시와 공기오염이 덜한 2개의 농촌 등 4지역을 선정하였다. 조사대상자는 지역의 영구 거주자에게만 국한하였다. 각 지역의 영구 거주자 400명에 대한 조사결과는 다음 표와 같다. 지역 간 폐질환자 수의 비율에 차이가 있음을 나타내는 충분한 증거를 제시하는가를 유의수준 0.05를 기준으로 검정하여라.

지역	폐질환자 수
도시 A	34
도시 B	42
농촌 A	21
농촌 B	18

05 신경통 치료를 위한 약품인 장액의 효과를 살펴보기 위하여 각각 200명의 신경통 환자로 구성된 두 그룹을 비교하였다. 한 그룹에게는 위약(placebo)을 주사하고 다른 한 그룹에 장액을 주사하였다. 일정기간이 지난 후 두 그룹의 환자들에게 신경통의 증세가 호전되었는지를 물어서 다음의 표를 작성하였다. 이 자료로부터 장액이 신경통 환자의 병세에 영향을 주었다는 충분한 증거를 찾을 수 있는가를 유의수준 0.05에서 검정하여라.

병세	약물 치료	위약 투여
향상	117	74
향상되지 않음	83	126

06 심리학 실험에서 140명의 학생을 두 가지 부류의 두뇌형, 즉 좌반구 두뇌기능(철학 및 기타 언어능력)이 발달한 부류와 우반구 두뇌기능(음악, 미술 등 예능능력)이 발달한 부류로 나누고, 이 학생들을 오른손잡이와 왼손잡이의 두 가지 부류로 나누었다. 그 결과 다음과 같은 분할표를 얻었다. 이 분할표를 사용하여 어떤 두뇌기능의 우월과 손잡이와는 독립적인 속성이라는 가설을 유의수준 0.05에서 검정하여라.

	좌반구 두뇌기능	우반구 두뇌기능	합계
오른손잡이	89	29	118
왼손잡이	10	12	22
합계	99	41	140

07 60명의 남자와 40명의 여자에게 각각 3가지 종류의 청량음료에 대한 선호도를 물었다. 청량음료에 대한 선호도가 성별과 무관한가를 다음의 표를 사용하여 근사적 유의수준 0.05에서 검정하여라.

성별	생산품			합계
	음료 1	음료 2	음료 3	
남	36	10	14	60
여	12	9	19	40
합계	48	19	33	100

부록

부록 1 엑셀 기본 사용법

부록 2 난수표 및 분포표

부록 1 엑셀 기본 사용법

○ 엑셀의 소개

엑셀(EXCEL)은 마이크로소프트(Microsoft)사에서 개발된 통합 소프트웨어로 차트나 그림 등의 GUI 기능을 지원하며, 기본 산술연산과 통계분석, 매크로 기능을 지원하는 **스프레드시트(spreadsheet)** 프로그램이다. 스프레드시트 프로그램이란 연속적인 행과 열을 가지고 있는 **워크시트(worksheet)**에 데이터를 입력, 계산, 처리하여 문서를 작성하고 이를 기초로 차트를 작성하는 기능 등을 갖는 소프트웨어를 의미한다. 엑셀은 1994년에 발표된 엑셀 4.0을 시작으로 엑셀 95, 97, 2000, 2002 등 계속적인 업데이트가 이루어져 가장 최신 버전으로 엑셀 2016이 발표되어 사용되고 있으며, 이 책에서는 Window 7 운영체제에서의 **엑셀 2010**을 기반으로 기본 사용법 및 통계분석 방법을 설명하고 있다.

○ 엑셀의 실행

바탕화면에 바로가기가 생성되어 있는 경우 마우스 클릭으로 쉽게 엑셀을 실행할 수 있지만 설치 시 자동으로 바탕화면에 바로가기가 생성되어 있지 않으므로 다음과 같은 과정에 따라 엑셀을 실행할 수 있다.

먼저 왼쪽 밑 부분에 있는 **[시작]** 단추를 클릭하면 나타나는 시작 메뉴에서 모든 프로그램을 클릭하면 [그림 1]과 같은 그림이 나타나며, 여기에서 [Microsoft office]를 클릭하고 [Microsoft excel]을 클릭하면 엑셀이 실행된다. 또한 [Microsoft excel]을 마우스 우클릭하여 **[보내기]→[바탕 화면에 바로 가기 만들기]**를 클릭하면 엑셀의 바로가기가 바탕화면에 생성된다.

또한 일부 통계분석을 위해서는 **[데이터 분석]** 기능이 필요하며, 이는 기본 설치 시 자동으로 설치되지 않으므로 다음과 같은 과정에 따라 기능을 추가할 수 있다.

엑셀 화면의 왼쪽 윗부분에 있는 **[파일]**을 클릭하면 [그림 2]와 같은 화면이 나타나며 화면의 왼쪽 아랫부분에 **[옵션]**을 클릭하면 [그림 3]과 같은 **[Excel 옵션]** 창이 활성화된다. 여기서 **[추가기능]**을 선택한 뒤 하단의 **[이동(G)]**을 클릭하면 [그림 4]와 같은 화면이 나타나고 **[분석도구]**를 체크한 후 **[확인]**을 선택하면 [그림 5]와 같이 **[데이터]** 메뉴에 데이터 분석 기능이 추가되어 있는 것을 확인할 수 있다.

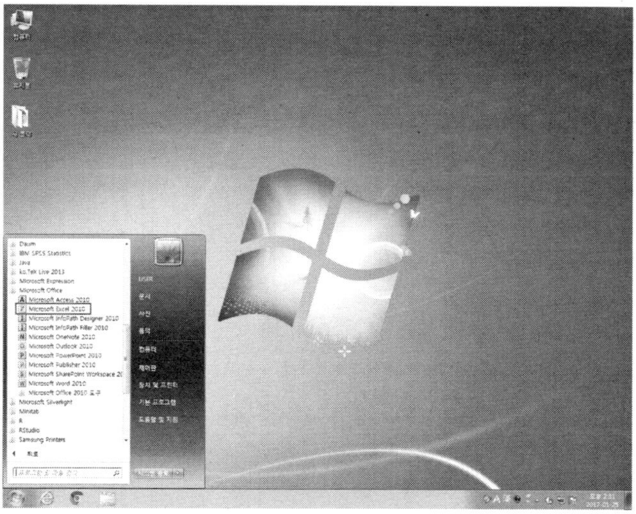

그림 1. 엑셀 실행

그림 2. 엑셀 파일에서 옵션 선택

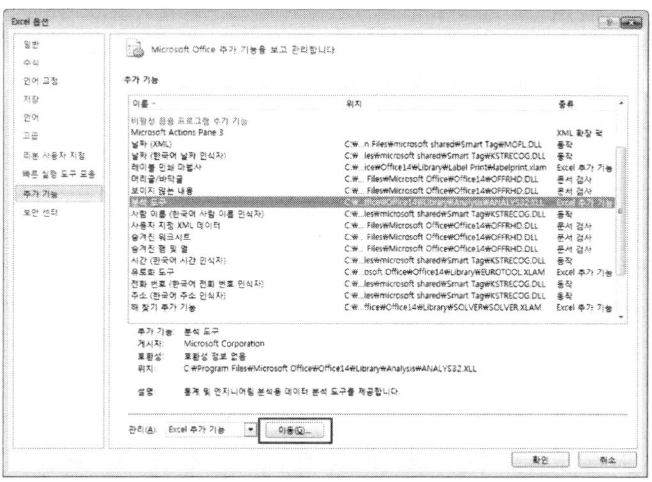

그림 3. 추가 기능에서 이동 선택

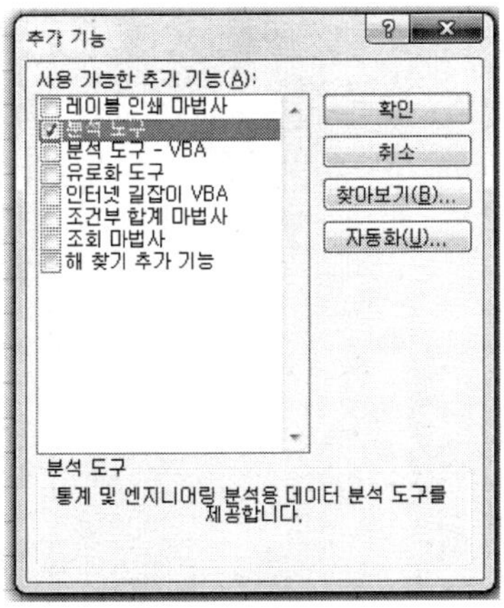

그림 4. 분석도구 선택

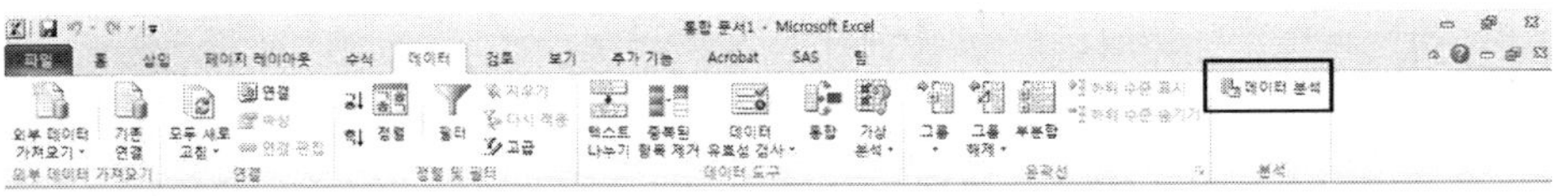

그림 5. 데이터 분석

○ 엑셀의 화면 구성

엑셀은 [그림 6]과 같은 기본 화면으로 구성되어 있으며 ① 메뉴 표시줄, ② 표준 도구 모음, ③ 이름 상자, ④ 행 번호, ⑤ 열 문자, ⑥ 수식 입력 줄, ⑦ 수직 이동 줄, ⑧ 수평 이동 줄, ⑨ 시트 탭 번호로 구성되어 있다.

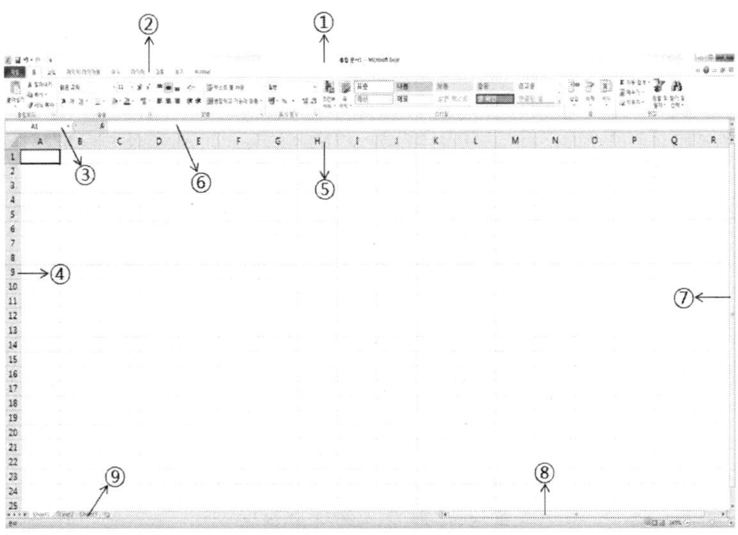

그림 6. 엑셀의 화면 구성

각 구성에 대한 기능을 요약하면 다음 표와 같다.

구성	내용
메뉴표시줄	엑셀의 메뉴 표시
표준 도구 모음	메뉴 중 자주 사용되는 기능을 단추화한 것
이름 상자	현재 선택된 셀의 셀 번호를 나타냄
행 번호	워크시트 내의 행 표시 번호
열 문자	워크시트 내의 열 표시 문자
수식 입력 줄	현재 선택된 셀의 내용 표시
수직 이동 줄	위/아래 이동
수평 이동 줄	왼/오른쪽 이동
시트 탭	엑셀 통합 문서에서 각각의 시트

○ 데이터 입력과 수정하기

원하는 셀을 클릭한 후 키보드와 마우스를 이용해 데이터를 입력할 수 있다. 엑셀은 기본적으로 영문 입력 상태로 설정되어 있으며 한글을 입력하기 위해서는 키보드에서 한/영을 눌러 한글 입력상태로 바꾼 후 글자를 입력할 수 있다.

• 문자 데이터

셀의 왼쪽을 기준으로 입력되어 표시되며 ① 셀의 넓이보다 데이터가 길 때 오른쪽에 빈 셀이 있으면 연속되어 표시가 되고 ② 빈 셀이 없는 경우 문자열이 잘려서 표시된다. ③ 숫자와 문자를 혼합하여 입력하면 문자로 취급되며 ④ 숫자를 문자로 입력하기 위해서는 선두에 문자 점두어(') 기호를 추가하여 입력할 수 있다.

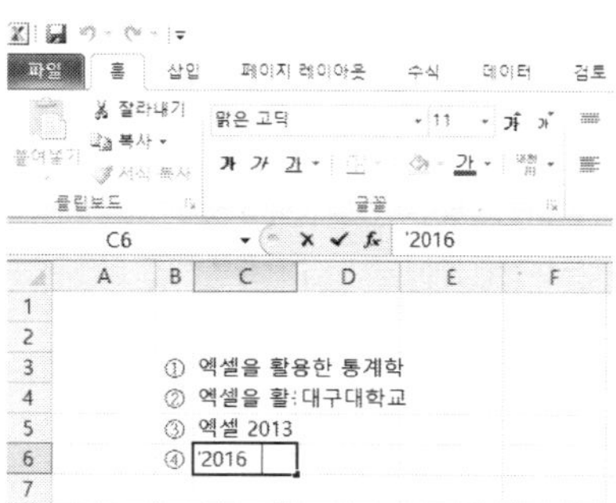

그림 7. 문자 데이터의 입력

- 숫자 데이터

숫자(0~9)와 +, -, 소수점, 콤마, $, %, ₩, E, e, ()의 특수 문자를 포함하며 ① 음수는 숫자 앞에 '-'를 입력하거나 ② 숫자를 괄호로 묶어서 입력한다.

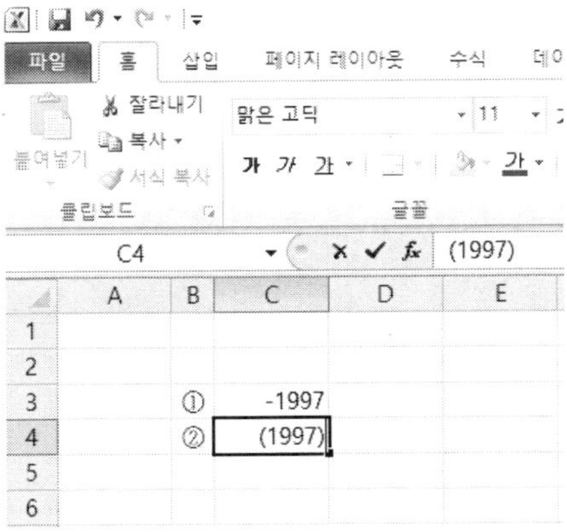

그림 8. 음수의 입력

- 날짜와 시간 데이터

① 날짜일 경우 년, 월, 일의 구분은 하이픈(-)이나 슬래시(/)를 사용하며, ② 시간일 경우 시, 분, 초의 구분은 콜론(:)을 사용한다. AM/PM 표시하지 않으면 24시간 형태로 표시되며 시간과 AM/PM의 사이는 한 칸 이상의 공백을 둔다. ③ [Ctrl] + [Shift] + ';' 키를 동시에 눌러주면 현재 시간이 입력되며 [Ctrl] + ';' 키를 동시에 눌러주면 현재 날짜가 입력된다.

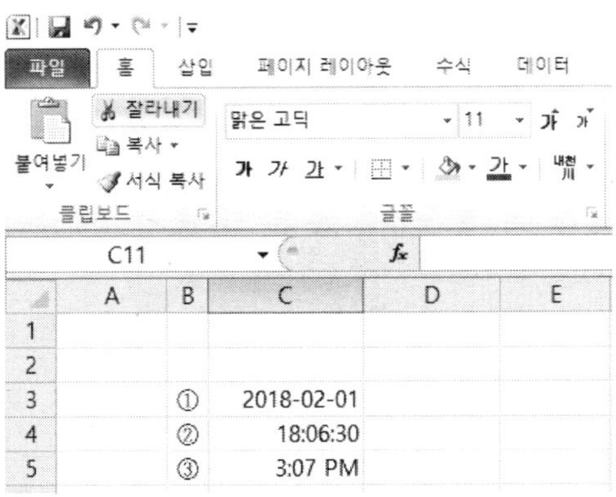

그림 9. 날짜와 시간 데이터의 입력

• 수식의 입력

수식은 항상 등호(=)로 시작하며, 연산자, 셀 주소, 함수 등을 포함하며 셀에는 수식의 계산 결과 값이 표시되고 수식 입력 줄에는 입력한 수식이 표시된다. ① 사칙연산(+,-,*,/) 기호, ② 관계연산 기호(=,〉,〉=,〈,〈=,〈〉), 문자열 연산기호(&)를 사용할 수 있다.

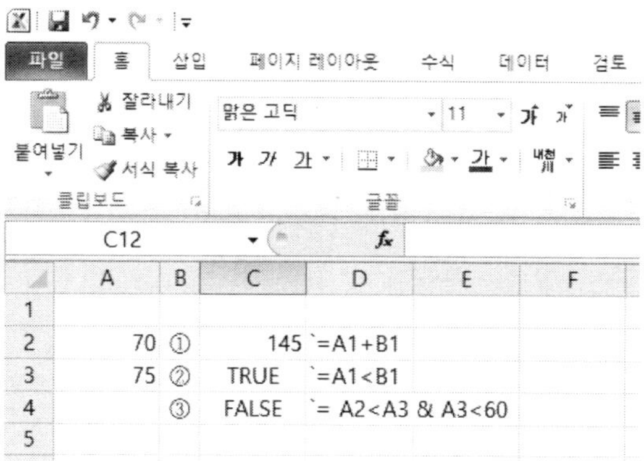

그림 10. 수식의 입력

• 데이터의 수정과 삭제

수식 입력 줄에서 직접 수정할 수 있으며, 해당 셀을 더블 클릭 또는 F2 키를 누르고 셀에서 직접 후 셀에서 직접 수정할 수 있다. 데이터를 삭제하기 위해서는 삭제할 데이터를 선택한 후 키보드의 [Delete] 키를 누르거나 해당 셀을 선택 후 마우스 우측 버튼을 클릭하면 활성화되는 창에서 [내용 지우기] 또는 [삭제]를 선택하여 삭제할 수 있다. [삭제]를 선택하는 경우 셀을 왼쪽 또는 위로 밀거나 행 또는 열 전체를 삭제할 수 있는 선택창이 나타나며 필요한 상황에 따라 선택하여 사용한다.

• 자동 완성 및 자동 채우기

자동 완성이란 워크시트에 입력한 처음 몇 글자가 이전에 입력한 데이터와 일치하면 자동으로 텍스트 입력이 완성되는 기능이며, 엑셀에서는 데이터가 떨어져 있어도 표로 지정한 테이블 안에 있으면 자동 완성 기능을 사용할 수 있다. 자동 채우기란 자동 채우기 핸들을 이용해 인접한 영역의 셀에 일정한 기준으로 데이터가 입력되는 기능이다.

먼저 2에서 14까지 2씩 증가하는 값을 각 셀에 입력하기를 원할 때 각각의 셀에 직접 2, 4, …, 14를 입력할 수도 있지만 자동 채우기 기능을 사용하면 쉽게 자료를 입력할 수 있다.

[그림 11]과 같이 2개의 셀에 2와 4를 입력한 후 두 개의 셀을 드래그하면 마우스포인터 모양이 '+'로 변하게 되며 이를 클릭하여 원하는 셀만큼 드래그하게 되면 2씩 증가하는 데이터가 자동으로 입력된다. 이는 상, 하, 좌, 우 모든 방향으로 적용할 수 있다.

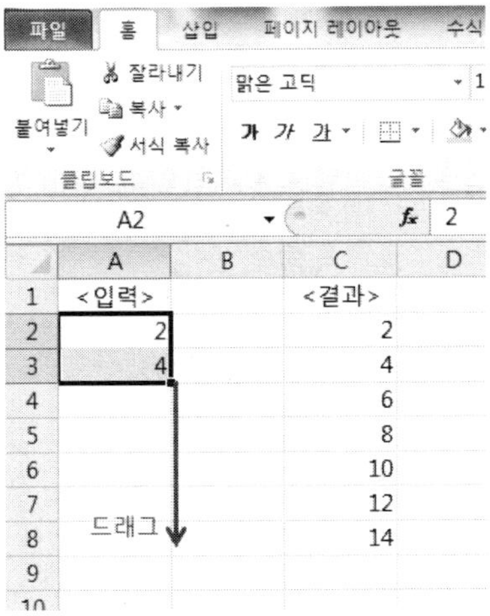

그림 11. 엑셀 숫자 데이터 자동 채우기

문자 데이터에 대해 자동 채우기를 하면, 문자만 있는 경우에는 문자가 복사되며 문자에 숫자가 포함된 경우 [그림 12]와 같이 문자는 복사되고 숫자는 증가하거나 감소한 자료가 자동으로 입력된다.

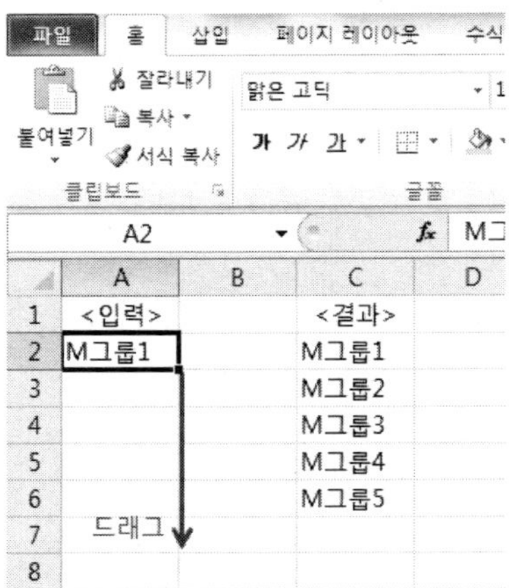

그림 12. 엑셀 문자 데이터 자동 채우기

○ 피벗 테이블의 활용

엑셀의 **피벗 테이블**(Pivot table) 마법사를 이용하면 다양한 형태의 빈도표나 교차표를 쉽게 작성할 수 있으며 특히 범주형 자료에 대한 기술이 필요할 때 매우 유용하게 사용된다. 이 책에서는 피벗 테이블 마법사를 이용하여 일차원 빈도표와 이차원 교차표를 만드는 과정을 설명하고자 한다.

• 일차원 빈도표

총 24명을 대상으로 만족도와 함께 연령대 및 성별을 조사하여 [그림 13]과 같이 데이터를 엑셀에 입력하였다. 피벗 테이블을 이용하여 연령대별 일차원 빈도표를 작성하여 보자.

먼저 메뉴에서 **[삽입]→[피벗테이블]**을 클릭하면 [그림 14]와 같이 '피벗 테이블 만들기' 라는 대화상자가 나타난다.

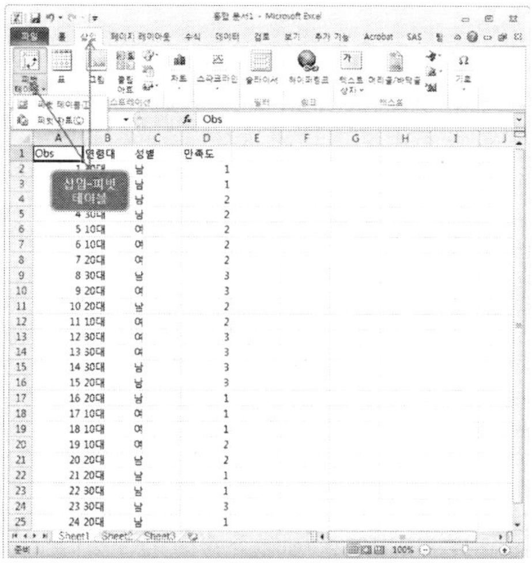

그림 13. 엑셀 삽입에 피벗 테이블 선택

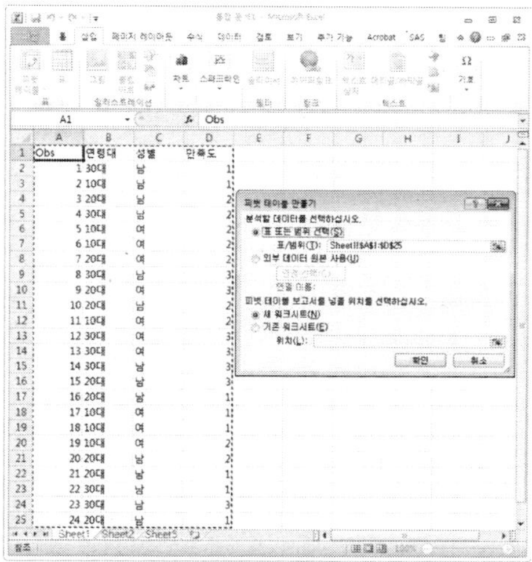

그림 14. 대화상자

대화상자에서 '분석할 데이터 위치'에는 입력한 데이터를 모두 선택하고 '원하는 보고서 위치'를 새 워크시트로 선택하여 [확인] 버튼을 클릭하면 [그림 15]와 같이 **'피벗 테이블 도구 화면'**이 새로운 시트에 생성된다. 우측의 '피벗 테이블 필드 목록'이라는 대화상자에서 '연령대' 항목을 마우스로 끌어서 우측 아래의 '행 레이블'과 '값' 영역에 각각 놓고 '값' 영역의 '값 필드 설정'에서 '개수'를 선택하면 [그림 15]와 같은 연령대별 일차원 빈도표가 생성된다.

그림 15. 피벗 테이블을 이용한 일차원 빈도표

• 이차원 교차표

앞의 자료에 대해서 연령대와 성별에 대한 이차원 교차표를 작성해 보자. '피벗 테이블 도구 화면'까지의 과정은 일차원 빈도표와 동일하며 '피벗 테이블 필드 목록'이라는 대화상자에서 연령대 항목을 마우스로 끌어서 행 레이블과 값의 영역에 각각 놓고 성별 항목을 열 레이블에 끌어다 놓으면 [그림 16]과 같은 이차원 교차표가 생성된다.

그림 16. 피벗 테이블을 이용한 이차원 교차표

부록 2 난수표 및 분포표

표 1. 난수표

10097 32533	76520 13586	34673 54876	80959 09117	39292 74945	74029 43902
37542 04805	64894 74296	24805 24037	20636 10402	00822 91665	54178 45611
08422 68953	19645 09303	23209 02560	15953 34764	35080 33606	11664 49883
99019 02529	09376 70715	38311 31165	88676 74397	04436 27659	48324 77928
12807 99970	80157 36147	64032 36653	98951 16877	12171 76833	69074 94138
66065 74717	34072 76850	36697 36170	65813 39885	11199 29170	09188 20097
31060 10805	45571 82406	35303 42614	86799 07439	23403 09732	90045 85497
85269 77602	02051 65692	68665 74818	73053 85247	18623 88579	73189 50207
63573 32135	05325 47048	90553 57548	28468 28709	83491 25624	75768 76490
73796 45753	03529 64778	35808 34282	60935 20344	35273 88435	54016 44056
98520 17767	14905 68607	22109 40558	60970 93433	50500 73998	08358 69910
11805 05431	39808 27732	50725 68248	29405 24201	52775 67851	28306 03264
83452 99634	06288 98083	13746 70078	18475 40610	68711 77817	53840 86233
88685 40200	86507 58401	36766 67951	90364 76493	29609 11062	91757 53741
99594 67348	87517 64969	91826 08928	93785 61368	23478 34113	89415 92694
65481 17674	17468 50950	58047 76974	73039 57186	40218 16544	77513 03820
80124 35635	17727 08015	45318 22374	21115 78253	14385 53763	19502 37174
74350 99817	77402 77214	43236 00210	45521 64237	96286 02655	21818 59313
69916 26803	66252 29148	36936 87203	76621 13990	94400 56418	51474 66499
09893 20505	14225 68514	46427 56788	96297 78822	54382 14598	99559 68331
91499 14523	68479 27686	46162 83554	94750 89923	37089 20048	33713 48007
80336 94598	26940 36858	70297 34135	53140 33340	42050 82341	85274 86893
44104 81949	85157 47954	32979 26575	57600 40881	22222 06413	84133 89640
12550 73742	11100 02040	12860 74697	96644 89439	28707 25815	56732 16234
63606 49329	16505 34484	40219 52563	43651 77082	07207 31790	65138 56806
61196 90446	26457 47774	51924 33729	65394 59593	42582 60527	38001 02176
15474 45266	95270 79953	59367 83848	82396 10118	33211 59466	37402 96397
94557 28573	67897 54387	54622 44431	91190 42592	92927 45973	97125 40348
42481 16213	97344 08721	16868 48767	03071 12059	25701 46670	21826 41134
23523 78317	73208 89837	68935 91416	26252 29663	05522 82562	73135 42742
04493 52494	75246 33824	45862 51025	61962 79335	65337 12472	07638 77929
00549 97654	64051 88159	96119 63896	54692 82391	23287 29529	60528 83441
35963 15307	26898 09554	33351 35462	77974 50024	90103 39333	83596 35655
59808 08391	45427 26842	83609 49700	13021 24892	78565 20106	10850 62746
46058 85236	01390 92286	77281 44077	93910 83647	70617 42941	39820 98952
32179 00597	87379 25241	05567 07007	96743 17157	85394 11838	59580 06478
69234 61406	20117 45204	15956 60000	18743 92423	97118 96338	38508 07341
19565 41430	01758 75379	40419 21585	66674 36806	84962 85207	30692 70668
45155 14938	19476 07246	43667 94543	59047 90033	20826 69541	65443 95659
94864 31994	36168 10851	34888 81553	01540 35456	05014 51176	27267 50264
98086 24826	45240 28404	44999 08896	39094 73407	35441 31880	91307 06991
33185 16232	41941 50949	89435 48581	88695 41994	37548 73043	68434 94688
80951 00406	96382 70774	20151 23387	25016 25298	94624 61171	48908 15877
79752 49140	71961 28296	69861 02591	74852 20539	00387 59579	06913 45197
18633 32537	98145 06571	31010 24674	05455 61427	77938 91936	10455 16019

표 2. 누적이항분포표

$$P(X \leq c) = \sum_{x=0}^{c} \binom{n}{x} p^{x} (1-p)^{n-x}$$

	c	.05	.10	.20	.30	.40	.50	.60	.70	.80	.90	.95
$n=1$	0	.950	.900	.800	.700	.600	.500	.400	.300	.200	.100	.050
	1	1.000	1.000	1.000	1.000	1.000	1.000	1.000	1.000	1.000	1.000	1.000
$n=2$	0	.902	.810	.640	.490	.360	.250	.160	.090	.040	.010	.002
	1	.997	.990	.960	.910	.840	.750	.640	.510	.360	.190	.097
	2	1.000	1.000	1.000	1.000	1.000	1.000	1.000	1.000	1.000	1.000	1.000
$n=3$	0	.857	.729	.512	.343	.216	.125	.064	.027	.008	.001	.000
	1	.993	.972	.896	.784	.648	.500	.352	.216	.104	.028	.007
	2	1.000	.999	.992	.973	.936	.875	.784	.657	.488	.271	.143
	3	1.000	1.000	1.000	1.000	1.000	1.000	1.000	1.000	1.000	1.000	1.000
$n=4$	0	.815	.656	.410	.240	.130	.063	.026	.008	.002	.000	.000
	1	.986	.948	.819	.652	.475	.313	.179	.084	.027	.004	.000
	2	1.000	.996	.973	.916	.821	.688	.525	.348	.181	.052	.014
	3	1.000	1.000	.998	.992	.974	.938	.870	.760	.590	.344	.185
	4	1.000	1.000	1.000	1.000	1.000	1.000	1.000	1.000	1.000	1.000	1.000
$n=5$	0	.774	.590	.328	.168	.078	.031	.010	.002	.000	.000	.000
	1	.977	.919	.737	.528	.337	.188	.087	.031	.007	.000	.000
	2	.999	.991	.942	.837	.683	.500	.317	.163	.058	.009	.001
	3	1.000	1.000	.993	.969	.913	.813	.663	.472	.263	.081	.023
	4	1.000	1.000	1.000	.998	.990	.969	.922	.832	.672	.410	.226
	5	1.000	1.000	1.000	1.000	1.000	1.000	1.000	1.000	1.000	1.000	1.000
$n=6$	0	.735	.531	.262	.118	.047	.016	.004	.001	.000	.000	.000
	1	.967	.886	.655	.420	.233	.109	.041	.011	.002	.000	.000
	2	.998	.984	.901	.744	.544	.344	.179	.070	.017	.001	.000
	3	1.000	.999	.983	.930	.821	.656	.456	.256	.099	.016	.002
	4	1.000	1.000	.998	.989	.959	.891	.767	.580	.345	.114	.033
	5	1.000	1.000	1.000	.999	.996	.984	.953	.882	.738	.469	.265
	6	1.000	1.000	1.000	1.000	1.000	1.000	1.000	1.000	1.000	1.000	1.000
$n=7$	0	.698	.478	.210	.082	.028	.008	.002	.000	.000	.000	.000
	1	.956	.850	.577	.329	.159	.063	.019	.004	.000	.000	.000
	2	.996	.974	.852	.647	.420	.227	.096	.029	.005	.000	.000
	3	1.000	.997	.967	.874	.710	.500	.290	.126	.033	.003	.000
	4	1.000	1.000	.995	.971	.904	.773	.580	.353	.148	.026	.004
	5	1.000	1.000	1.000	.996	.981	.938	.841	.671	.423	.150	.044
	6	1.000	1.000	1.000	1.000	.998	.992	.972	.918	.790	.522	.302
	7	1.000	1.000	1.000	1.000	1.000	1.000	1.000	1.000	1.000	1.000	1.000

	c	p .05	.10	.20	.30	.40	.50	.60	.70	.80	.90	.95
$n=8$	0	.663	.430	.168	.058	.017	.004	.001	.000	.000	.000	.000
	1	.943	.813	.503	.255	.106	.035	.009	.001	.000	.000	.000
	2	.994	.962	.797	.552	.315	.145	.050	.011	.001	.000	.000
	3	1.000	.995	.944	.806	.594	.363	.174	.058	.010	.000	.000
	4	1.000	1.000	.990	.942	.826	.637	.406	.194	.056	.005	.000
	5	1.000	1.000	.999	.989	.950	.855	.685	.448	.203	.038	.006
	6	1.000	1.000	1.000	.999	.991	.965	.894	.745	.497	.187	.057
	7	1.000	1.000	1.000	1.000	.999	.996	.983	.942	.832	.570	.337
	8	1.000	1.000	1.000	1.000	1.000	1.000	1.000	1.000	1.000	1.000	1.000
$n=9$	0	.630	.387	.134	.040	.010	.002	.000	.000	.000	.000	.000
	1	.929	.775	.436	.196	.071	.020	.004	.000	.000	.000	.000
	2	.992	.947	.738	.463	.232	.090	.025	.004	.000	.000	.000
	3	.999	.992	.914	.730	.483	.254	.099	.025	.003	.000	.000
	4	1.000	.999	.980	.901	.733	.500	.267	.099	.020	.001	.000
	5	1.000	1.000	.997	.975	.901	.746	.517	.270	.086	.008	.001
	6	1.000	1.000	1.000	.996	.975	.910	.768	.537	.262	.053	.008
	7	1.000	1.000	1.000	1.000	.996	.980	.929	.804	.564	.225	.071
	8	1.000	1.000	1.000	1.000	1.000	.998	.990	.960	.866	.613	.370
	9	1.000	1.000	1.000	1.000	1.000	1.000	1.000	1.000	1.000	1.000	1.000
$n=10$	0	.599	.349	.107	.028	.006	.001	.000	.000	.000	.000	.000
	1	.914	.736	.376	.149	.046	.011	.002	.000	.000	.000	.000
	2	.988	.930	.678	.383	.167	.055	.012	.002	.000	.000	.000
	3	.999	.987	.879	.650	.382	.172	.055	.011	.001	.000	.000
	4	1.000	.998	.967	.850	.633	.377	.166	.047	.006	.000	.000
	5	1.000	1.000	.994	.953	.834	.623	.367	.150	.033	.002	.000
	6	1.000	1.000	.999	.989	.945	.828	.618	.350	.121	.013	.001
	7	1.000	1.000	1.000	.998	.988	.945	.833	.617	.322	.070	.012
	8	1.000	1.000	1.000	1.000	.998	.989	.954	.851	.624	.264	.086
	9	1.000	1.000	1.000	1.000	1.000	.999	.994	.972	.893	.651	.401
	10	1.000	1.000	1.000	1.000	1.000	1.000	1.000	1.000	1.000	1.000	1.000
$n=11$	0	.569	.314	.086	.020	.004	.000	.000	.000	.000	.000	.000
	1	.898	.697	.322	.113	.030	.006	.001	.000	.000	.000	.000
	2	.985	.910	.617	.313	.119	.033	.006	.001	.000	.000	.000
	3	.998	.981	.839	.570	.296	.113	.029	.004	.000	.000	.000
	4	1.000	.997	.950	.790	.533	.274	.099	.022	.002	.000	.000
	5	1.000	1.000	.988	.922	.753	.500	.247	.078	.012	.000	.000
	6	1.000	1.000	.998	.978	.901	.726	.467	.210	.050	.003	.000
	7	1.000	1.000	1.000	.996	.971	.887	.704	.430	.161	.019	.002
	8	1.000	1.000	1.000	.999	.994	.967	.881	.687	.383	.090	.015
	9	1.000	1.000	1.000	1.000	.999	.994	.970	.887	.678	.303	.102
	10	1.000	1.000	1.000	1.000	1.000	1.000	.996	.980	.914	.686	.431
	11	1.000	1.000	1.000	1.000	1.000	1.000	1.000	1.000	1.000	1.000	1.000

	c	.05	.10	.20	.30	.40	*p* .50	.60	.70	.80	.90	.95
$n=12$	0	.540	.282	.069	.014	.002	.000	.000	.000	.000	.000	.000
	1	.882	.659	.275	.085	.020	.003	.000	.000	.000	.000	.000
	2	.980	.889	.558	.253	.083	.019	.003	.000	.000	.000	.000
	3	.998	.974	.795	.493	.225	.073	.015	.002	.000	.000	.000
	4	1.000	.996	.927	.724	.438	.194	.057	.009	.001	.000	.000
	5	1.000	.999	.981	.882	.665	.387	.158	.039	.004	.000	.000
	6	1.000	1.000	.996	.961	.842	.613	.335	.118	.019	.001	.000
	7	1.000	1.000	.999	.991	.943	.806	.562	.276	.073	.004	.000
	8	1.000	1.000	1.000	.998	.985	.927	.775	.507	.205	.026	.002
	9	1.000	1.000	1.000	1.000	.997	.981	.917	.747	.442	.111	.020
	10	1.000	1.000	1.000	1.000	1.000	.997	.980	.915	.725	.341	.118
	11	1.000	1.000	1.000	1.000	1.000	1.000	.998	.986	.931	.718	.460
	12	1.000	1.000	1.000	1.000	1.000	1.000	1.000	1.000	1.000	1.000	1.000
$n=13$	0	.513	.254	.055	.010	.001	.000	.000	.000	.000	.000	.000
	1	.865	.621	.234	.064	.013	.002	.000	.000	.000	.000	.000
	2	.975	.866	.502	.202	.058	.011	.001	.000	.000	.000	.000
	3	.997	.966	.747	.421	.169	.046	.008	.001	.000	.000	.000
	4	1.000	.994	.901	.654	.353	.133	.032	.004	.000	.000	.000
	5	1.000	.999	.970	.835	.574	.291	.098	.018	.001	.000	.000
	6	1.000	1.000	.993	.938	.771	.500	.229	.062	.007	.000	.000
	7	1.000	1.000	.999	.982	.902	.709	.426	.165	.030	.001	.000
	8	1.000	1.000	1.000	.996	.968	.867	.647	.346	.099	.006	.000
	9	1.000	1.000	1.000	.999	.992	.954	.831	.579	.253	.034	.003
	10	1.000	1.000	1.000	1.000	.999	.989	.942	.798	.498	.134	.025
	11	1.000	1.000	1.000	1.000	1.000	.998	.987	.936	.766	.379	.135
	12	1.000	1.000	1.000	1.000	1.000	1.000	.999	.990	.945	.746	.487
	13	1.000	1.000	1.000	1.000	1.000	1.000	1.000	1.000	1.000	1.000	1.000
$n=14$	0	.488	.229	.044	.007	.001	.000	.000	.000	.000	.000	.000
	1	.847	.585	.198	.047	.008	.001	.000	.000	.000	.000	.000
	2	.970	.842	.448	.161	.040	.006	.001	.000	.000	.000	.000
	3	.996	.956	.698	.355	.124	.029	.004	.000	.000	.000	.000
	4	1.000	.991	.870	.584	.279	.090	.018	.002	.000	.000	.000
	5	1.000	.999	.956	.781	.486	.212	.058	.008	.000	.000	.000
	6	1.000	1.000	.988	.907	.692	.395	.150	.031	.002	.000	.000
	7	1.000	1.000	.998	.969	.850	.605	.308	.093	.012	.000	.000
	8	1.000	1.000	1.000	.992	.942	.788	.514	.219	.044	.001	.000
	9	1.000	1.000	1.000	.998	.982	.910	.721	.416	.130	.009	.000
	10	1.000	1.000	1.000	1.000	.996	.971	.876	.645	.302	.044	.004
	11	1.000	1.000	1.000	1.000	.999	.994	.960	.839	.552	.158	.030
	12	1.000	1.000	1.000	1.000	1.000	.999	.992	.953	.802	.415	.153
	13	1.000	1.000	1.000	1.000	1.000	1.000	.999	.993	.956	.771	.512
	14	1.000	1.000	1.000	1.000	1.000	1.000	1.000	1.000	1.000	1.000	1.000

		p										
		.05	.10	.20	.30	.40	.50	.60	.70	.80	.90	.95
	c											
$n=15$	0	.463	.206	.035	.005	.000	.000	.000	.000	.000	.000	.000
	1	.829	.549	.167	.035	.005	.000	.000	.000	.000	.000	.000
	2	.964	.816	.398	.127	.027	.004	.000	.000	.000	.000	.000
	3	.995	.944	.648	.297	.091	.018	.002	.000	.000	.000	.000
	4	.999	.987	.836	.515	.217	.059	.009	.001	.000	.000	.000
	5	1.000	.998	.939	.722	.403	.151	.034	.004	.000	.000	.000
	6	1.000	1.000	.982	.869	.610	.304	.095	.015	.001	.000	.000
	7	1.000	1.000	.996	.950	.787	.500	.213	.050	.004	.000	.000
	8	1.000	1.000	.999	.985	.905	.696	.390	.131	.018	.000	.000
	9	1.000	1.000	1.000	.996	.966	.849	.597	.278	.016	.002	.000
	10	1.000	1.000	1.000	.999	.991	.941	.783	.485	.164	.013	.001
	11	1.000	1.000	1.000	1.000	.998	.982	.909	.703	.352	.056	.005
	12	1.000	1.000	1.000	1.000	1.000	.996	.973	.873	.602	.184	.036
	13	1.000	1.000	1.000	1.000	1.000	1.000	.995	.965	.833	.451	.171
	14	1.000	1.000	1.000	1.000	1.000	1.000	1.000	.995	.965	.794	.537
	15	1.000	1.000	1.000	1.000	1.000	1.000	1.000	1.000	1.000	1.000	1.000
$n=16$	0	.440	.185	.028	.003	.000	.000	.000	.000	.000	.000	.000
	1	.811	.515	.141	.026	.003	.000	.000	.000	.000	.000	.000
	2	.957	.789	.352	.099	.018	.002	.000	.000	.000	.000	.000
	3	.993	.932	.598	.246	.065	.011	.001	.000	.000	.000	.000
	4	.999	.983	.798	.450	.167	.038	.005	.000	.000	.000	.000
	5	1.000	.997	.918	.660	.329	.105	.019	.002	.000	.000	.000
	6	1.000	.999	.973	.825	.527	.227	.058	.007	.000	.000	.000
	7	1.000	1.000	.993	.926	.716	.402	.142	.026	.001	.000	.000
	8	1.000	1.000	.999	.974	.858	.598	.284	.074	.007	.000	.000
	9	1.000	1.000	1.000	.993	.942	.773	.473	.175	.027	.001	.000
	10	1.000	1.000	1.000	.998	.981	.895	.671	.340	.082	.003	.000
	11	1.000	1.000	1.000	1.000	.995	.962	.833	.550	.202	.017	.001
	12	1.000	1.000	1.000	1.000	.999	.989	.935	.754	.402	.068	.007
	13	1.000	1.000	1.000	1.000	1.000	.998	.982	.901	.648	.211	.043
	14	1.000	1.000	1.000	1.000	1.000	1.000	.997	.974	.859	.485	.189
	15	1.000	1.000	1.000	1.000	1.000	1.000	1.000	.997	.972	.815	.560
	16	1.000	1.000	1.000	1.000	1.000	1.000	1.000	1.000	1.000	1.000	1.000
$n=17$	0	.418	.167	.023	.002	.000	.000	.000	.000	.000	.000	.000
	1	.792	.482	.118	.019	.002	.000	.000	.000	.000	.000	.000
	2	.950	.762	.310	.077	.012	.001	.000	.000	.000	.000	.000
	3	.991	.917	.549	.202	.046	.006	.000	.000	.000	.000	.000
	4	.999	.978	.758	.389	.126	.025	.003	.000	.000	.000	.000
	5	1.000	.995	.894	.597	.264	.072	.011	.001	.000	.000	.000
	6	1.000	.999	.962	.775	.448	.166	.035	.003	.000	.000	.000
	7	1.000	1.000	.989	.895	.641	.315	.092	.013	.000	.000	.000
	8	1.000	1.000	.997	.960	.801	.500	.199	.040	.003	.000	.000
	9	1.000	1.000	1.000	.987	.908	.685	.359	.105	.011	.000	.000
	10	1.000	1.000	1.000	.997	.965	.834	.552	.225	.038	.001	.000
	11	1.000	1.000	1.000	.999	.989	.928	.736	.403	.106	.005	.000
	12	1.000	1.000	1.000	1.000	.997	.975	.874	.611	.242	.022	.001
	13	1.000	1.000	1.000	1.000	1.000	.994	.954	.798	.451	.083	.009
	14	1.000	1.000	1.000	1.000	1.000	.999	.988	.923	.690	.238	.050
	15	1.000	1.000	1.000	1.000	1.000	1.000	.998	.981	.882	.518	.208
	16	1.000	1.000	1.000	1.000	1.000	1.000	1.000	.998	.977	.833	.582
	17	1.000	1.000	1.000	1.000	1.000	1.000	1.000	1.000	1.000	1.000	1.000

							p					
		.05	.10	.20	.30	.40	.50	.60	.70	.80	.90	.95
	c											
$n=18$	0	.397	.150	.018	.002	.000	.000	.000	.000	.000	.000	.000
	1	.774	.450	.099	.014	.001	.000	.000	.000	.000	.000	.000
	2	.942	.734	.271	.060	.008	.001	.000	.000	.000	.000	.000
	3	.989	.902	.501	.165	.033	.004	.000	.000	.000	.000	.000
	4	.998	.972	.716	.333	.094	.015	.001	.000	.000	.000	.000
	5	1.000	.994	.867	.534	.209	.048	.006	.000	.000	.000	.000
	6	1.000	.999	.949	.722	.374	.119	.020	.001	.000	.000	.000
	7	1.000	1.000	.984	.859	.563	.240	.058	.006	.000	.000	.000
	8	1.000	1.000	.996	.940	.737	.407	.135	.021	.001	.000	.000
	9	1.000	1.000	.999	.979	.865	.593	.263	.060	.004	.000	.000
	10	1.000	1.000	1.000	.994	.942	.760	.437	.141	.016	.000	.000
	11	1.000	1.000	1.000	.999	.980	.881	.626	.278	.051	.001	.000
	12	1.000	1.000	1.000	1.000	.994	.952	.791	.466	.133	.006	.000
	13	1.000	1.000	1.000	1.000	.999	.985	.906	.667	.284	.028	.002
	14	1.000	1.000	1.000	1.000	1.000	.996	.967	.835	.499	.098	.011
	15	1.000	1.000	1.000	1.000	1.000	.999	.992	.940	.729	.266	.058
	16	1.000	1.000	1.000	1.000	1.000	1.000	.999	.986	.901	.550	.226
	17	1.000	1.000	1.000	1.000	1.000	1.000	1.000	.998	.982	.850	.603
	18	1.000	1.000	1.000	1.000	1.000	1.000	1.000	1.000	1.000	1.000	1.000
$n=19$	0	.377	.135	.014	.001	.000	.000	.000	.000	.000	.000	.000
	1	.755	.420	.083	.010	.001	.000	.000	.000	.000	.000	.000
	2	.933	.705	.237	.046	.005	.000	.000	.000	.000	.000	.000
	3	.987	.885	.455	.133	.023	.002	.000	.000	.000	.000	.000
	4	.998	.965	.673	.282	.070	.010	.000	.000	.000	.000	.000
	5	1.000	.991	.837	.474	.163	.032	.003	.000	.000	.000	.000
	6	1.000	.998	.932	.666	.308	.084	.012	.001	.000	.000	.000
	7	1.000	1.000	.977	.818	.488	.180	.035	.003	.000	.000	.000
	8	1.000	1.000	.993	.916	.667	.324	.088	.011	.000	.000	.000
	9	1.000	1.000	.998	.967	.814	.500	.186	.033	.002	.000	.000
	10	1.000	1.000	1.000	.989	.912	.676	.333	.084	.007	.000	.000
	11	1.000	1.000	1.000	.997	.965	.820	.512	.182	.023	.000	.000
	12	1.000	1.000	1.000	.999	.988	.916	.692	.334	.068	.002	.000
	13	1.000	1.000	1.000	1.000	.997	.968	.837	.526	.163	.009	.000
	14	1.000	1.000	1.000	1.000	.999	.990	.930	.718	.327	.035	.002
	15	1.000	1.000	1.000	1.000	1.000	.998	.977	.867	.545	.115	.013
	16	1.000	1.000	1.000	1.000	1.000	1.000	.995	.954	.763	.295	.067
	17	1.000	1.000	1.000	1.000	1.000	1.000	.999	.990	.917	.580	.245
	18	1.000	1.000	1.000	1.000	1.000	1.000	1.000	.999	.986	.865	.623
	19	1.000	1.000	1.000	1.000	1.000	1.000	1.000	1.000	1.000	1.000	1.000

							p					
		.05	.10	.20	.30	.40	.50	.60	.70	.80	.90	.95
	c											
$n=20$	0	.358	.122	.012	.001	.000	.000	.000	.000	.000	.000	.000
	1	.736	.392	.069	.008	.001	.000	.000	.000	.000	.000	.000
	2	.925	.677	.206	.035	.004	.000	.000	.000	.000	.000	.000
	3	.984	.867	.411	.107	.016	.001	.000	.000	.000	.000	.000
	4	.997	.957	.630	.238	.051	.006	.000	.000	.000	.000	.000
	5	1.000	.989	.804	.416	.126	.021	.002	.000	.000	.000	.000
	6	1.000	.998	.913	.608	.250	.058	.006	.000	.000	.000	.000
	7	1.000	1.000	.968	.772	.416	.132	.021	.001	.000	.000	.000
	8	1.000	1.000	.990	.887	.596	.252	.057	.005	.000	.000	.000
	9	1.000	1.000	.997	.952	.755	.412	.128	.017	.001	.000	.000
	10	1.000	1.000	.999	.983	.872	.588	.245	.048	.003	.000	.000
	11	1.000	1.000	1.000	.995	.943	.748	.404	.113	.010	.000	.000
	12	1.000	1.000	1.000	.999	.979	.868	.584	.228	.032	.000	.000
	13	1.000	1.000	1.000	1.000	.994	.942	.750	.392	.087	.002	.000
	14	1.000	1.000	1.000	1.000	.998	.979	.874	.584	.196	.011	.000
	15	1.000	1.000	1.000	1.000	1.000	.994	.949	.762	.370	.043	.003
	16	1.000	1.000	1.000	1.000	1.000	.999	.984	.893	.589	.133	.016
	17	1.000	1.000	1.000	1.000	1.000	1.000	.996	.965	.794	.323	.075
	18	1.000	1.000	1.000	1.000	1.000	1.000	.999	.992	.931	.608	.264
	19	1.000	1.000	1.000	1.000	1.000	1.000	1.000	.999	.988	.878	.642
	20	1.000	1.000	1.000	1.000	1.000	1.000	1.000	1.000	1.000	1.000	1.000
$n=25$	0	.277	.072	.004	.000	.000	.000	.000	.000	.000	.000	.000
	1	.642	.271	.027	.002	.000	.000	.000	.000	.000	.000	.000
	2	.873	.537	.098	.009	.000	.000	.000	.000	.000	.000	.000
	3	.966	.764	.234	.033	.002	.000	.000	.000	.000	.000	.000
	4	.993	.902	.421	.090	.009	.000	.000	.000	.000	.000	.000
	5	.999	.967	.617	.193	.029	.002	.000	.000	.000	.000	.000
	6	1.000	.991	.780	.341	.074	.007	.000	.000	.000	.000	.000
	7	1.000	.998	.891	.512	.154	.022	.001	.000	.000	.000	.000
	8	1.000	1.000	.953	.677	.274	.054	.004	.000	.000	.000	.000
	9	1.000	1.000	.983	.811	.425	.115	.013	.000	.000	.000	.000
	10	1.000	1.000	.994	.902	.586	.212	.034	.002	.000	.000	.000
	11	1.000	1.000	.998	.956	.732	.345	.078	.006	.000	.000	.000
	12	1.000	1.000	1.000	.983	.846	.500	.154	.017	.000	.000	.000
	13	1.000	1.000	1.000	.994	.922	.655	.268	.044	.002	.000	.000
	14	1.000	1.000	1.000	.998	.966	.788	.414	.098	.006	.000	.000
	15	1.000	1.000	1.000	1.000	.987	.885	.575	.189	.017	.000	.000
	16	1.000	1.000	1.000	1.000	.996	.946	.726	.323	.047	.000	.000
	17	1.000	1.000	1.000	1.000	.999	.978	.846	.488	.109	.002	.000
	18	1.000	1.000	1.000	1.000	1.000	.993	.926	.659	.220	.009	.000
	19	1.000	1.000	1.000	1.000	1.000	.998	.971	.807	.383	.033	.001
	20	1.000	1.000	1.000	1.000	1.000	1.000	.991	.910	.579	.098	.007
	21	1.000	1.000	1.000	1.000	1.000	1.000	.998	.967	.766	.236	.034
	22	1.000	1.000	1.000	1.000	1.000	1.000	1.000	.991	.902	.463	.127
	23	1.000	1.000	1.000	1.000	1.000	1.000	1.000	.998	.973	.729	.358
	24	1.000	1.000	1.000	1.000	1.000	1.000	1.000	1.000	.996	.928	.723
	25	1.000	1.000	1.000	1.000	1.000	1.000	1.000	1.000	1.000	1.000	1.000

표 3. 표준정규분포표

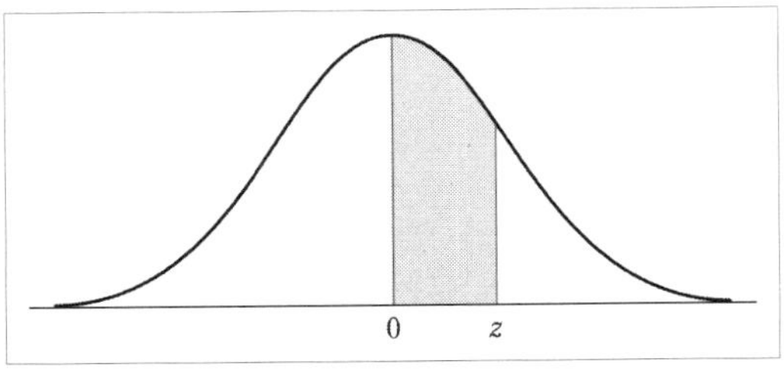

z	.00	.01	.02	.03	.04	.05	.06	.07	.08	.09
.0	.0000	.0040	.0080	.0120	.0160	.0199	.0239	.0279	.0319	.0359
.1	.0398	.0438	.0478	.0517	.0557	.0596	.0636	.0675	.0714	.0753
.2	.0793	.0832	.0871	.0910	.0948	.0987	.1026	.1064	.1103	.1141
.3	.1179	.1217	.1255	.1293	.1331	.1368	.1406	.1443	.1480	.1517
.4	.1554	.1591	.1628	.1664	.1700	.1736	.1772	.1808	.1844	.1879
.5	.1915	.1950	.1985	.2019	.2054	.2088	.2123	.2157	.2190	.2224
.6	.2257	.2291	.2324	.2357	.2389	.2422	.2454	.2486	.2517	.2549
.7	.2580	.2611	.2642	.2673	.2704	.2734	.2764	.2794	.2823	.2852
.8	.2881	.2910	.2939	.2967	.2995	.3023	.3051	.3078	.3106	.3133
.9	.3159	.3186	.3212	.3238	.3264	.3289	.3315	.3340	.3365	.3389
1.0	.3413	.3438	.3461	.3485	.3508	.3531	.3554	.3577	.3599	.3621
1.1	.3643	.3665	.3686	.3708	.3729	.3749	.3770	.3790	.3810	.3830
1.2	.3849	.3869	.3888	.3907	.3925	.3944	.3962	.3980	.3997	.4015
1.3	.4032	.4049	.4066	.4082	.4099	.4115	.4131	.4147	.4162	.4177
1.4	.4192	.4207	.4222	.4236	.4251	.4265	.4279	.4292	.4306	.4319
1.5	.4332	.4345	.4357	.4370	.4382	.4394	.4406	.4418	.4429	.4441
1.6	.4452	.4463	.4474	.4484	.4495	.4505	.4515	.4525	.4535	.4545
1.7	.4554	.4564	.4573	.4582	.4591	.4599	.4608	.4616	.4625	.4633
1.8	.4641	.4649	.4656	.4664	.4671	.4678	.4686	.4693	.4699	.4706
1.9	.4713	.4719	.4726	.4732	.4738	.4744	.4750	.4756	.4761	.4767
2.0	.4772	.4778	.4783	.4788	.4793	.4798	.4803	.4808	.4812	.4817
2.1	.4821	.4826	.4830	.4834	.4838	.4842	.4846	.4850	.4854	.4857
2.2	.4861	.4864	.4868	.4871	.4875	.4878	.4881	.4884	.4887	.4890
2.3	.4893	.4896	.4898	.4901	.4904	.4906	.4909	.4911	.4913	.4916
2.4	.4918	.4920	.4922	.4925	.4927	.4929	.4931	.4932	.4934	.4936
2.5	.4938	.4940	.4941	.4943	.4945	.4946	.4948	.4949	.4951	.4952
2.6	.4953	.4955	.4956	.4957	.4959	.4960	.4961	.4962	.4963	.4964
2.7	.4965	.4966	.4967	.4968	.4969	.4970	.4971	.4972	.4973	.4974
2.8	.4974	.4975	.4976	.4977	.4977	.4978	.4979	.4979	.4980	.4981
2.9	.4981	.4982	.4982	.4983	.4984	.4984	.4985	.4985	.4986	.4986
3.0	.4987	.4987	.4987	.4988	.4988	.4989	.4989	.4989	.4990	.4990
3.1	.4990	.4991	.4991	.4991	.4992	.4992	.4992	.4992	.4993	.4993
3.2	.4993	.4993	.4994	.4994	.4994	.4994	.4994	.4995	.4995	.4995
3.3	.4995	.4995	.4995	.4996	.4996	.4996	.4996	.4996	.4996	.4997
3.4	.4997	.4997	.4997	.4997	.4997	.4997	.4997	.4997	.4997	.4998
3.5	.4998	.4998	.4998	.4998	.4998	.4998	.4998	.4998	.4998	.4998

표 4. t-분포표

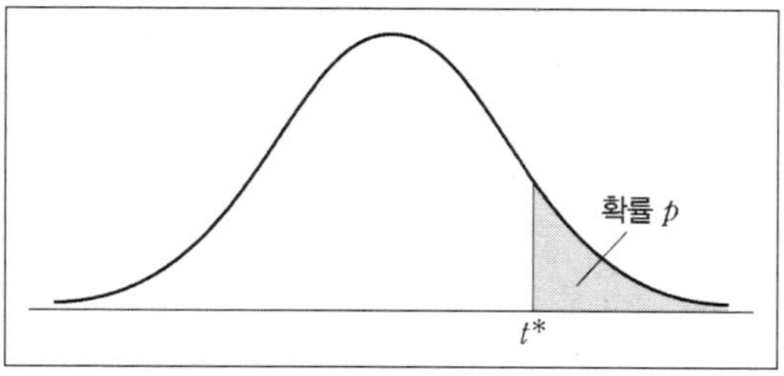

표의 숫자는 주어진 p 값에 대한 t^*의 값을 나타낸다.

	p											
df	.25	.2	.15	.1	.05	.025	.02	.01	.005	.0025	.001	.0005
1	1.000	1.376	1.963	3.078	6.314	12.71	15.89	31.82	63.66	127.3	318.3	636.6
2	.816	1.061	1.386	1.886	2.920	4.303	4.849	6.965	9.925	14.09	22.33	31.60
3	.765	.978	1.250	1.638	2.353	3.182	3.482	4.541	5.841	7.453	10.21	12.92
4	.741	.941	1.190	1.533	2.132	2.776	2.999	3.747	4.604	5.598	7.173	8.610
5	.727	.920	1.156	1.476	2.015	2.571	2.757	3.365	4.032	4.773	5.893	6.869
6	.718	.906	1.134	1.440	1.943	2.447	2.612	3.143	3.707	4.317	5.208	5.959
7	.711	.896	1.119	1.415	1.895	2.365	2.517	2.998	3.499	4.029	4.785	5.408
8	.706	.889	1.108	1.387	1.860	2.306	2.449	2.896	3.355	3.833	4.501	5.041
9	.703	.883	1.100	1.383	1.833	2.262	2.398	2.821	3.250	3.690	4.297	4.781
10	.700	.879	1.093	1.372	1.812	2.228	2.359	2.764	3.169	3.581	4.144	4.587
11	.697	.876	1.088	1.363	1.796	2.201	2.328	2.718	3.106	3.497	4.025	4.437
12	.695	.873	1.083	1.356	1.782	2.179	2.303	2.681	3.055	3.428	3.930	4.318
13	.694	.870	1.079	1.350	1.771	2.160	2.282	2.650	3.012	3.372	3.852	4.221
14	.692	.868	1.076	1.345	1.761	2.145	2.264	2.624	2.977	3.326	3.787	4.140
15	.691	.866	1.074	1.341	1.753	2.131	2.249	2.602	2.947	3.286	3.733	4.073
16	.690	.865	1.071	1.337	1.746	2.120	2.235	2.583	2.921	3.252	3.686	4.015
17	.689	.863	1.069	1.333	1.740	2.110	2.224	2.567	2.898	3.222	3.646	3.965
18	.688	.862	1.067	1.330	1.734	2.101	2.214	2.552	2.878	3.197	3.611	3.922
19	.688	.861	1.066	1.328	1.729	2.093	2.205	2.539	2.861	3.174	3.579	3.883
20	.687	.860	1.064	1.325	1.725	2.086	2.197	2.528	2.845	3.153	3.552	3.850
21	.686	.859	1.063	1.323	1.721	2.080	2.189	2.518	2.831	3.135	3.527	3.819
22	.686	.858	1.061	1.321	1.171	2.074	2.183	2.508	2.819	3.119	3.505	3.792
23	.685	.858	1.060	1.319	1.174	2.069	2.177	2.500	2.807	3.104	3.485	3.768
24	.685	.857	1.059	1.318	1.711	2.064	2.172	2.492	2.797	3.091	3.467	3.745
25	.684	.856	1.058	1.316	1.708	2.060	2.167	2.485	2.787	3.078	3.450	3.725
26	.684	.856	1.058	1.315	1.706	2.056	2.162	2.479	2.779	3.067	3.435	3.707
27	.684	.855	1.057	1.314	1.703	2.052	2.158	2.473	2.771	3.057	3.421	3.690
28	.683	.855	1.056	1.313	1.701	2.048	2.154	2.467	2.763	3.047	3.408	3.674
29	.683	.854	1.055	1.311	1.699	2.045	2.150	2.462	2.756	3.038	3.396	3.659
30	.683	.854	1.055	1.310	1.697	2.042	2.147	2.457	2.750	3.030	3.385	3.646
40	.681	.851	1.050	1.303	1.684	2.021	2.123	2.423	2.704	2.971	3.307	3.551
50	.679	.849	1.047	1.299	1.676	2.009	2.109	2.403	2.678	2.937	3.261	3.496
60	.679	.848	1.045	1.296	1.671	2.000	2.099	2.390	2.660	2.915	3.232	3.460
80	.678	.846	1.043	1.292	1.664	1.990	2.088	2.374	2.639	2.887	3.195	3.416
100	.677	.845	1.042	1.290	1.660	1.984	2.081	2.364	2.626	2.871	3.174	3.390
1000	.675	.842	1.037	1.282	1.646	1.962	2.056	2.330	2.581	2.813	3.098	3.300
∞	.674	.841	1.036	1.282	1.645	1.960	2.054	2.326	2.576	2.807	3.091	3.291

표 5. χ^2-분포표

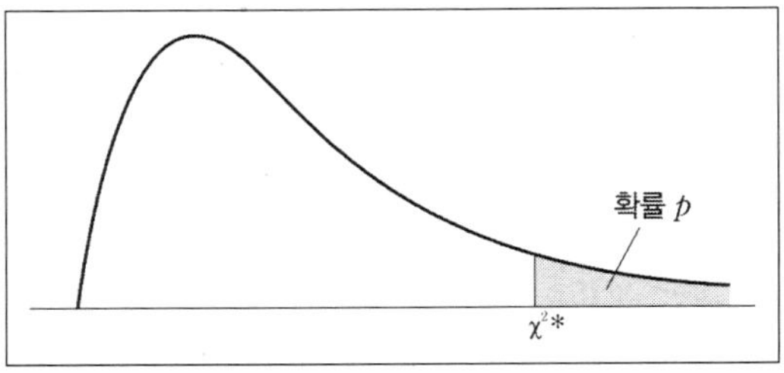

표의 숫자는 주어진 p 값에 대한 $(\chi^2)^*$의 값을 나타낸다.

df	p								
	.99	.975	.95	.90	.50	.10	.05	.025	.01
1	.0002	.001	.004	.02	.45	2.71	3.84	5.02	6.63
2	.02	.05	.10	.21	1.39	4.61	5.99	7.38	9.21
3	.11	.22	.35	.58	2.37	6.25	7.81	9.35	11.34
4	.30	.48	.71	1.06	3.36	7.78	9.49	11.14	13.28
5	.55	.83	1.15	1.61	4.35	9.24	11.07	12.83	15.09
6	.87	1.24	1.64	2.20	5.35	10.64	12.59	14.45	16.81
7	1.24	1.69	2.17	2.83	6.35	12.02	14.07	16.01	18.48
8	1.65	2.18	2.73	3.49	7.34	13.36	15.51	17.53	20.09
9	2.09	2.70	3.33	4.17	8.34	14.68	16.92	19.02	21.67
10	2.56	3.24	3.94	4.87	9.34	15.99	18.31	20.48	23.21
11	3.05	3.81	4.57	5.58	10.34	17.28	19.68	21.92	24.72
12	3.57	4.40	5.23	6.30	11.34	18.55	21.03	23.34	26.22
13	4.11	5.01	5.89	7.04	12.34	19.81	22.36	24.74	27.69
14	4.66	5.62	6.57	7.79	13.34	21.06	23.68	26.12	29.14
15	5.23	6.26	7.26	8.55	14.34	22.31	25.00	27.49	30.58
16	5.81	6.90	7.96	9.31	15.34	23.54	26.30	28.85	32.00
17	6.41	7.56	8.67	10.09	16.34	24.77	27.59	30.19	33.41
18	7.01	8.23	9.39	10.86	17.34	25.99	28.87	31.53	34.81
19	7.63	8.90	10.12	11.65	18.34	27.20	30.14	32.85	36.19
20	8.26	9.59	10.85	12.44	19.34	28.41	31.41	34.17	37.57
21	8.90	10.28	11.59	13.24	20.34	29.62	32.67	35.48	38.93
22	9.54	10.98	12.34	14.04	21.34	30.81	33.92	36.78	40.29
23	10.20	11.69	13.09	14.85	22.34	32.01	35.17	38.08	41.64
24	10.86	12.40	13.85	15.66	23.34	33.20	36.42	39.36	42.98
25	11.52	13.11	14.61	16.47	24.34	34.38	37.65	40.65	44.31
26	12.20	13.84	15.38	17.29	25.34	35.56	38.89	41.92	45.64
27	12.88	14.57	16.15	18.11	26.34	36.74	40.11	43.19	46.96
28	13.56	15.30	16.93	18.94	27.34	37.92	41.34	44.46	48.28
29	14.26	16.04	17.71	19.77	28.34	39.09	42.56	45.72	49.59
30	14.95	16.78	18.49	20.60	29.34	40.26	43.77	46.98	50.89
40	22.16	24.42	26.51	29.05	39.34	51.81	55.76	59.34	63.69
50	29.71	32.35	34.76	37.69	49.33	63.17	67.50	71.42	76.15
60	37.48	40.47	43.19	46.46	59.33	74.40	79.08	83.30	88.38
70	45.44	48.75	51.74	55.33	69.33	85.53	90.53	95.02	100.43
80	53.54	57.15	60.39	64.28	79.33	96.58	101.88	106.63	112.33
90	61.75	65.64	69.13	73.29	89.33	107.57	113.15	118.14	124.12
100	70.06	74.22	77.93	82.36	99.33	118.50	124.34	129.56	135.81

표 6. F-분포표

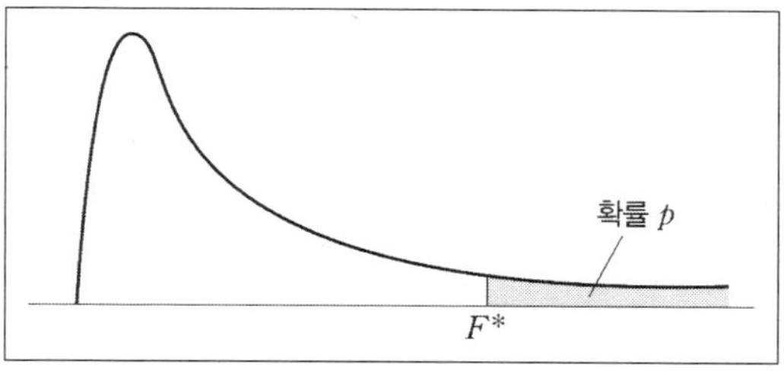

표의 숫자는 주어진 p 값에 대한 F^*의 값을 나타낸다.

		분자의 자유도								
분모의 자유도	p	1	2	3	4	5	6	7	8	9
	.100	39.86	49.50	53.59	55.83	57.24	58.20	58.91	59.44	59.86
	.050	161.45	199.50	215.71	224.58	230.16	233.99	236.77	238.88	240.54
1	.025	647.79	799.50	864.16	899.58	921.85	937.11	948.22	956.66	963.28
	.010	4052.18	4999.50	5403.35	5624.58	5763.65	5858.99	5928.36	5981.07	6022.47
	.001	405284	500000	540379	562500	576405	585937	592873	598144	602284
	.100	8.53	9.00	9.16	9.24	9.29	9.33	9.35	9.37	9.38
	.050	18.51	19.00	19.16	19.25	19.30	19.33	19.35	19.37	19.38
2	.025	38.51	39.00	39.17	39.25	39.30	39.33	39.36	39.37	39.39
	.010	98.50	99.00	99.17	99.25	99.30	99.33	99.36	99.37	99.39
	.001	998.50	999.00	999.17	999.25	999.30	999.33	999.36	999.37	999.39
	.100	5.54	5.46	5.39	5.34	5.31	5.28	5.27	5.25	5.24
	.050	10.13	9.55	9.28	9.12	9.01	8.94	8.89	8.85	8.81
3	.025	17.44	16.04	15.44	15.10	14.88	14.73	14.62	14.54	14.47
	.010	34.12	30.82	29.46	28.71	28.24	27.91	27.67	27.49	27.35
	.001	167.03	148.50	141.11	137.10	134.58	132.85	131.58	130.62	129.86
	.100	4.54	4.32	4.19	4.11	4.05	4.01	3.98	3.95	3.94
	.050	7.71	6.94	6.59	6.39	6.26	6.16	6.09	6.04	6.00
4	.025	12.22	10.65	9.98	9.60	9.36	9.20	9.07	8.98	8.90
	.010	21.20	18.00	16.69	15.98	15.52	15.21	14.98	14.80	14.66
	.001	74.14	61.25	56.18	53.44	51.71	50.53	49.66	49.00	48.47
	.100	4.06	3.78	3.62	3.52	3.45	3.40	3.37	3.34	3.32
	.050	6.61	5.79	5.41	5.19	5.05	4.95	4.88	4.82	4.77
5	.025	10.01	8.43	7.76	7.39	7.15	6.98	6.85	6.76	6.68
	.010	16.26	13.27	12.06	11.39	10.97	10.67	10.46	10.29	10.16
	.001	47.18	37.12	33.20	31.09	29.75	28.83	28.16	27.65	27.24

분모의 자유도	p	분자의 자유도								
		1	2	3	4	5	6	7	8	9
6	.100	3.78	3.46	3.29	3.18	3.11	3.05	3.01	2.98	2.96
	.050	5.99	5.14	4.76	4.53	4.39	4.28	4.21	4.15	4.10
	.025	8.81	7.26	6.60	6.23	5.99	5.82	5.70	5.60	5.52
	.010	13.75	10.92	9.78	9.15	8.75	8.47	8.26	8.10	7.98
	.001	35.51	27.00	23.70	21.92	20.80	20.03	19.46	19.03	18.69
7	.100	3.59	3.26	3.07	2.96	2.88	2.83	2.78	2.75	2.72
	.050	5.59	4.74	4.35	4.12	3.97	3.87	3.79	3.73	3.68
	.025	8.07	6.54	5.89	5.52	5.29	5.12	4.99	4.90	4.82
	.010	12.25	9.55	8.45	7.85	7.46	7.19	6.99	6.84	6.72
	.001	29.25	21.69	18.77	17.20	16.21	15.52	15.02	14.63	14.33
8	.100	3.46	3.11	2.92	2.81	2.73	2.67	2.62	2.59	2.56
	.050	5.32	4.46	4.07	3.84	3.69	3.58	3.50	3.44	3.39
	.025	7.57	6.06	5.42	5.05	4.82	4.65	4.53	4.43	4.36
	.010	11.26	8.65	7.59	7.01	6.63	6.37	6.18	6.03	5.91
	.001	25.41	18.49	15.83	14.39	13.48	12.86	12.40	12.05	11.77
9	.100	3.36	3.01	2.81	2.69	2.61	2.55	2.51	2.47	2.44
	.050	5.12	4.26	3.86	3.63	3.48	3.37	3.29	3.23	3.18
	.025	7.21	5.71	5.08	4.72	4.48	4.32	4.20	4.10	4.03
	.010	10.56	8.02	6.99	6.42	6.06	5.80	5.61	5.47	5.35
	.001	22.86	16.39	13.90	12.56	11.71	11.13	10.70	10.37	10.11
10	.100	3.29	2.92	2.73	2.61	2.52	2.46	2.41	2.38	2.35
	.050	4.96	4.10	3.71	3.48	3.33	3.22	3.14	3.07	3.02
	.025	6.94	5.46	4.83	4.47	4.24	4.07	3.95	3.85	3.78
	.010	10.04	7.56	6.55	5.99	5.64	5.39	5.20	5.06	4.94
	.001	21.04	14.91	12.55	11.28	10.48	9.93	9.52	9.20	8.96
11	.100	3.23	2.86	2.66	2.54	2.45	2.39	2.34	2.30	2.27
	.050	4.84	3.98	3.59	3.36	3.20	3.09	3.01	2.95	2.90
	.025	6.72	5.26	4.63	4.28	4.04	3.88	3.76	3.66	3.59
	.010	9.65	7.21	6.22	5.67	5.32	5.07	4.89	4.74	4.63
	.001	19.69	13.81	11.56	10.35	9.58	9.05	8.66	8.35	8.12
12	.100	3.18	2.81	2.61	2.48	2.39	2.33	2.28	2.24	2.21
	.050	4.75	3.89	3.49	3.26	3.11	3.00	2.91	2.85	2.80
	.025	6.55	5.10	4.47	4.12	3.89	3.73	3.61	3.51	3.44
	.010	9.33	6.93	5.95	5.41	5.06	4.82	4.64	4.50	4.39
	.001	18.64	12.97	10.80	9.63	8.89	8.38	8.00	7.71	7.48

		분자의 자유도										
분모의 자유도	p	10	12	15	20	25	30	40	50	60	120	1000
1	.100	60.19	60.71	61.22	61.74	62.05	62.26	62.53	62.69	62.79	63.06	63.30
	.050	241.88	243.91	245.95	248.01	249.26	250.10	251.14	251.77	252.20	253.25	254.19
	.025	968.63	976.71	984.87	993.10	998.08	1001.41	1005.60	1008.12	1009.80	1014.02	1017.75
	.010	6055.8	6106.3	6157.3	6208.7	6239.8	6260.6	6286.8	6302.5	6313.0	6339.4	6362.7
	.001	605621	610668	615764	620908	624017	626099	628712	630285	631337	633972	636301
2	.100	9.39	9.41	9.42	9.44	9.45	9.46	9.47	9.47	9.47	9.48	9.49
	.050	19.40	19.41	19.43	19.45	19.46	19.46	19.47	19.48	19.48	19.49	19.49
	.025	39.40	39.41	39.43	39.45	39.46	39.46	39.47	39.48	39.48	39.49	39.50
	.010	99.40	99.42	99.43	99.45	99.46	99.47	99.47	99.48	99.48	99.49	99.50
	.001	999.40	999.42	999.43	999.45	999.46	999.47	999.47	999.48	999.48	999.49	999.50
3	.100	5.23	5.22	5.20	5.18	5.17	5.17	5.16	5.15	5.15	5.14	5.13
	.050	8.79	8.74	8.70	8.66	8.63	8.62	8.59	8.58	8.57	8.55	8.53
	.025	14.42	14.34	14.25	14.17	14.12	14.08	14.04	14.01	13.99	13.95	13.91
	.010	27.23	27.05	26.87	26.69	26.58	26.50	26.41	26.35	26.32	26.22	26.14
	.001	129.25	128.32	127.37	126.42	125.84	125.45	124.96	124.66	124.47	123.97	123.53
4	.100	3.92	3.90	3.87	3.84	3.83	3.82	3.80	3.80	3.79	3.78	3.76
	.050	5.96	5.91	5.86	5.80	5.77	5.75	5.72	5.70	5.69	5.66	5.63
	.025	8.84	8.75	8.66	8.56	8.50	8.46	8.41	8.38	8.36	8.31	8.26
	.010	14.55	14.37	14.20	14.02	13.91	13.84	13.75	13.69	13.65	13.56	13.47
	.001	48.05	47.41	46.76	46.10	45.70	45.43	45.09	44.88	44.75	44.40	44.09
5	.100	3.30	3.27	3.24	3.21	3.19	3.17	3.16	3.15	3.14	3.12	3.11
	.050	4.74	4.68	4.62	4.56	4.52	4.50	4.46	4.44	4.43	4.40	4.37
	.025	6.62	6.52	6.43	6.33	6.27	6.23	6.18	6.14	6.12	6.07	6.02
	.010	10.05	9.89	9.72	9.55	9.45	9.38	9.29	9.24	9.20	9.11	9.03
	.001	26.92	26.42	25.91	25.39	25.08	24.87	24.60	24.44	24.33	24.06	23.82
6	.100	2.94	2.90	2.87	2.84	2.81	2.80	2.78	2.77	2.76	2.74	2.72
	.050	4.06	4.00	3.94	3.87	3.83	3.81	3.77	3.75	3.74	3.70	3.67
	.025	5.46	5.37	5.27	5.17	5.11	5.07	5.01	4.98	4.96	4.90	4.86
	.010	7.87	7.72	7.56	7.40	7.30	7.23	7.14	7.09	7.06	6.97	6.89
	.001	18.41	17.99	17.56	17.12	16.85	16.67	16.44	16.31	16.21	15.98	15.77
7	.100	2.70	2.67	2.63	2.59	2.57	2.56	2.54	2.52	2.51	2.49	2.47
	.050	3.64	3.57	3.51	3.44	3.40	3.38	3.34	3.32	3.30	3.27	3.23
	.025	4.76	4.67	4.57	4.47	4.40	4.36	4.31	4.28	4.25	4.20	4.15
	.010	6.62	6.47	6.31	6.16	6.06	5.99	5.91	5.86	5.82	5.74	5.66
	.001	14.08	13.71	13.32	12.93	12.69	12.53	12.33	12.20	12.12	11.91	11.72
8	.100	2.54	2.50	2.46	2.42	2.40	2.38	2.36	2.35	2.34	2.32	2.30
	.050	3.35	3.28	3.22	3.15	3.11	3.08	3.04	3.02	3.01	2.97	2.93
	.025	4.30	4.20	4.10	4.00	3.94	3.89	3.84	3.81	3.78	3.73	3.68
	.010	5.81	5.67	5.52	5.36	5.26	5.20	5.12	5.07	5.03	4.95	4.87
	.001	11.54	11.19	10.84	10.48	10.26	10.11	9.92	9.80	9.73	9.53	9.36
9	.100	2.42	2.38	2.34	2.30	2.27	2.25	2.23	2.22	2.21	2.18	2.16
	.050	3.14	3.07	3.01	2.94	2.89	2.86	2.83	2.80	2.79	2.75	2.71
	.025	3.96	3.87	3.77	3.67	3.60	3.56	3.51	3.47	3.45	3.39	3.34
	.010	5.26	5.11	4.96	4.81	4.71	4.65	4.57	4.52	4.48	4.40	4.32
	.001	9.89	9.57	9.24	8.90	8.69	8.55	8.37	8.26	8.19	8.00	7.84
10	.100	2.32	2.28	2.24	2.20	2.17	2.16	2.13	2.12	2.11	2.08	2.06
	.050	2.98	2.91	2.85	2.77	2.73	2.70	2.66	2.64	2.62	2.58	2.54
	.025	3.72	3.62	3.52	3.42	3.35	3.31	3.26	3.22	3.20	3.14	3.09
	.010	4.85	4.71	4.56	4.41	4.31	4.25	4.17	4.12	4.08	4.00	3.92
	.001	8.75	8.45	8.13	7.80	7.60	7.47	7.30	7.19	7.12	6.94	6.78
11	.100	2.25	2.21	2.17	2.12	2.10	2.08	2.05	2.04	2.03	2.00	1.98
	.050	2.85	2.79	2.72	2.65	2.60	2.57	2.53	2.51	2.49	2.45	2.41
	.025	3.53	3.43	3.33	3.23	3.16	3.12	3.06	3.03	3.00	2.94	2.89
	.010	4.54	4.40	4.25	4.10	4.01	3.94	3.86	3.81	3.78	3.69	3.61
	.001	7.92	7.63	7.32	7.01	6.81	6.68	6.52	6.42	6.35	6.18	6.02
12	.100	2.19	2.15	2.10	2.06	2.03	2.01	1.99	1.97	1.96	1.93	1.91
	.050	2.75	2.69	2.62	2.54	2.50	2.47	2.43	2.40	2.38	2.34	2.30
	.025	3.37	3.28	3.18	3.07	3.01	2.96	2.91	2.87	2.85	2.79	2.73
	.010	4.30	4.16	4.01	3.86	3.76	3.70	3.62	3.57	3.54	3.45	3.37
	.001	7.29	7.00	6.71	6.40	6.22	6.09	5.93	5.83	5.76	5.59	5.44

분모의 자유도	p	분자의 자유도 1	2	3	4	5	6	7	8	9
13	.100	3.14	2.76	2.56	2.43	2.35	2.28	2.23	2.20	2.16
	.050	4.67	3.81	3.41	3.18	3.03	2.92	2.83	2.77	2.71
	.025	6.41	4.97	4.35	4.00	3.77	3.60	3.48	3.39	3.31
	.010	9.07	6.70	5.74	5.21	4.86	4.62	4.44	4.30	4.19
	.001	17.82	12.31	10.21	9.07	8.35	7.86	7.49	7.21	6.98
14	.100	3.10	2.73	2.52	2.39	2.31	2.24	2.19	2.15	2.12
	.050	4.60	3.74	3.34	3.11	2.96	2.85	2.76	2.70	2.65
	.025	6.30	4.86	4.24	3.89	3.66	3.50	3.38	3.29	3.21
	.010	8.86	6.51	5.56	5.04	4.69	4.46	4.28	4.14	4.03
	.001	17.14	11.78	9.73	8.62	7.92	7.44	7.08	6.80	6.58
15	.100	3.07	2.70	2.49	2.36	2.27	2.21	2.16	2.12	2.09
	.050	4.54	3.68	3.29	3.06	2.90	2.79	2.71	2.64	2.59
	.025	6.20	4.77	4.15	3.80	3.58	3.41	3.29	3.20	3.12
	.010	8.68	6.36	5.42	4.89	4.56	4.32	4.14	4.00	3.89
	.001	16.59	11.34	9.34	8.25	7.57	7.09	6.74	6.47	6.26
16	.100	3.05	2.67	2.46	2.33	2.24	2.18	2.13	2.09	2.06
	.050	4.49	3.63	3.24	3.01	2.85	2.74	2.66	2.59	2.54
	.025	6.12	4.69	4.08	3.73	3.50	3.34	3.22	3.12	3.05
	.010	8.53	6.23	5.29	4.77	4.44	4.20	4.03	3.89	3.78
	.001	16.12	10.97	9.01	7.94	7.27	6.80	6.46	6.19	5.98
17	.100	3.03	2.64	2.44	2.31	2.22	2.15	2.10	2.06	2.03
	.050	4.45	3.59	3.20	2.96	2.81	2.70	2.61	2.55	2.49
	.025	6.04	4.62	4.01	3.66	3.44	3.28	3.16	3.06	2.98
	.010	8.40	6.11	5.18	4.67	4.34	4.10	3.93	3.79	3.68
	.001	15.72	10.66	8.73	7.68	7.02	6.56	6.22	5.96	5.75
18	.100	3.01	2.62	2.42	2.29	2.20	2.13	2.08	2.04	2.00
	.050	4.41	3.55	3.16	2.93	2.77	2.66	2.58	2.51	2.46
	.025	5.98	4.56	3.95	3.61	3.38	3.22	3.10	3.01	2.93
	.010	8.29	6.01	5.09	4.58	4.25	4.01	3.84	3.71	3.60
	.001	15.38	10.39	8.49	7.46	6.81	6.35	6.02	5.76	5.56
19	.100	2.99	2.61	2.40	2.27	2.18	2.11	2.06	2.02	1.98
	.050	4.38	3.52	3.13	2.90	2.74	2.63	2.54	2.48	2.42
	.025	5.92	4.51	3.90	3.56	3.33	3.17	3.05	2.96	2.88
	.010	8.18	5.93	5.01	4.50	4.17	3.94	3.77	3.63	3.52
	.001	15.08	10.16	8.28	7.27	6.62	6.18	5.85	5.59	5.39
20	.100	2.97	2.59	2.38	2.25	2.16	2.09	2.04	2.00	1.96
	.050	4.35	3.49	3.10	2.87	2.71	2.60	2.51	2.45	2.39
	.025	5.87	4.46	3.86	3.51	3.29	3.13	3.01	2.91	2.84
	.010	8.10	5.85	4.94	4.43	4.10	3.87	3.70	3.56	3.46
	.001	14.82	9.95	8.10	7.10	6.46	6.02	5.69	5.44	5.24
21	.100	2.96	2.57	2.36	2.23	2.14	2.08	2.02	1.98	1.95
	.050	4.32	3.47	3.07	2.84	2.68	2.57	2.49	2.42	2.37
	.025	5.83	4.42	3.82	3.48	3.25	3.09	2.97	2.87	2.80
	.010	8.02	5.78	4.87	4.37	4.04	3.81	3.64	3.51	3.40
	.001	14.59	9.77	7.94	6.95	6.32	5.88	5.56	5.31	5.11
22	.100	2.95	2.56	2.35	2.22	2.13	2.06	2.01	1.97	1.93
	.050	4.30	3.44	3.05	2.82	2.66	2.55	2.46	2.40	2.34
	.025	5.79	4.38	3.78	3.44	3.22	3.05	2.93	2.84	2.76
	.010	7.95	5.72	4.82	4.31	3.99	3.76	3.59	3.45	3.35
	.001	14.38	9.61	7.80	6.81	6.19	5.76	5.44	5.19	4.99
23	.100	2.94	2.55	2.34	2.21	2.11	2.05	1.99	1.95	1.92
	.050	4.28	3.42	3.03	2.80	2.64	2.53	2.44	2.37	2.32
	.025	5.75	4.35	3.75	3.41	3.18	3.02	2.90	2.81	2.73
	.010	7.88	5.66	4.76	4.26	3.94	3.71	3.54	3.41	3.30
	.001	14.20	9.47	7.67	6.70	6.08	5.65	5.33	5.09	4.89
24	.100	2.93	2.54	2.33	2.19	2.10	2.04	1.98	1.94	1.91
	.050	4.26	3.40	3.01	2.78	2.62	2.51	2.42	2.36	2.30
	.025	5.72	4.32	3.72	3.38	3.15	2.99	2.87	2.78	2.70
	.010	7.82	5.61	4.72	4.22	3.90	3.67	3.50	3.36	3.26
	.001	14.03	9.34	7.55	6.59	5.98	5.55	5.23	4.99	4.80

분모의 자유도	p	분자의 자유도										
		10	12	15	20	25	30	40	50	60	120	1000
13	.100	2.14	2.10	2.05	2.01	1.98	1.96	1.93	1.92	1.90	1.88	1.85
	.050	2.67	2.60	2.53	2.46	2.41	2.38	2.34	2.31	2.30	2.25	2.21
	.025	3.25	3.15	3.05	2.95	2.88	2.84	2.78	2.74	2.72	2.66	2.60
	.010	4.10	3.96	3.82	3.66	3.57	3.51	3.43	3.38	3.34	3.25	3.18
	.001	6.80	6.52	6.23	5.93	5.75	5.63	5.47	5.37	5.30	5.14	4.99
14	.100	2.10	2.05	2.01	1.96	1.93	1.91	1.89	1.87	1.86	1.83	1.80
	.050	2.60	2.53	2.46	2.39	2.34	2.31	2.27	2.24	2.22	2.18	2.14
	.025	3.15	3.05	2.95	2.84	2.78	2.73	2.67	2.64	2.61	2.55	2.50
	.010	3.94	3.80	3.66	3.51	3.41	3.35	3.27	3.22	3.18	3.09	3.02
	.001	6.40	6.13	5.85	5.56	5.38	5.25	5.10	5.00	4.94	4.77	4.62
15	.100	2.06	2.02	1.97	1.92	1.89	1.87	1.85	1.83	1.82	1.79	1.76
	.050	2.54	2.48	2.40	2.33	2.28	2.25	2.20	2.18	2.16	2.11	2.07
	.025	3.06	2.96	2.86	2.76	2.69	2.64	2.59	2.55	2.52	2.46	2.40
	.010	3.80	3.67	3.52	3.37	3.28	3.21	3.13	3.08	3.05	2.96	2.88
	.001	6.08	5.81	5.54	5.25	5.07	4.95	4.80	4.70	4.64	4.47	4.33
16	.100	2.03	1.99	1.94	1.89	1.86	1.84	1.81	1.79	1.78	1.75	1.72
	.050	2.49	2.42	2.35	2.28	2.23	2.19	2.15	2.12	2.11	2.06	2.02
	.025	2.99	2.89	2.79	2.68	2.61	2.57	2.51	2.47	2.45	2.38	2.32
	.010	3.69	3.55	3.41	3.26	3.16	3.10	3.02	2.97	2.93	2.84	2.76
	.001	5.81	5.55	5.27	4.99	4.82	4.70	4.54	4.45	4.39	4.23	4.08
17	.100	2.00	1.96	1.91	1.86	1.83	1.81	1.78	1.76	1.75	1.72	1.69
	.050	2.45	2.38	2.31	2.23	2.18	2.15	2.10	2.08	2.06	2.01	1.97
	.025	2.92	2.82	2.72	2.62	2.55	2.50	2.44	2.41	2.38	2.32	2.26
	.010	3.59	3.46	3.31	3.16	3.07	3.00	2.92	2.87	2.83	2.75	2.66
	.001	5.58	5.32	5.05	4.78	4.60	4.48	4.33	4.24	4.18	4.02	3.87
18	.100	1.98	1.93	1.89	1.84	1.80	1.78	1.75	1.74	1.72	1.69	1.66
	.050	2.41	2.34	2.27	2.19	2.14	2.11	2.06	2.04	2.02	1.97	1.92
	.025	2.87	2.77	2.67	2.56	2.49	2.44	2.38	2.35	2.32	2.26	2.20
	.010	3.51	3.37	3.23	3.08	2.98	2.92	2.84	2.78	2.75	2.66	2.58
	.001	5.39	5.13	4.87	4.59	4.42	4.30	4.15	4.06	4.00	3.84	3.69
19	.100	1.96	1.91	1.86	1.81	1.78	1.76	1.73	1.71	1.70	1.67	1.64
	.050	2.38	2.31	2.23	2.16	2.11	2.07	2.03	2.00	1.98	1.93	1.88
	.025	2.82	2.72	2.62	2.51	2.44	2.39	2.33	2.30	2.27	2.20	2.14
	.010	3.43	3.30	3.15	3.00	2.91	2.84	2.76	2.71	2.67	2.58	2.50
	.001	5.22	4.97	4.70	4.43	4.26	4.14	3.99	3.90	3.84	3.68	3.53
20	.100	1.94	1.89	1.84	1.79	1.76	1.74	1.71	1.69	1.68	1.64	1.61
	.050	2.35	2.28	2.20	2.12	2.07	2.04	1.99	1.97	1.95	1.90	1.85
	.025	2.77	2.68	2.57	2.46	2.40	2.35	2.29	2.25	2.22	2.16	2.09
	.010	3.37	3.23	3.09	2.94	2.84	2.78	2.69	2.64	2.61	2.52	2.43
	.001	5.08	4.82	4.56	4.29	4.12	4.00	3.86	3.77	3.70	3.54	3.40
21	.100	1.92	1.87	1.83	1.78	1.74	1.72	1.69	1.67	1.66	1.62	1.59
	.050	2.32	2.25	2.18	2.10	2.05	2.01	1.96	1.94	1.92	1.87	1.82
	.025	2.73	2.64	2.53	2.42	2.36	2.31	2.25	2.21	2.18	2.11	2.05
	.010	3.31	3.17	3.03	2.88	2.79	2.72	2.64	2.58	2.55	2.46	2.37
	.001	4.95	4.70	4.44	4.17	4.00	3.88	3.74	3.64	3.58	3.42	3.28
22	.100	1.90	1.86	1.81	1.76	1.73	1.70	1.67	1.65	1.64	1.60	1.57
	.050	2.30	2.23	2.15	2.07	2.02	1.98	1.94	1.91	1.89	1.84	1.79
	.025	2.70	2.60	2.50	2.39	2.32	2.27	2.21	2.17	2.14	2.08	2.01
	.010	3.26	3.12	2.98	2.83	2.73	2.67	2.58	2.53	2.50	2.40	2.32
	.001	4.83	4.58	4.33	4.06	3.89	3.78	3.63	3.54	3.48	3.32	3.17
23	.100	1.89	1.84	1.80	1.74	1.71	1.69	1.66	1.64	1.62	1.59	1.55
	.050	2.27	2.20	2.13	2.05	2.00	1.96	1.91	1.88	1.86	1.81	1.76
	.025	2.67	2.57	2.47	2.36	2.29	2.24	2.18	2.14	2.11	2.04	1.98
	.010	3.21	3.07	2.93	2.78	2.69	2.62	2.54	2.48	2.45	2.35	2.27
	.001	4.73	4.48	4.23	3.96	3.79	3.68	3.53	3.44	3.38	3.22	3.08
24	.100	1.88	1.83	1.78	1.73	1.70	1.67	1.64	1.62	1.61	1.57	1.54
	.050	2.25	2.18	2.11	2.03	1.97	1.94	1.89	1.86	1.84	1.79	1.74
	.025	2.64	2.54	2.44	2.33	2.26	2.21	2.15	2.11	2.08	2.01	1.94
	.010	3.17	3.03	2.89	2.74	2.64	2.58	2.49	2.44	2.40	2.31	2.22
	.001	4.64	4.39	4.14	3.87	3.71	3.59	3.45	3.36	3.29	3.14	2.99

분모의 자유도	p	분자의 자유도								
		1	2	3	4	5	6	7	8	9
25	.100	2.92	2.53	2.32	2.18	2.09	2.02	1.97	1.93	1.89
	.050	4.24	3.39	2.99	2.76	2.60	2.49	2.40	2.34	2.28
	.025	5.69	4.29	3.69	3.35	3.13	2.97	2.85	2.75	2.68
	.010	7.77	5.57	4.68	4.18	3.85	3.63	3.46	3.32	3.22
	.001	13.88	9.22	7.45	6.49	5.89	5.46	5.15	4.91	4.71
26	.100	2.91	2.52	2.31	2.17	2.08	2.01	1.96	1.92	1.88
	.050	4.23	3.37	2.98	2.74	2.59	2.47	2.39	2.32	2.27
	.025	5.66	4.27	3.67	3.33	3.10	2.94	2.82	2.73	2.65
	.010	7.72	5.53	4.64	4.14	3.82	3.59	3.42	3.29	3.18
	.001	13.74	9.12	7.36	6.41	5.80	5.38	5.07	4.83	4.64
27	.100	2.90	2.51	2.30	2.17	2.07	2.00	1.95	1.91	1.87
	.050	4.21	3.35	2.96	2.73	2.57	2.46	2.37	2.31	2.25
	.025	5.63	4.24	3.65	3.31	3.08	2.92	2.80	2.71	2.63
	.010	7.68	5.49	4.60	4.11	3.78	3.56	3.39	3.26	3.15
	.001	13.61	9.02	7.27	6.33	5.73	5.31	5.00	4.76	4.57
28	.100	2.89	2.50	2.29	2.16	2.06	2.00	1.94	1.90	1.87
	.050	4.20	3.34	2.95	2.71	2.56	2.45	2.36	2.29	2.24
	.025	5.61	4.22	3.63	3.29	3.06	2.90	2.78	2.69	2.61
	.010	7.64	5.45	4.57	4.07	3.75	3.53	3.36	3.23	3.12
	.001	13.50	8.93	7.19	6.25	5.66	5.24	4.93	4.69	4.50
29	.100	2.89	2.50	2.28	2.15	2.06	1.99	1.93	1.89	1.86
	.050	4.18	3.33	2.93	2.70	2.55	2.43	2.35	2.28	2.22
	.025	5.59	4.20	3.61	3.27	3.04	2.88	2.76	2.67	2.59
	.010	7.60	5.42	4.54	4.04	3.73	3.50	3.33	3.20	3.09
	.001	13.39	8.85	7.12	6.19	5.59	5.18	4.87	4.64	4.45
30	.100	2.88	2.49	2.28	2.14	2.05	1.98	1.93	1.88	1.85
	.050	4.17	3.32	2.92	2.69	2.53	2.42	2.33	2.27	2.21
	.025	5.57	4.18	3.59	3.25	3.03	2.87	2.75	2.65	2.57
	.010	7.56	5.39	4.51	4.02	3.70	3.47	3.30	3.17	3.07
	.001	13.29	8.77	7.05	6.12	5.53	5.12	4.82	4.58	4.39
40	.100	2.84	2.44	2.23	2.09	2.00	1.93	1.87	1.83	1.79
	.050	4.08	3.23	2.84	2.61	2.45	2.34	2.25	2.18	2.12
	.025	5.42	4.05	3.46	3.13	2.90	2.74	2.62	2.53	2.45
	.010	7.31	5.18	4.31	3.83	3.51	3.29	3.12	2.99	2.89
	.001	12.61	8.25	6.59	5.70	5.13	4.73	4.44	4.21	4.02
50	.100	2.81	2.41	2.20	2.06	1.97	1.90	1.84	1.80	1.76
	.050	4.03	3.18	2.79	2.56	2.40	2.29	2.20	2.13	2.07
	.025	5.34	3.97	3.39	3.05	2.83	2.67	2.55	2.46	2.38
	.010	7.17	5.06	4.20	3.72	3.41	3.19	3.02	2.89	2.78
	.001	12.22	7.96	6.34	5.46	4.90	4.51	4.22	4.00	3.82
60	.100	2.79	2.39	2.18	2.04	1.95	1.87	1.82	1.77	1.74
	.050	4.00	3.15	2.76	2.53	2.37	2.25	2.17	2.10	2.04
	.025	5.29	3.93	3.34	3.01	2.79	2.63	2.51	2.41	2.33
	.010	7.08	4.98	4.13	3.65	3.34	3.12	2.95	2.82	2.72
	.001	11.97	7.77	6.17	5.31	4.76	4.37	4.09	3.86	3.69
100	.100	2.76	2.36	2.14	2.00	1.91	1.83	1.78	1.73	1.69
	.050	3.94	3.09	2.70	2.46	2.31	2.19	2.10	2.03	1.97
	.025	5.18	3.83	3.25	2.92	2.70	2.54	2.42	2.32	2.24
	.010	6.90	4.82	3.98	3.51	3.21	2.99	2.82	2.69	2.59
	.001	11.50	7.41	5.86	5.02	4.48	4.11	3.83	3.61	3.44
200	.100	2.73	2.33	2.11	1.97	1.88	1.80	1.75	1.70	1.66
	.050	3.89	3.04	2.65	2.42	2.26	2.14	2.06	1.98	1.93
	.025	5.10	3.76	3.18	2.85	2.63	2.47	2.35	2.26	2.18
	.010	6.76	4.71	3.88	3.41	3.11	2.89	2.73	2.60	2.50
	.001	11.15	7.15	5.63	4.81	4.29	3.92	3.65	3.43	3.26
1000	.100	2.71	2.31	2.09	1.95	1.85	1.78	1.72	1.68	1.64
	.050	3.85	3.00	2.61	2.38	2.22	2.11	2.02	1.95	1.89
	.025	5.04	3.70	3.13	2.80	2.58	2.42	2.30	2.20	2.13
	.010	6.66	4.63	3.80	3.34	3.04	2.82	2.66	2.53	2.43
	.001	10.89	6.96	5.46	4.65	4.14	3.78	3.51	3.30	3.13

분모의 자유도	p	분자의 자유도 10	12	15	20	25	30	40	50	60	120	1000
25	.100	1.87	1.82	1.77	1.72	1.68	1.66	1.63	1.61	1.59	1.56	1.52
	.050	2.24	2.16	2.09	2.01	1.96	1.92	1.87	1.84	1.82	1.77	1.72
	.025	2.61	2.51	2.41	2.30	2.23	2.18	2.12	2.08	2.05	1.98	1.91
	.010	3.13	2.99	2.85	2.70	2.60	2.54	2.45	2.40	2.36	2.27	2.18
	.001	4.56	4.31	4.06	3.79	3.63	3.52	3.37	3.28	3.22	3.06	2.91
26	.100	1.86	1.81	1.76	1.71	1.67	1.65	1.61	1.59	1.58	1.54	1.51
	.050	2.22	2.15	2.07	1.99	1.94	1.90	1.85	1.82	1.80	1.75	1.70
	.025	2.59	2.49	2.39	2.28	2.21	2.16	2.09	2.05	2.03	1.95	1.89
	.010	3.09	2.96	2.81	2.66	2.57	2.50	2.42	2.36	2.33	2.23	2.14
	.001	4.48	4.24	3.99	3.72	3.56	3.44	3.30	3.21	3.15	2.99	2.84
27	.100	1.85	1.80	1.75	1.70	1.66	1.64	1.60	1.58	1.57	1.53	1.50
	.050	2.20	2.13	2.06	1.97	1.92	1.88	1.84	1.81	1.79	1.73	1.68
	.025	2.57	2.47	2.36	2.25	2.18	2.13	2.07	2.03	2.00	1.93	1.86
	.010	3.06	2.93	2.78	2.63	2.54	2.47	2.38	2.33	2.29	2.20	2.11
	.001	4.41	4.17	3.92	3.66	3.49	3.38	3.23	3.14	3.08	2.92	2.78
28	.100	1.84	1.79	1.74	1.69	1.65	1.63	1.59	1.57	1.56	1.52	1.48
	.050	2.19	2.12	2.04	1.96	1.91	1.87	1.82	1.79	1.77	1.71	1.66
	.025	2.55	2.45	2.34	2.23	2.16	2.11	2.05	2.01	1.98	1.91	1.84
	.010	3.03	2.90	2.75	2.60	2.51	2.44	2.35	2.30	2.26	2.17	2.08
	.001	4.35	4.11	3.86	3.60	3.43	3.32	3.18	3.09	3.02	2.86	2.72
29	.100	1.83	1.78	1.73	1.68	1.64	1.62	1.58	1.56	1.55	1.51	1.47
	.050	2.18	2.10	2.03	1.94	1.89	1.85	1.81	1.77	1.75	1.70	1.65
	.025	2.53	2.43	2.32	2.21	2.14	2.09	2.03	1.99	1.96	1.89	1.82
	.010	3.00	2.87	2.73	2.57	2.48	2.41	2.33	2.27	2.23	2.14	2.05
	.001	4.29	4.05	3.80	3.54	3.38	3.27	3.12	3.03	2.97	2.81	2.66
30	.100	1.82	1.77	1.72	1.67	1.63	1.61	1.57	1.55	1.54	1.50	1.46
	.050	2.16	2.09	2.01	1.93	1.88	1.84	1.79	1.76	1.74	1.68	1.63
	.025	2.51	2.41	2.31	2.20	2.12	2.07	2.01	1.97	1.94	1.87	1.80
	.010	2.98	2.84	2.70	2.55	2.45	2.39	2.30	2.25	2.21	2.11	2.02
	.001	4.24	4.00	3.75	3.49	3.33	3.22	3.07	2.98	2.92	2.76	2.61
40	.100	1.76	1.71	1.66	1.61	1.57	1.54	1.51	1.48	1.47	1.42	1.38
	.050	2.08	2.00	1.92	1.84	1.78	1.74	1.69	1.66	1.64	1.58	1.52
	.025	2.39	2.29	2.18	2.07	1.99	1.94	1.88	1.83	1.80	1.72	1.65
	.010	2.80	2.66	2.52	2.37	2.27	2.20	2.11	2.06	2.02	1.92	1.82
	.001	3.87	3.64	3.40	3.14	2.98	2.87	2.73	2.64	2.57	2.41	2.25
50	.100	1.73	1.68	1.63	1.57	1.53	1.50	1.46	1.44	1.42	1.38	1.33
	.050	2.03	1.95	1.87	1.78	1.73	1.69	1.63	1.60	1.58	1.51	1.45
	.025	2.32	2.22	2.11	1.99	1.92	1.87	1.80	1.75	1.72	1.64	1.56
	.010	2.70	2.56	2.42	2.27	2.17	2.10	2.01	1.95	1.91	1.80	1.70
	.001	3.67	3.44	3.20	2.95	2.79	2.68	2.53	2.44	2.38	2.21	2.05
60	.100	1.71	1.66	1.60	1.54	1.50	1.48	1.44	1.41	1.40	1.35	1.30
	.050	1.99	1.92	1.84	1.75	1.69	1.65	1.59	1.56	1.53	1.47	1.40
	.025	2.27	2.17	2.06	1.94	1.87	1.82	1.74	1.70	1.67	1.58	1.49
	.010	2.63	2.50	2.35	2.20	2.10	2.03	1.94	1.88	1.84	1.73	1.62
	.001	3.54	3.32	3.08	2.83	2.67	2.55	2.41	2.32	2.25	2.08	1.92
100	.100	1.66	1.61	1.56	1.49	1.45	1.42	1.38	1.35	1.34	1.28	1.22
	.050	1.93	1.85	1.77	1.68	1.62	1.57	1.52	1.48	1.45	1.38	1.30
	.025	2.18	2.08	1.97	1.85	1.77	1.71	1.64	1.59	1.56	1.46	1.36
	.010	2.50	2.37	2.22	2.07	1.97	1.89	1.80	1.74	1.69	1.57	1.45
	.001	3.30	3.07	2.84	2.59	2.43	2.32	2.17	2.08	2.01	1.83	1.64
200	.100	1.63	1.58	1.52	1.46	1.41	1.38	1.34	1.31	1.29	1.23	1.16
	.050	1.88	1.80	1.72	1.62	1.56	1.52	1.46	1.41	1.39	1.30	1.21
	.025	2.11	2.01	1.90	1.78	1.70	1.64	1.56	1.51	1.47	1.37	1.25
	.010	2.41	2.27	2.13	1.97	1.87	1.79	1.69	1.63	1.58	1.45	1.30
	.001	3.12	2.90	2.67	2.42	2.26	2.15	2.00	1.90	1.83	1.64	1.43
1000	.100	1.61	1.55	1.49	1.43	1.38	1.35	1.30	1.27	1.25	1.18	1.08
	.050	1.84	1.76	1.68	1.58	1.52	1.47	1.41	1.36	1.33	1.24	1.11
	.025	2.06	1.96	1.85	1.72	1.64	1.58	1.50	1.45	1.41	1.29	1.13
	.010	2.34	2.20	2.06	1.90	1.79	1.72	1.61	1.54	1.50	1.35	1.16
	.001	2.99	2.77	2.54	2.30	2.14	2.02	1.87	1.77	1.69	1.49	1.22

찾아보기

저자 소개

김종태
현) 대구대학교 수리빅데이터학부 통계 · 빅데이터전공 교수

윤상후
현) 대구대학교 수리빅데이터학부 통계 · 빅데이터전공 교수

이경준
현) 대구대학교 수리빅데이터학부 통계 · 빅데이터전공 교수

이성호
현) 대구대학교 수리빅데이터학부 통계 · 빅데이터전공 교수

황진섭
현) 대구대학교 수리빅데이터학부 통계 · 빅데이터전공 교수

엑셀을 활용한 통계학

저 자 김종태 · 윤상후 · 이경준 · 이성호 · 황진섭
발 행 인 김지영
발 행 처 자유아카데미
주 소 경기도 파주시 회동길 37-42
파주출판도시
전 화 031-955-1321
팩 스 031-955-1322
홈페이지 www.freeaca.com
전자우편 main@freeaca.com (대표)
editor@freeaca.com (편집)
crm@freeaca.com (영업)
등 록 제406-2003-017호, 1980. 7. 12
제1판1쇄 2018년 5월 20일 발행
제1판2쇄 2020년 2월 28일 발행
정 가 20,000원

저자와의 협의하에 인지생략

ISBN 979-11-5808-190-4 93310